天有二日？

禅让时期的大清朝政

卜键◎著

人民文学出版社

图书在版编目(CIP)数据

天有二日？：禅让时期的大清朝政/卜键著.
—北京：人民文学出版社，2017
ISBN 978-7-02-012244-8

Ⅰ.①天⋯　Ⅱ.①卜⋯　Ⅲ.①中国历史-清代　Ⅳ.
①K249

中国版本图书馆 CIP 数据核字(2016)第 298375 号

责任编辑　甘　慧　尚　飞
装帧设计　高静芳

出版发行　人民文学出版社
社　　址　北京市朝内大街 166 号
邮政编码　100705
网　　址　http://www.rw-cn.com

印　　制　山东德州新华印务有限责任公司
经　　销　全国新华书店等

字　　数　242 千字
开　　本　720 毫米×1000 毫米　1/16
印　　张　22.5
版　　次　2017 年 2 月北京第 1 版
印　　次　2017 年 2 月第 1 次印刷

书　　号　978-7-02-012244-8
定　　价　58.00 元

如有印装质量问题,请与本社图书销售中心调换。电话:0107-65233595

乾隆元年的弘历。其在一年前继位，
第二个月即默祷上天，若能在位六十年，即行禅让

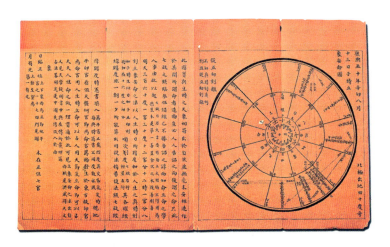

乾隆八字图及解说。据说康熙帝选择胤禛继位，
与看到此图相关

嘉庆皇帝服像。曾想寻找一幅颙琰登基时的画像而未果，他显然不如父皇那样
热衷于此

太上皇帝之宝玺，以"喜字第一号"宝玉制成，
在清朝玉玺中规制最大

"太上皇帝之宝"宝文

养心殿东暖阁，室内布置已按慈禧"垂帘听政"时作了变动

毓庆宫。禅让期间，子皇帝颙琰居住于此

金瓯永固杯。元旦开笔时，置放明窗前书案之上，象征国家江山永远稳固

"元旦开笔"及收藏匣。左，弘历所题；
右，颙琰所题。除年号以外，文字全然一致

清高宗实录，禅让后继续纂修，
称"乾隆六十一年……"

漱芳斋小戏台

立着鎏金铜狮子的乾清门,颙琰在紫禁城"御门听政"之地

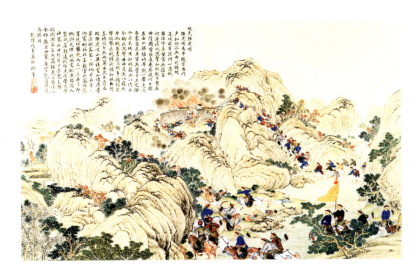

《平苗图册·和琳攻克强虎哨图》

《镇压白莲教布防图》

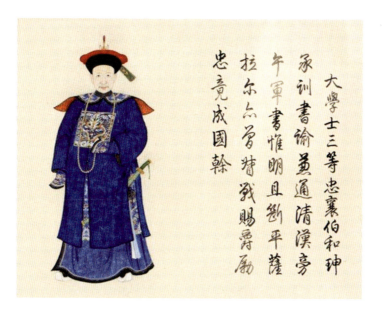

《御笔平定台湾二十功臣像·和珅》

为皇帝祝寿的贡单

和珅手札，内容关乎弘历
第五代孙载锡能否参加木兰秋狝

咸福宫。太上皇帝逝世时作为殡殿，嘉庆帝在此守孝时，仅铺白毡，灯草褥

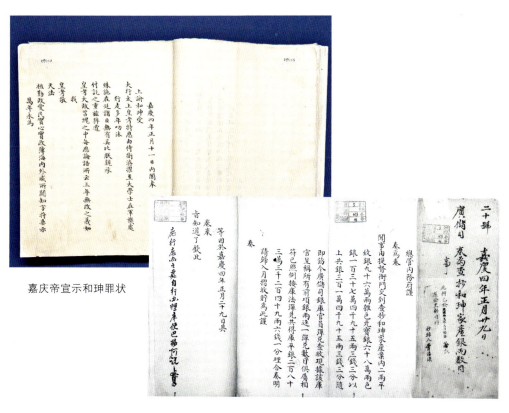

嘉庆帝宣示和珅罪状

肃亲王遵旨查抄和珅家产数目折

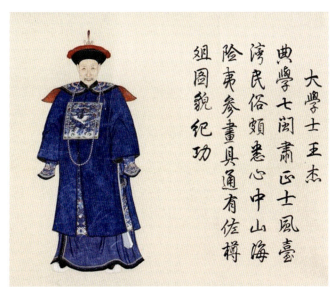

《御笔平定台湾二十功臣像·王杰》

天无二日，土无二王，家无二主，尊无二上。

——《礼记·坊记》

付忧与子讵忘付，宁寿斯身敢即宁？

  ——爱新觉罗·弘历《乐寿堂用丙申旧作韵》

目录

引言　子夜的养心殿　　　　　　　　　　001

第一章　老皇帝爱讲的一个故事

第一节　祝祷与还愿　　　　　　　　011
　一、星月之下的默祷　　　　　012
　二、建储之痛　　　　　　　　015
　三、选定皇十五子　　　　　　017
　四、大清又有了皇太子　　　　019

第二节　从内阁到枢垣　　　　　　　023
　一、枢阁中的"官二代"　　　　023
　二、和珅与王杰的斗法　　　　026
　三、火线提拔二阁臣　　　　　029

第三节　苗变之痛　　　　　　　　　031
　一、总兵明安图之死　　　　　032
　二、大员云集　　　　　　　　034
　三、军中三虎将　　　　　　　038
　四、杀俘令　　　　　　　　　042

第四节　预设的皇权运行规则　　　　045
　一、关于"归政"　　　　　　046
　二、为数归期　　　　　　　　049
　三、顶层设计　　　　　　　　052
　四、宁寿宫与重华宫　　　　　054

第二章　归政前的大反贪

第一节　接连不断的整肃　　　　059

　　一、乙卯科场风波　　　　　059

　　二、道员德明的三辆大车　　061

第二节　福建官场的断崖式崩塌　068

　　一、将军魁伦的密奏　　　　068

　　二、藩库的巨额亏空　　　　073

　　三、"官心惶怖"　　　　　　076

　　四、新任巡抚姚棻　　　　　077

第三节　十五万两盐规　　　　　081

　　一、前任库吏开银铺　　　　082

　　二、行之已久的盐规　　　　084

　　三、"监毙十命"的案中案　　085

第四节　严厉的惩处　　　　　　089

　　一、抄家连着抄家　　　　　089

　　二、绑缚刑场的督抚　　　　092

　　三、被革职遣发的主审官　　094

第三章　嗣皇帝·子皇帝·嗣子皇帝　099

第一节　京师的禅让大典　　　　101

　　一、喜字第一号玉宝　　　　101

　　二、再开千叟宴　　　　　　104

　　三、留居养心殿　　　　　　106

第二节　"大事还是我办"　　　　108

　　一、何时提出的"训政"　　109

　　二、改元后的首开经筵　　　112

　　三、被集体考傻的上届庶常　116

第三节　称职的子皇帝　120

一、奔波之劳　121

二、御门听政　123

三、披辇巡方的感觉　126

第四节　丧亡相继是重臣　128

一、捷报与噩耗　128

二、奔赴前线的和珅子侄　130

三、孙士毅之死　132

四、瘟神扑向和琳　134

第四章　两朝天子一朝臣

第一节　白莲教起事　139

一、钦犯刘之协　139

二、除夕夜　142

三、辰年辰月辰日　143

第二节　"二皇帝"和珅　145

一、拦截帝师朱珪　146

二、不如意事常八九　151

三、选择性发飙　153

第三节　子皇后的大丧　158

一、喜塔腊氏的幸运与不幸　158

二、父子分离的日子　161

三、受宠与受责　164

第四节　枢阁的变局　167

一、还是要用刘墉　168

二、又一个乌龙　170

三、阿桂辞世　173

第五章 失宁的山河

第一节 京城的水与火　　179

　　一、永定河溃决　　180

　　二、火起乾清宫　　183

　　三、翰詹大考　　187

第二节 从粤洋到浙洋　　190

　　一、海盗袭杀班兵　　191

　　二、来自安南的洋盗　　195

　　三、海盗的帮伙　　200

第三节 杀戮之痛　　206

　　一、桃花马上看重来　　206

　　二、换帅如走马灯　　212

　　三、官逼民反　　215

第四节 黄水滔滔　　218

　　一、丰汛六堡大决口　　219

　　二、"又有漫溢之事"　　224

　　三、河决睢州大堤　　230

第六章 弘历的最后一个冬天

第一节 衰老是不可抗拒的　　237

　　一、安眠的喜悦　　237

　　二、有这么一个传说　　238

　　三、憧憬"林下"?　　241

第二节 未能举办的九十大寿　　243

　　一、重建乾清宫　　244

　　二、子皇帝领衔的吁请　　248

　　三、"望九"与"来孙"　　250

第三节　世上已无太上皇　　　253

一、望捷　　　253

二、参莲饮　　　255

三、遗诏的跷蹊　　　258

第四节　诛杀和珅　　　260

一、递过来一枚如意　　　261

二、盛世的祭品　　　263

三、衣带诗　　　267

四、萨彬图　　　276

第七章　仁宗亲政

第一节　胡齐仑冒滥军费案　　　281

一、能臣的落马　　　281

二、支领清单上的统兵大员　　　288

三、福宁的厄运　　　291

四、"严参重处"的苦心　　　296

第二节　整顿军务　　　299

一、"时深焦急"　　　300

二、该换的与不该换的　　　303

三、钦差军机大臣督军　　　306

第三节　求言与拒谏　　　310

一、求言的门槛　　　311

二、拒绝"维新"　　　313

三、洪亮吉事件　　　316

四、被刺痛的皇上　　　319

第四节　南疆的隐患　　　323

一、和卓家族的孤子　　　324

二、穷蹙无依的"贵种"　　　　327

三、"殊属多事无谓"?　　　　330

结语　禅让梦残　　　　334

参考文献　　　　338

跋　是一是二　　　　344

主要人物

爱新觉罗·弘历：清乾隆帝。嘉庆元年元旦（一七九六年二月九日）举行禅让，仍行训政，主持军国大事，又称太上皇帝、太上皇、上皇，四年正月初三日无疾而终。

爱新觉罗·颙琰：清嘉庆帝，原名永琰，为乾隆帝第十五子。禅让期间，又称嗣皇帝、子皇帝，协助父皇办理国务，敬谨谦退，而亲政后即将和珅革职赐死。

喜塔腊氏：嘉庆帝元后，又称子皇后。乾隆三十九年选为永琰嫡福晋，后为皇太子妃、皇后。二年二月初七日突然病逝。

阿桂：内阁首辅兼首席军机大臣。初隶满洲正蓝旗，以平定回部抬入正白旗，在半个多世纪内屡建大功，出将入相，深受信赖。嘉庆二年秋病逝，临终时对和珅恃宠弄权深感忧虑。

和珅：内阁大学士兼军机大臣，后为首辅。满洲正红旗人，钮钴禄氏，性机敏，有文采，善于窥测揣摩，二十余年宠信不衰。颙琰亲政后被抄家赐死，有绝命诗。

王杰：内阁大学士兼军机大臣。陕西韩城人，出身贫寒，由乾隆帝钦定为状元。嘉庆后为首辅，对惩办和珅最为坚决。

福康安：内阁大学士兼云贵总督。满洲镶黄旗人，一门贵显。先后参与金川、台湾、廓尔喀等大战恶战，迭获战功。苗疆事发，福康安受命统兵进剿，历经一年基本勘定，却因瘴疠病死军中。

孙士毅：内阁大学士兼四川总督。浙江仁和人，居官廉洁，历府道督抚，参与平定台湾、出师安南、反击廓尔喀入侵等役，屡次建功。苗疆暴动时奉谕留办四川军需，染瘴气而死。

董诰：内阁大学士兼军机大臣。浙江富阳人，乾隆二十八年进士，历多部侍郎，入军机，为官清正谦谨，嘉庆元年擢大学士。

刘墉：吏部尚书、内阁大学士。山东诸城人，为名臣刘统勋之子，有清操，一生大节无亏。嘉庆二年四月入阁，未兼军机大臣。

苏凌阿：两江总督，后任内阁大学士。满洲正白旗人，和琳姻亲，得和珅之助入阁。和珅诛后被免职，命守护裕陵，半年即死去。

福长安：军机大臣，户部尚书。傅恒第四子，深得乾隆帝倚信，与和珅关系密切。颙琰亲政后惩办和珅，以始终不检举揭发被革职逮狱，在监跪视和珅自缢。

和琳：四川总督，福康安死后督办苗疆军务。为和珅之弟，但生性不贪，在科道有伉直之名，收复后藏与平定苗疆均建功绩，染瘴疬死于军中。

纪昀：礼部尚书。直隶献县人，以学问淹博、文字优美受弘历欣赏，兼任四库全书馆总纂。曾两次因亲属连累获罪，谕批"读书多而不明理"。

朱珪：两广总督，安徽巡抚等。顺天大兴人，十八岁中进士，由翰林改任地方，内调为皇十五子永琰师傅，建立深厚感情。上皇决定调其入阁，由于和珅百般阻挠，直至颙琰亲政始得入京。

刘权之：左都御史。湖南长沙人，久在翰林，后任大理寺卿、左副都御史、吏部侍郎等，为官清正，深得嘉庆帝信任。

魁伦：福州将军，闽浙总督等。满洲正黄旗人，世袭轻车都尉，在福州将军任上揭露福建贪腐案，后受命查办福宁、勒保等大员，兼四川总督，因"失机纵贼"被逮京赐死。

长麟：两广总督。出身宗室，隶正蓝旗，乾隆四十年进士，很快位至卿贰，后任多省巡抚，对和珅不枉法屈从。受命审理福建大案，以徇庇伍拉纳被革职抄家，遣发新疆。

毕沅：湖广总督。江苏镇洋人，状元，负文名。嘉庆二年七月卒于辰州军营，以进剿白莲教不力，不与谥号，并革去世职。

福宁：湖广等地总督。满洲镶蓝旗人，伊尔根觉罗氏，因进剿白莲教不力被免职，胡齐仑案发后遣发新疆。

姚棻：贵州巡抚，调任福建巡抚。安徽桐城人，中进士后从甘肃知县做起，历府道藩臬。因任福建道员时有旧欠，解职接受审讯，澄清事实后复职。

田凤仪：浙江布政使，改调福建布政使。曾任刑部主事和员外郎，正直明练，福建仓储案正是由他打开缺口，两年后升任福建巡抚。

洪亮吉：翰林院编修。江苏阳湖人，榜眼，文名甚著，在庶常馆即被选任贵州学政，入直上书房。嘉庆帝亲政求言，亮吉上疏指斥时政，以触逆上意流遣新疆。

德楞泰：护军统领，参赞军务。蒙古正黄旗人，曾随福康安远征石峰堡、台湾与廓尔喀，赐号巴图鲁，擢健锐营大臣。苗疆和三省教变用兵，均为重要将领。

额勒登保：护军统领，领侍卫内大臣。满洲正黄旗人，以战功累擢头等侍卫，署驻藏大臣。苗疆事发，奉旨率巴图鲁侍卫赴战，封威勇侯。转战三省教变，为军中主帅。

花连布：安笼镇总兵，贵州提督。蒙古镶黄旗人，积战功为参副、总兵。苗疆事起，率偏师抄袭苗军，连克寨卡，后在贵州围剿教军时战死。

勒保：陕甘等总督，特授经略大臣，节制五省军务，晋封公爵。胡齐仑军费案发，以"糜饷纵贼"革职，斩监候，后重新起用。

永保：乌鲁木齐都统。白莲教事发，受命总统湖北军务，以失误军机被革职抄家。再起为头等侍卫，署陕西巡抚，不久又被逮治。

明亮：历将军、都统多职。满洲镶黄旗人，富察氏，孝贤高皇后之侄，多罗额驸。戴罪赴苗疆，斩杀石柳邓，封二等伯。转战白莲教军，代理经略大臣，再夺职押解进京。

石柳邓：松桃厅大营寨百户。首先率众起事，号称开国元帅等，失利时仍坚持抵抗，嘉庆元年十二月战死。

石三保：永绥厅黄瓜寨寨长。起事之始被推为苗王，势败依附吴八月，称护国将军等，在哄哄寨被捕，解送京师后被杀害。

吴陇登：凤凰厅鸭保寨副百户。本为起事苗民首领，密降清军，诱捕吴八月以献。

吴八月：本名吴世宁，坪垄寨百户。起事后率众攻克乾州城，自称吴三桂之后，推举第四子廷义为吴王，后在卧盘寨被俘。

刘之协：白莲教元老。安徽太和人，略知书，参加刘松等创立的混元教，成为骨干。见刘松等遭残酷杀害，吓得东躲西藏，最终被捕杀。

齐林：襄阳总捕头，实为当地白莲教领袖。在大起事前被襄阳知府胡齐仑等捕杀，悬首城门。

王聪儿：又名"齐王氏"，齐林之妻，襄阳白莲教军首领。剪发立誓，素衣白马，与姚之富率领教众与清军作战，声言为夫报仇。嘉庆三年三月被围，跳崖身亡。

姚之富：襄阳教军首领。为齐林大徒弟，足智多谋，被称作"老师傅"，是王聪儿的得力助手，失利后在郧西同时跳崖身亡。

高均德：襄阳白号首领。率众进攻汉中，策应王聪儿一路，引起清廷极大惊慌，指为首逆。嘉庆四年十月被德楞泰部生擒，解京后凌迟处死。

王三槐：四川东乡教军首领，朝廷曾视为"首恶"。经知县刘清劝降，下山谈判时被诱捕，解往京师杀害。嘉庆帝曾亲自讯问，对他说的"官逼民反"印象深刻。

伍拉纳：闽浙总督。满洲正黄旗人，觉罗氏，任福建布政使时以平定台湾林爽文有功，升河南巡抚，接着任闽浙总督。因仓库亏空和盐政陋规革职抄家，在京斩决。

浦霖：福建巡抚。浙江嘉善人，历户部郎中、道员，两任福建巡抚。以贪贿枉法，与伍拉纳同日在京正法。

伊辙布：福建布政使。以藩库出现巨额亏空被革职抄家，解京途中病死。

钱受椿：原福建按察使，升任广西布政使。在赴任途中被拿下，押回福建受审，以贪赃和玩视人命在福州正法。

德明：山东兖沂曹德道道员。满洲下五旗包衣出身，外任潞安知府，再升潼关道，以铁税和关税骤富，在京开店买地。因滋扰驿站被革职抄家，斩监候。

胡齐仑：襄阳知府，安襄郧道道员。浙江会稽人，在襄阳教变前一举抓获齐林等教首，因冒滥军费和滥杀降众获罪，在京正法。

子夜的养心殿

嘉庆元年正月初一日（一七九六年二月九日），八十六岁的乾隆帝弘历照例早起，于夜半子刻走进养心殿东暖阁，举行一年一度的"元旦开笔"。这是一个私密的祈愿仪式，为乃父胤禛所创，参与者仅皇帝一人（跟从的一众人等，都要止于东暖阁之外）。此前两千余年的中国历史中，未见有其他王朝的帝王这么做，隆冬时节，光是这份午夜起床就大不易。

皇帝开笔之处，在东暖阁明窗前，紫檀长案上，一应法物已摆设停当：象征疆域安宁的"金瓯永固杯"，注满屠苏酒；雕漆龙盘中盛放八趾吉祥炉和香盘，散溢着兰麝之气；专用的玉烛晶莹剔透，要由当今圣上亲手点燃；正中铺展着御用黄笺，一侧的笔架上，是那管皇帝专用的"万年枝"。①又到了大清皇帝新年开笔的庄重时刻。这是弘历第六十一次为即将到来的一年祈福，几个时辰后他就要禅让帝位，濡墨运笔，应是浮想联翩。

元旦开笔，又叫"元旦试笔""元旦举笔"，本为流行于读书人中的一种年俗，即在进入新岁之始，写下心中对本年度的愿望，多不外科场顺遂、连捷进士之类。胤禛登基后政治局面复杂，内廷争斗激烈，外朝议论纷飞，精神上的压力可想而知。一个多月后改元雍正，新纪元的第一天，胤禛夜不能寐，于子

---

① 吴振棫：《养吉斋丛录》卷十三，第二则，记述甚详。

时披衣而起，走进养心殿东暖阁，提笔书写心声，除"五谷丰登""民安乐业"之类吉祥套语，更为主要的是对政通人和的殷切期盼。从那之后，诞生了一个程序极简的宫中仪式——元旦开笔。

六十年前的乾隆元年元日，青年弘历第一次举行开笔仪，全无皇父之沉重，英气飞扬，一口气题写了三笺。第二笺先以朱笔，居中写下"元年元旦，海宇同禧，和气致祥，丰年为瑞"；复于两侧改用墨笔，分别是"愿共天下臣民永享升平"，"所愿必遂，所求必成，吉祥如意"。是为后世沿用的基本书写模式。时光飞逝，到了二十五年元日，清朝大军勘定回疆、统一祖国大西北，弘历志得意满，在开笔时亦有所体现。至二十七年新年，就形成固定的格式、固定的措辞，除开头的年份变化，主体为四字一组，共二十八个字，一成不变地沿袭了三十三年。就这样，本来的一个浓缩版年度规划，本应有着具体军政大事的新岁祈愿，演化为单一的礼仪书写形式。国家一史馆前馆长邹爱莲曾著文分析，论为乾隆帝由进取到保守的一个例证①，所见极是。

虽说是年复一年陈陈相因，乾隆帝对元旦开笔还是极其重视的，终其一生，持之以恒。去年九月初三日，册立皇太子并宣布明年元旦举行禅让之后，乾隆帝即将颙琰领至养心殿东暖阁，"教以先朝留贻例典，及开笔御用法物"②，讲述元旦开笔的由来和意义，并演示一整套仪节，所写正是此二十八字。那是一个父子独处的温馨时刻，也是皇位传承的一道序幕，多年后嘉庆帝追忆及此，仍是点滴在心。

这是一个特别的日子，清朝历史上唯一的禅让大典即将举

---

① 邹爱莲：《从"元旦开笔"看清帝治世思想的变化》，《清史参考》2013 年 4 月 1 日。
② 颙琰：《御制诗二集》卷二五，古今体诗十二首，元旦试笔。

行，弘历的感受自会与往年不同。前边说过开笔祈愿是皇帝的个人行为，而这次，述及者多以为皇太子颙琰应恭侍在侧。老皇帝将笔毫在香炉上熏一熏，先以朱笔写下"六十一年元旦良辰宜入新年万事如意"；再换墨笔，于左右各书八字："三阳启泰万象更新"，"和气致祥丰年为瑞"。仍旧是乾隆年号，仍是那延续了三十多年的二十八个字。这之后，颙琰郑重接过那管万年枝，一笔一画，将父皇所书内容恭谨照录一遍。此事虽不列入礼典，却是宫中迎新第一仪式，然后才是到奉先殿、堂子等处行礼。此刻的弘历父子，还是皇帝与太子的关系（几个时辰后便是太上皇帝与皇帝），以同样的吉祥文字，迎接丙辰年的到来。

有关这次元旦开笔的记载很少，就连起居注、内起居注也无片字涉及。两朝天子是一起在养心殿开笔么？今天未见实证，当时怕也未必。笔者推测为父子二人在各自宫中分别举行，否则便不需要在册立皇太子后，专门教以开笔仪节了。嗣皇帝颙琰也会在子夜起床，也会郑重举行开笔仪，但应在他所居住的毓庆宫。彼处殿宇，格局比养心殿略窄，亦有东暖阁。

有意思的是，这两份当年分别秘藏的御笔黄笺，历经劫火，竟然保存完好：乾隆帝在书写时显然有些手腕颤抖，笔画时见潦草，"旦"和"良"几乎粘连重合；颙琰所题则工工整整，端庄中略显拘谨。所不同的仅仅在于年号，弘历题为"乾隆六十一年"，颙琰写的则是"嘉庆元年"。同一时期出现两个甚至更多的年号，在我国历史上多有之，而父子交班、明确禅让之后仍如是者，此为唯一一例。这当然是太上皇帝的意思，颙琰遵照父皇之旨书写。不独禅让伊始，以后的三个大年初一，都是如此。

根据已有程序，弘历与颙琰写毕，会亲手将吉语纸条折好密缄，将所用法物一一收拾起，交与所司密存。内务府恭进当年时宪书（即大清历书，因避弘历名讳改称），"浏览一通，以寓授时省岁之意"①。遵从乾隆帝的旨意,去年十月初就印制了嘉庆元年时宪书,颁行天下;而父子二人此刻所读,当是"乾隆六十一年时宪书"。这是应颙琰率诸王大臣恳切叩请,得到允准在宫内使用的。

两处元旦开笔,两本新岁历书,一个新的、政治结构特殊的历史时期就这样开始了。

此时,被史学家称为"伟大时代"的十八世纪正接近尾声,工业革命带给世界的巨变已然显现,欧美几位大国之君的命运也是可叹可嗟:

法王路易十六,已在三年前的大革命浪潮中人头落地(马嘎尔尼所携带的英王致乾隆帝信函中,特地提到此事,弘历在诗文谕旨中虽无只字提及,心中却不可能没有一点儿震动),新成立的法兰西共和国血雨腥风,另一个皇帝拿破仑正在军事和政治舞台上初露头角;

英王乔治三世,正被间歇性精神病(一说是卟啉病)所折磨,王室颇有几分式微,而议会主导的英国已显现出相比于君主独裁的体制优越性,最先得受工业化带来的实惠,综合国力急遽增长;

俄国的女皇叶卡捷琳娜二世大帝,开疆拓土,雌心也勃勃,刚刚与普鲁士和奥地利瓜分了波兰,目光已经开始扫视东方,却在这一年的冬月遽然辞世;

独立未久的美国仍在国基初肇、百废待兴的艰难过程中,离强盛还有很长的路。开国总统华盛顿坚辞第三次参选,要回他魂牵梦绕的弗农山庄,也为国家的民主体制开创一个先例……

---

① 吴振棫:《养吉斋丛录》卷十三。

此时距英国发动的第一次鸦片战争爆发还有约四十五年，欧洲列强互相攻伐缠斗，尚无暇东顾，对于清朝仍可称较好的战略机遇期。设若大清君臣变革图强、内外兼修，努力追赶西方列强的发展步伐，中国的历史、世界的近代史或将改写。在马嘎尔尼的使华回忆录中，记载了乾隆帝对英国最新军舰模型的关注，不知这算不算一次开眼看世界？

令人遗憾的是，禅让时期的清廷，不管是上皇还是皇上，包括枢阁重臣，基本上缺少全球视野，缺少对西方世界的深刻了解，也缺少应有的紧迫感和危机感。暮气常是与牛气相伴生的。大清君臣动辄以"天朝""天子"自居，不知或不愿正视世界格局的巨变，不知或不愿承认列强崛起与自身衰微，无视"天外有天"的事实。

禅让时期，朝廷的政治结构是复杂和微妙的。《礼记·坊记》"天无二日，土无二王，家无二主，尊无二上"，说的是封建王朝的普遍规律。此际清廷同时存在着两个皇帝：已然手握乾纲超过六十年的乾隆帝，史籍中称为太上皇帝、太上皇、上皇；以及刚刚践位的嘉庆帝，称为嗣皇帝、子皇帝、嗣子皇帝，有时也称皇帝。乾隆帝早早就在设计禅让，期望用最恰当的方式传承帝位，应说有着一份难得的清醒。而经历了大半个世纪的风云变幻，居于道德的最高点，做古今完人，成万世典范，在其心中或超过区区皇位。弘历曾认真梳理过中国历史上的禅让，对皇位传承有着独特的思考和实践；其"归政"之说的奥义、"训政"之议的提出，也应一一辨析。

乾隆帝曾向往在禅让后颐养天年，早早就在大内东区建好了宁寿宫，那是一个富丽堂皇的庞大宫殿群，是他设想的退养读书的乐土。但越是抵近"归政"之期，他思想和语言上的变化就越大。其间有对权力的留恋，有宠臣和珅等人顺势进言，而更主要的是国家出现了严重危机。嘉庆元年的清朝，虽无大的外患，然内乱已殷：苗疆之变还未完全镇压下去，鄂川陕三省的白莲教又复揭竿而起，东南沿海的海盗也越发横肆无忌。这些都造成较大区域的灾难，都与官府的贪腐疏纵和无能相关，又绝非此一二端所致。王朝的盛衰自有一种内在规律，以小喻大，清廷亦如曹雪芹笔下的贾府，赫赫扬扬已逾百数十年，外面的架子虽然未倒，内囊却已经尽上来了。

进入乾隆晚期，大清朝野已弥漫着老年政治的气息，但即使最为严苛的史学家，也不会用"昏庸"来形容处于权位顶端的弘历。终其一生，弘历都在读书和思考，都在关注着政局，禅让的三年亦如此。他是个强大和自信的人，应能真切感知到衰音渐起，"训政说"便是在这样背景下提出的。他在谕旨和诗文中，开始较多使用"焦劳""忧患"之类字眼；他讥讽曾引为榜样的宋高宗，说其刚六十岁即不再过问政事，是对国家的不负责任。所有这些，应是他基于社会现实的思想转变，而不仅仅是"抓住权力不放"。明清两朝，皇位的交接绝大多数以先皇驾崩为标志，新帝登基的第一件大事是为先帝治丧。乾隆帝自然也可以如此，不管是八十岁还是九十岁，不管是健壮还是衰残，一息尚存，复谁敢言？本来权力就是他的，禅让和归政的本义是要放权，只不过由全放，改为放一部分而已。

弘历特色的禅让为期三年零三天。为叙述完整，本书从乾隆六十年初写起，至嘉庆四年末结束，描写其间的朝政运作和军国大事。五年中，国家发生了严重的叛乱，经济上出现了前所未有的危机，官场腐败，将星陨亡，士气低落。如果说大清运势在乾隆中期已盛极而趋衰，此时则是急遽跌落。对于这些，最高统治者并非懵懂不识。禅让大典当日下午，已称上皇的弘历前往宁寿宫，在乐寿堂题写了一首诗，中有这样一联：

　　付忧与子讵忘付，宁寿斯身敢即宁？ ①

明明是一个喜庆盛大的日子，老皇帝的诗竟这般色泽沉郁；明明付与儿子一个皇帝宝座，却称为"付忧"，并表示不敢完全置身事外。这才是真实的弘历，才是他的心声。

　　对于一个有责任感的帝王，皇位往往意味着担当，意味着更多的操劳、更多的忧患。在诗中，上皇述说二十年前就已做好禅让准备，也为归闲娱老建好了宫苑，如今心愿得偿，却不能忘记责任，不能把重担都压到子皇帝肩头，也不敢去宁寿宫颐养天年。归政，本是要"付忧与子"，安享晚年；而训政，"大事还是我办"，则应视为一种传承和担荷。历史万象是繁复斑驳的，弘历的性情做派常也如多棱镜一般，然以忧患意识和担当精神为主。翻阅史籍和档案，尤其是读其御制诗篇，能见出上皇时时忧心国事，最后三年生活得并不轻松。

　　作为子皇帝的颙琰也不轻松。在颙琰心中，在他主持日常政务的过程中，父皇仍是那唯一的太阳。三年禅让期间，父慈子孝，即使在笔记野史中，也找不到几条父子猜忌的例子。军政大事概由父皇决定，而发布时多以皇帝的名义，这就是训政，类乎"学习行走"，也可视作一种特殊的"授受"方式。颙琰才略平庸，然天性纯孝仁厚，一直尽可能地陪伴父皇，尽可能地与父皇分忧。上皇主要居住在圆明园，颙琰常要进宫处理政务，举行各种礼仪或祭祀活动，一旦结束便赶回向父皇请安。这里面当然有敬爱谨畏的因素，而更多是出于孝心，发乎天然。

---

① 《清高宗御制诗余集》卷一，乐寿堂用丙申旧作韵。

还有一个不能回避的人物，就是深受上皇倚信，被称为权臣和"二皇帝"的和珅。在英察果毅的乾隆帝治下会有权臣吗？如果有，则乾隆晚期的和珅算是一个，其也的确有不少弄权贪贿之举。禅让的三年，和珅一步步到达仕途的顶峰，成为首辅和首枢，主管着六部中的吏部、户部和刑部，呼风唤雨，固一世之雄也；而弟弟身死，爱子夭折，发妻病逝，自己深受腿疾折磨，他也只能默默承受。和珅的宠遇和一路飞升，主要来自他精通逢迎揣摩之道，也由于他一贯的忠诚与勤奋。此际则遇上一个极大难题，既要令上皇满意，又不能冷落了皇上，和珅活得也不轻松！

　　天有二日吗？

　　在上皇意识中自然不是，在嘉庆帝思想上当然也不是，在和珅看来则必然是。而悲剧在于：和珅面对着父子皇帝，不能不以侍奉上皇为主，又要处处考虑子皇帝的感受，一仆二主，殚心竭虑，长袖善舞，八面临风。他是一个能臣，也是一个小人，自以为世事洞明，自以为已经深结新帝之欢心（子皇帝也不时表达出依赖信任），孰料上皇崩逝，紧接着就是那一声晴天霹雳……

第一章

老皇帝爱讲的一个故事

大学士一等诚谋英勇公

阿桂

勘外守中未恒亮功驰咨军

翊志每予同归朝襄赞蜀述

除兇三登紫阁福厚功崇

《御笔平定台湾二十功臣像·阿桂》

宁寿宫养性门

如同一些普通的老人，晚年的乾隆帝也喜欢追忆往事，常会提到即位之初的一次默祷。那是一段有关大清皇位传承的往事，是一个青年帝王勃勃雄心的展现，也是他对康熙帝的特殊致敬。弘历坐的是父皇拼死拼活得来的江山，接管的是父皇呕心沥血振起的朝政，仰慕的却是皇祖玄烨，文韬武略，气度恢宏，胸襟开阔的康熙大帝。

然在选择接班人的问题上，康熙帝却是个失败者，对皇太子的两立两废，对继位者的犹豫难决，最终留下的是一笔糊涂账和千古谜团，也引发了兄弟相残的宫廷悲剧。倒是雍正帝有惩于此，创立秘密建储体制，并为第四子弘历的继位扫净障碍，包括亲手清除了第三子弘时。帝王的举动措置自不可以常人常理论列，然若说其毫无父子感情，内心毫无怜惜与悲苦，其谁信之？

岁月匆遽，忽忽一个甲子飘逝。当年英姿勃发的新帝，已变为白发皤然的圣君，讲了多年的帝位禅让之事，也切实地摆在老皇帝弘历面前。他早已遵从父皇定下的规矩秘密建储，却要在有生之年举行禅让，还要提前宣布选定的皇太子。

第一节　祝祷与还愿

禅让，我国古代对于最高权力的一种授受形式，核心是"让贤"。尧让贤于舜，舜让贤于禹，成为上古政权交替的美丽传说；而后世强行逼位，复假以禅让之名，史上亦不乏其例。乾隆帝所行禅让是"内禅"，即将帝位让给自己的儿子。他提出的甚早，设想思虑了很多年，讲了无数遍，可是越到后来，越显出心中纠结。与早年的国家兴盛、社会稳定大不同，弘历开始觉察到国家危机潜伏，觉得难以放心和放手。通过大量史籍记载，能分明见出他对禅让的心路历程，见出其在表述上的明显变化。老皇帝永远是制定规则的人，敢于说出内心的矛盾，也善于随时化解和调整，永远不会违心和含糊。至于别人（也包括未来的皇帝）的感受，那就是他们自己的事了。

一、星月之下的默祷

此事要从弘历的继位说起。尽管弘历作为储君已是公开的秘密，可轮到他登基继统，也颇有几分突然。雍正十三年八月二十日，五十八岁的胤禛似乎只是偶染小恙，第二天还坚持批阅奏章，再一日即告不治。当满朝惊愕、谣言纷飞之际，大行皇帝遗诏颁布：以皇四子弘历"继朕登基，即皇帝位"①。

事发仓猝，但弘历对继承大位已有心理准备，很快由皇子进入君临天下的状态，一面隆重办理父皇的丧事，一面迅速作出政治上的必要调整。雍正帝所创设推行的军机处、养廉银、密折制度，以及摊丁入亩、耗羡归公、改土归流等重大举措，皆得到继承，失之苛酷的地方也得以逐项纠正。阿其那、塞思黑的子孙得旨回归宗室，阿灵阿墓前"罪碑"被推倒，因年羹尧、隆科多案牵连的官员予以宽大，一大批枷号锁禁人犯被开释……在雍正朝十余年峻急严苛之后，弘历提倡为政宽和，"罢开垦，停捐纳，重农桑，汰僧尼之诏累下，万民欢悦，颂声如雷"②。新帝弘历刚刚度过二十四岁生日，雍容贵重，多次发表有关宽严相济的谕旨，也是有感而发。

父皇身体强健，仅在位十三年、虚龄五十八岁即告辞世，在弘历

---

① 《清世宗实录》卷一五九，雍正十三年八月己丑。
② 昭梿：《啸亭杂录》卷一，纯皇初政。

内心深处不能不留下几丝阴影。登基践祚的第六十个春天，在安佑宫行礼后，乾隆帝对着一众皇子皇孙，忆起即位之初的一次默祷：

> 朕春秋二十有五御极践祚初，即拈香叩祈天恩，设能如圣祖仁皇帝之享祚绵长，仰邀昊眷，克绳祖武，寿祚延洪，享国六十年即当归政，不敢更冀有所过算。①

追忆常常是温馨的，却难免当事人有意无意地粉饰改编。他的这番话也有所掩盖，原本对父皇猝死的不安、对享祚绵长的祈盼都被遮蔽或减弱，凸显的是"享国六十年"的骄傲，还有那份功成身退、意欲大行禅让的潇洒情怀。其时乾隆帝八十五岁高龄，当初对寿算的担忧早一扫而去，选择性地公布祈祷之初衷，内容也基本真实。

那次默祷究竟在什么时间？此处不甚明确。"御极践祚初"，对于享国六十余年的皇帝，开头几年都可算数；而"春秋二十有五"，很容易被视为发生在第二年，即乾隆元年。读《清高宗实录》，我们会发现多处数字上的微小差异，如继位的二十四岁或二十五岁，禅位时的八十五岁或八十六岁，在位六十年还是六十一年，常可见出细微的不一致。实际上，这次焚香告天就在刚刚登基之后，弘历独立星月之下，虔敬默祷，祈望能如皇祖康熙帝在位之久：

> 忆昔乙卯九月，朕践祚之初，即焚香告天默祷云："昔皇祖御极六十一年，予绍膺宝位，不敢仰希皇祖。若邀昊苍眷佑，至乾隆六十年即当传位皇子，归政退闲。彼时朕春秋方二十五岁，初未计及在位六十年寿当几何，亦复不以为意。②

---

① 《清高宗实录》卷一四七五，乾隆六十年三月己巳。
② 《清高宗实录》卷一〇八一，乾隆四十四年四月癸未。

说得颇为轻松，当也是数十年后的轻松，岁月已淘洗去当初的担忧。在弘历之前，自努尔哈赤至胤禛的四代君王，尚无一人活到七十岁。最为他尊崇的皇祖康熙帝冲龄继统，辞世时六十九岁，而自己若在位六十年，已经年过八十。弘历是一个高度自信的人，也是个缜密审慎的人，大约是觉得期冀过高，拈用了"若邀昊苍眷佑"之类假设词。写下以上这段话时，已是乾隆四十四年初夏，差一年便到了弘历的七十大寿了。当年春出了一档子小民献书的事件：直隶高邑县有个叫智天豹的，编造了一本《大清万年书》，"内按八卦名目，复于每卦后编设三项年号，以应三十三天之数，名为受天之命，见得本朝国运比周朝八百年更为长久"①。他打听到皇帝要往西陵，便要赶往行在，想亲自敬献领赏。又因腿脚出了毛病，走不了路，只好让徒弟张九霄代往，跪在御道旁呼喊呈献，当即被护军拿下。这位智天豹读书不多，家境贫寒，弄了一套道士行头，平日行医卖药为生，穷则思变，竟想出这么一个怪招来。他在书中为皇上设定在位五十七年，也动了一番脑筋，算出那时弘历已是八十二岁，算是旷古少有了。岂知谶纬推背历来为朝廷大忌，岂知乾隆帝期盼的是活过九十岁，智天豹被定为狂诞悖逆、诅咒圣上，落得个抄家砍头下场。连带那个代师献书的徒儿张九霄，也被判了斩监候。乾隆帝还真翻了翻这本怪书，一眼便见出其巴结逢迎的真实意图，否定了诅咒圣上之说，要不然就是凌迟处死了。

就这样，一个献书的闹剧（也是那位实在不智的智兄的悲剧），引发了乾隆帝的久远追忆。他讲述了继位之初的祷告，还说起年满五十岁之际，曾将欲行禅让之意告诉母亲，而皇太后的懿旨是"皇帝

---

① 录副奏折：于敏中、福康安奏，为会同审拟智天豹编造本朝万年书案事，乾隆四十四年四月二十九日。

受祖宗付托之重，代上天爱养亿兆，董治百官"，即使在位六十年之后，也不宜"遽释仔肩"①。换句话说，就是让儿子死而后已。元明以降的所有皇帝，不都是如此交班的吗？

二、建储之痛

对于父皇创立的秘密建储制度，乾隆帝论为"鉴古宜今""神明化裁"②，决意遵照施行。元年七月初二日，年轻的弘历在乾清宫西暖阁召见总理事务王大臣及九卿，宣谕已选定皇储，并当着众人书写密缄，命总管太监置放于乾清宫"正大光明"匾额之后。皇上写了什么，跪伏在侧的大臣自然看不见，但也不难猜测：其时虽已有了三个皇子，出于皇后富察氏的仅皇二子永琏。

在我国漫长的王朝嬗代、皇位承袭过程中，逐渐形成"以嫡以长"的传位体制，载入礼典。这种僵化的礼法规定并不利于明君的选择，却内蕴着一种稳定力量，以强大的礼教正统观念和宗法意识，压制那些觊觎帝位的人。除却唐太宗、明成祖等个别违例且成功夺位者，各朝帝位的传承大体平顺。清廷崛起于北疆，继位体制本与内地不同，而随着统治阶层对华夏道统的接受，随着清朝皇帝对儒家经典的学习领悟，不能不受到嫡长制的影响。康熙帝立储的反复和痛苦多在于此，弘历首先选定的接班人，也是嫡子。

谁知两年之后，永琏竟以寒疾死亡，乾隆帝极为悲痛，向大臣公布密定皇太子之事，曰："永琏乃皇后所生，朕之嫡子，聪明贵重，气宇不凡。皇考命名，隐示承宗器之意。朕御极后，恪守成式，亲书

---

① 录副奏折：着令智天豹从宽斩决张九霄改为斩监候事，乾隆四十四年四月二十九日。
② 《清高宗实录》卷二二，乾隆元年七月癸巳。

密旨，召诸大臣藏于乾清宫'正大光明'榜后，是虽未册立，已命为皇太子也。"① 此事并未打消他的立嫡初衷。过了几年，富察氏又得一子，即皇七子永琮，寄望亦殷。孰料仅活了两年，尚未来得及确立，就因出痘早殇，时在乾隆十二年小除夕。富察氏悲痛欲绝，乾隆帝也甚为伤感，特降谕旨，讲述"默定"永琮为皇储的过程，并反思原先所持的建储标准：

> ……嫡嗣再殇，推求其故，得非本朝自世祖章皇帝以至朕躬，皆未有以元后正嫡绍承大统者，岂心有所不愿？抑遭遇使然耳？似此竟成家法，乃朕立意私庆，必欲以嫡子承统，行先人所未曾行之事，邀先人所不能获之福，此乃朕之过耶！②

句句皆是痛语，痛出衷肠。比他更为哀痛的是孝贤皇后富察氏，不到三个月即奄奄病逝。乾隆帝与富察氏伉俪情深，作《述悲赋》，其中写了两子连殇对皇后的打击，"嗟予命之不辰兮，痛元嫡之连弃。致黯然以内伤兮，遂邈尔而长逝""呜呼，悲莫悲兮生别离，失内位兮孰予随？入椒房兮阒寂，披凤幄兮空垂。春风秋月兮尽于此已，夏日冬夜兮知复何时"，③ 真情流露，长歌当哭，是乾隆诗作中难得的佳篇。此时皇长子永璜二十岁，皇三子永璋十三岁，尤其是永璜，对皇位难免有所希冀，对皇后的病逝也缺少悲伤。乾隆帝看在眼里，严旨责斥，宣布断不许二人承继大统，并警告："若不自量，各怀异意，日后必至弟兄相杀而后止。与其令伊等弟兄相杀，不如朕为父者杀之。伊等敢于朕前微露端倪，朕必照今日之旨，显揭其不孝之名，即

---

① 《清史稿》卷二二一，诸王七，端慧太子永琏。
② 《清高宗实录》卷三〇五，乾隆十二年十二月乙酉。
③ 《清史稿校注》卷二二一，后妃，孝贤纯皇后。

行正法!"① 一个父亲能对儿子说出这样的话,必是忍无可忍,必有锥心之痛,只是我们不详所指,倒觉得有些过分了。

三、选定皇十五子

三十七年十一月十九日,皇十五子永琰刚满十二周岁,乾隆帝特发谕旨,说他已然长大成人,应参加祭祀奉先殿仪式。就在这一天,又专门谕及各皇子待遇,"一切服用,悉如亲王"②,已赐封郡王的四阿哥和六阿哥亦照皇子之例,待自己八十六岁归政时,再各定爵秩。这是乾隆帝首次公开宣称未来归政之年,未加详述。

是时,乾隆帝对储嗣已有意向,那就是永琰。其生母魏佳氏,内管领清泰之女,七年前已晋位皇贵妃,甚受爱宠。次年十一月,乾隆帝再次秘密建储,以永琰为皇太子,亲笔书名,藏于"正大光明"匾额之后,另于随身小匣存贮副本,以备届时勘对。由于有了上次立储张大其事的教训,弘历颇为谨慎,仅将此事告知几个军机大臣,"但遵皇考旧例,不明示以所定何人",是以不太为外界知晓。

虽已郑重书旨建储,并按程序密写分藏,乾隆帝心中并非踏实。毕竟永琰尚在少年,心性未定,吉凶未卜,将来能否担当祖宗家业,未知的成分很多。立储之后不久,到了一年一度的郊天大祀,诸皇子皆陪祀在列,乾隆帝登临祭坛,焚香礼天,以储君之名默告,"所定之子若贤,能承大清基业,则祈昊苍眷佑,俾得有成;若其人弗克负荷,则速夺其算,毋误国家重大之任,予亦可另行选择"③。永琰正与诸皇子随同行礼,但见父皇神色肃穆,口中念念有词,怎知有这样一

① 《清高宗实录》卷三一七,乾隆十三年六月己巳。
② 《清高宗实录》卷九二一,乾隆三十七年十一月庚戌。
③ 《清高宗实录》卷一〇六六,乾隆四十三年九月乙未。

段祷词。

乾隆帝情感丰富，舐犊情深，除却选择储嗣之类头等大事，对所有儿女以及孙辈、重孙辈，也是倍加爱惜。皇长子永璜受到严责后，不两年抑郁死去，使之深受震动，追封为定亲王，由其子绵德承袭王爵。皇三子永璋在二十五年七月病故，追封循郡王，并为他过继了一个儿子，承继香火。

弘历的第二代"永"、第三代"绵"皆常见字，未来的御名避讳较难，缺笔亦难。乾隆帝思量斟酌，专发谕旨：与其改众人之名以避一人，倒不如改一人之名，使众人不必避讳，较为妥善；将来继位者，当以"永"改作"颙"，以"绵"改作"旻"，都是不常用之字，缺笔亦易。他为儿孙两代设计的避讳方案，操作起来很方便，所选"颙""旻"二字也具有御名之正大气象。后来嘉庆帝、道光帝皆遵从改名，再后来标志辈分的第一字，干脆不改了。

乾隆帝五世同堂，子孙众多。确定禅让之期后，他开始设想对皇子皇孙的安排，于是就有了六十年三月在安佑宫的那次家庭谈话。安佑宫位于圆明园西北隅，乾隆七年建成，规制类似太庙，安放着康熙帝、雍正帝的牌位，为园中最重要的礼制建筑。在这里，乾隆帝郑重宣布明年归政，"大廷授受，景运增隆，实为史册罕觏"，不无自豪地声明要创造皇位更替的典范。他没提及训政一节，大约想的是把权力全交给儿子，乐得去颐养天年。倒是眼前的一大群皇子皇孙，让他不得不有所思谋。一个现实的情况是：一旦自己成为太上皇帝，子皇帝继位，依照朝廷章服制度，众多的皇子皇孙等便会自动降为宗室，所有待遇皆随之改变。这是势在必行、迟早必然之事，但乾隆帝不愿在有生之年看到，遂传谕：

惟念诸皇子皇孙以及曾元，于子皇帝嗣位以后一切章服仪制例有一定等差，不可僭越。但朕为太上皇帝，而皇子皇孙不能照诸皇子皇孙之例，遂与宗室等伦，于亲亲之谊似有未协。着于明年归政后，所有诸皇子皇孙以及曾孙元孙仍在尚书房读书，应用冠服缨緌等项，俱着仍照现在之例，不必更改。

八十五岁的老皇帝对健康信心满满，表示还希望看到第六代：

朕年登九秩即可得六世来孙，亦当视元孙一例，岂不更为千古未有之吉祥盛事！①

这是乾隆帝当着所有子孙的一次训谕，也是对国家礼制的补充完善。礼教为历朝历代所重，《周礼》《仪礼》出，孔门弟子为后世易于学习遵行，又编写了《礼记》。各朝修史绝多以礼志为重，却也没有人会想到这一层。在位六十余年，年近九十，五世同堂的皇帝，中国历史上仅弘历一人。乾隆帝口含天宪，语出律随，命将此谕交尚书房敬谨存记，宣称后世若有享国绵长、举行归政典礼、也成为太上皇帝者，其皇子皇孙等亦如此例。嘿，也是说说罢了，有几人能有他这样的福气呢？

四、大清又有了皇太子

乾隆帝做事，格局恢宏而又运作缜密，既已决定丙辰元日举行授受大典，便要先册立东宫，给继位的皇子预留出一些空间，也给王公大臣一个熟悉了解过程。就这样，时隔十余年，清朝又有了皇太子。

册立储君的消息，最早知道的是几位枢阁大员。稽璜已于一年前

---

① 《清高宗实录》卷一四七五，乾隆六十年三月己巳。

病逝，福康安远在贵州，孙士毅时在四川，在京大学士只有阿桂、和珅和王杰，三人也是最主要的军机大臣。立储为国家头等机密，皇上一刻不宣布，臣下一刻不得有任何泄露。阿桂与王杰素来不做机巧鬼祟之事，和珅则不同。已然混到次席军机大臣的他，既想保持已有的富贵荣华，又觉得心中没底，处心积虑要和嗣皇帝搞好关系。在这些方面，和珅似乎有的是办法……

六十年九月初三日，乾隆帝出御乾清门，召见皇子皇孙和王公大臣，命内侍捧出传位密匣，公同启缄阅看。密诏为二十二年前御笔钦定，曰："皇十五子册立为皇太子。"这份传位密诏，一直秘藏于乾清宫正大光明匾额后，此为第一次向臣下启匣开示。

乾隆帝宣布摒弃一应虚文缛节，不搞册立典礼。就在这个简朴庄重的场合，他对着满堂儿孙，以及一众王公大臣，很动感情地讲了一段话。实录称之为圣谕，实则是一次扩大的家庭谈话，其中有对长期执政的简明概括，也叙说了选定继承人的曲折经历。在这样一个特殊时刻，往事历历，不免涌上心头，乾隆帝先从立储说起：历朝公开立储的经验教训，康熙帝预立皇太子之痛和不复册立之旨，雍正朝秘密建储制度的确立，以及曾选中孝贤皇后之子、不幸早夭的经过，最后才是确定皇十五子永琰。

最为核心的内容，是他强调了自身的健康强固，强调了天下臣民对自己的崇敬眷恋，并明确了大权独揽、小权分散的归政方针：

> 朕仰承昊眷，康强逢吉，一日不至倦勤，即一日不敢懈弛。归政后，凡遇军国大事及用人行政之大端，岂能置之不问？仍当躬亲指教，嗣皇帝朝夕敬聆训喻，将来知所禀承，不至错失，岂非国家天下之大庆！①

---

① 《清高宗实录》卷一四八六，乾隆六十年九月辛亥。

娓娓道来，但见自誉满纸、自恋亦多多。说的是退位交班，又留了较大的回旋空间，保持着至高无上的决策地位。这番话是对参加召见的所有人说的，更是对刚刚当上皇太子的颙琰说的。

次日一大早，颙琰上疏恳辞，诉说聆听圣谕后内心紧张，整整一天一夜局促不安（"五内战兢，踽踽弥日"）；说自己年龄还小，阅历太浅（"年齿尚少，阅事日浅"）；说深怕不能担当重任（"惴惴焉深以弗克负荷为惧"）；又说老爸身心康强，治国理政无人能替代（"圣寿日高，康强纯固，神运万几而有余，虑周群下所不逮"），恳求父皇收回明年禅让改元之命。①颙琰自幼入上书房（即尚书房）读书，浸润儒家经典逾三十年，颇有文学之才，一篇奏章写得孝情浓重，妥帖得体。乾隆帝看得舒服，所请当然是不允。

九月十一日，乾隆帝御演武厅阅健锐营兵，皇太子颙琰陪侍。阅兵结束后，他对着一众皇子诸王和大臣，再次详细讲述当初的愿心和立储经过，第一次对颙琰大加肯定：

> 皇太子体度端凝，仁孝夙著，克肩负荷。新正授受之间，实为尽善尽美。

接下来话头一转，即说到即将举行的禅让。不知是风闻世间有些议论，还是自个琢磨出些滋味，弘历针对"恋位"之说，大加反驳：

> 天下后世公论，以朕为恋位乎？不恋位乎？设朕于此稍有不欲归政之心，又何妨不行此典？且皇太子及内外大臣皆具折吁请至期颐始行归政，情词恳挚，出于志诚，朕亦何难俯俞所请。乃朕于御极初年，即以纪年六十传位嗣子之意，斋心默祷，近年屡

---

① 《清高宗实录》卷一四八六，乾隆六十年九月壬子。

于谕旨内谆谆述及，是朕吁天归政之语、不肯系恋天位之心，上帝鉴之，天下臣民亦无不共见之。

所说可以随时取消归政，也可俯允皇太子等请求至九十大寿时再归政，皆是真话，操作起来毫无难度。乾隆帝要做的是"归政完人"，再三表白不肯系恋天位之心，可分剖越细，越觉得系恋甚多。对于明立太子后可能出现的复杂局面，他也有几分担心：

储贰一建，其弊丛生，不仅金壬依附，易启嫌隙；而名分早著，日久必致流于骄佚而不自知。我国家不明诏立储，燕翼贻谋，虑至深远，即缄名密贮，务当慎之又慎，不可预为宣露。①

乾隆帝熟读史传，对历朝建储之经验教训格外重视。皇祖康熙帝册立皇太子的悲剧，更让他引为前车之鉴，对颙琰提醒警示。

为什么要在九月册立皇太子？

正可见乾隆帝为皇储思虑之周：依照通例，每年十月朔日应颁发次年时宪书，过此节候，嗣皇帝登基之后，年历未改，不免名不正言不顺，是以在九月择吉公开建储。嘉庆改元的年历自然遵旨编印，而不知出于谁的安排，或者并无安排，乾隆六十一年的历书仍照常印制。九月二十八日，皇太子率同王大臣合词恳求，"恭进《乾隆六十一年时宪书》，预备内庭颁赏之用"。乾隆帝允准所请，同意印行少量《乾隆六十一年时宪书》，"用备颁赏内廷皇子、皇孙及曾元辈，并亲近王大臣等，俾得遂其爱戴之忱"②。同时印发父子皇帝的两部年

① 《清高宗实录》卷一四八六，乾隆六十年九月辛亥。
② 《清高宗实录》卷一四八七，乾隆六十年九月丙子。

历，也是亘古稀有之事，出现在乾隆帝禅让时期，则显得自然妥帖，亲情络绎。

第二节　从内阁到枢垣

清朝的政府设置与明朝略同，中央主要机构为六部及一些府院监寺，六部之上也是内阁。惟雍正朝开始，在内阁之外，更准确说是在内阁之上，又设了一个军机处，"掌书谕旨，综军国之要，以赞上机务。常日直禁庭以待召见"[1]。这些原是内阁最核心的职责，一经分解剥离，便觉出轻重亲疏，军机处也就渐渐凌驾于内阁之上。可话说回来，机构虽不同，人员亦有不同，核心大员却也就那么几位，内阁大学士多数兼任军机大臣，并无太多冲突抵牾。

一、枢阁中的"官二代"

军机处位于隆宗门内、乾清门广场西北角，紧挨着内右门，沿门内夹道向北稍走，不几步便可拐入养心殿。雍正帝继位后，那里就是皇帝批阅奏章和接见大臣的所在。至于内阁大堂，则远在东华门内、文华殿对面，若是皇上在养心殿召见议事，要经过半个紫禁城，往来颇费周折。雍正年间筹划西北战事，一则为防止泄密，二则为垂询和议事便捷，雍正帝命设军机房（后改称军机处），就在隆宗门内办公

---

① 《大清五朝会典》第16册，光绪会典一，办理军机处。

和值班。军机大臣皆皇帝亲自拣选，例由重臣和能员组成，其中有内阁大学士，也有尚书和侍郎。比较起来，若在京大学士未入军机，不是老迈衰病，就是受到皇上冷落了。

乾隆六十年的内阁，有六位大学士，阿桂以下，依次为嵇璜、和珅、王杰、福康安和孙士毅，三满三汉。前四人已入阁多年，福和孙较晚，以出征廓尔喀军功同时晋升。嵇璜因多病未入军机，阿桂、和珅、王杰兼任军机大臣，福康安、孙士毅则远在云贵总督和四川总督任上。

乾隆帝一向重视用人行政，内阁和军机处堪称人才荟萃。若稍加梳理，便能发现乾隆晚期所用重臣，往往是早期或中期重臣之子，"官二代"现象历朝皆有，此时显得格外突出。实事求是地论列，乾隆帝虽称念旧，大臣的才能业绩和品德却是首位，所倚重的几位宦门子弟，谁也不敢躺在父祖的功劳簿上，入相则兢兢业业，出将能马上杀伐，几乎个个是功勋茂著的英杰。

首先是内阁首辅兼首席军机大臣阿桂，满洲正白旗人，章佳氏，其父阿克敦在雍正间即显露头角，乾隆前期仕至刑部尚书、协办大学士兼步军都统，为两朝重臣。乾隆朝用兵甚多，阿桂自年轻时便历经战阵，征讨准噶尔、霍占集、缅甸，平定大小金川和甘肃回部之乱，皆建大功。兼领内阁和枢密的阿桂，对于出身较低、素无战功，且品行不端的和珅，从心里有些看不上，不屑与之为伍，连说话都懒得与他搭腔，"每朝夕同入直，必离立数十步外。和珅知公意，故就公语，公亦泛答之，然卒未尝移立一步"①。考虑到皇上年事已高，也忌惮和珅受到的特殊溺信，阿桂自也不会去揭发其劣行，但平常对之很不客气，令和珅颇有几分忌惮怯惧。

内阁次辅为嵇璜，江苏无锡人，是乾隆早年信重的大臣嵇曾筠之

---

① 洪亮吉：《书文成公阿桂遗事》，见《碑传集》卷二八。

子。曾筠以治水之功，官至江南河道总督、吏部尚书、文华殿大学士。嵇璜自幼随父在各处河工，对水患有着很深认知，也积累了丰富的治河经验。乾隆帝知人善任，先后命他担任南河副总河和河东河道总督。黄河水患贯穿整个清朝，治河大工向为历代帝王忧虑牵念，嵇璜肩负重任，不避艰险，在危急时刻表现出很强的担当精神：

> 一日宿庙中，闻虞城工险，驰往。其时天甫晓，雨雹交下，趋视所下之埽岌岌欲崩，从者瑟缩，面皆改色，或遮劝勿前，公立堤上，厉声叱曰："埽去，则我与俱去！"声息，雨雹亦息，堤卒无恙。①

埽，旧时治河之术语，指以秫秸、石块、树枝等缠结成的长龙般庞大物件，用以堵塞口门，或护持大堤。埽去则大堤直接受冲击，站在堤上，自是危险异常。对于大臣在危难时刻的表现，乾隆帝常通过不同渠道进行了解，一旦得知此情此景，能不爱煞！

嵇璜与乾隆皇帝同岁，被特许冬天可待日出后再上朝，仍不许其致仕。没有进入军机处，原因当是年高体衰。阿桂比他小五岁，乾隆五十年正月举办千叟宴，二人分别为满汉大臣领班。虽不像和珅与皇上关系亲近，然那份尊重与尊贵，却为和某所无。

列于第三位的是和珅，接下来便是王杰，来自陕西韩城的穷书生王杰。和珅与王杰的出身和经历大不相同，却都是经历寒苦（所谓"寒苦"，原也有千差万别），都受到乾隆帝的特殊恩典，也都不算是官二代。和珅曾想拉拢王杰，多次示好，未想到人家不买账，渐渐二人便成了死对头。

---

① 《国朝耆献类征》卷二三，嵇璜墓志铭，袁枚撰。

二、和珅与王杰的斗法

　　和珅相貌堂堂，干练机敏，嘴上讲得，笔下写得，深受乾隆帝爱宠，正值权势和财富急剧膨胀的时期。然坊间传闻的和珅贪婪弄权和横行无忌，既有实情，也不无渲染。在大清已沿承一百五十多年的政体结构中，上有威严英察、乾纲独断的乾隆皇帝，身边有一批资历深厚、经验丰富的重臣，供和大人腾挪辗转的空间应也有限。和珅毕竟是一个政坛奇才，还是能够有所施展，一点点进占地步。

　　有人以"不学有术"来形容和珅，不甚准确。在科试正途中，和珅没有多少资历可称，但被选入八旗勋贵子弟为主的咸安宫官学，经过多年苦读，再加上天资颖悟，对一般典籍堪称熟稔。乾隆四十年，弘历从侍卫中偶然发现了和珅，见其形象俊朗、反应机敏、言辞便捷，兼且通晓数种文字，写得一笔好字，自是喜不自禁。在不到一年的时间里，就将他由乾清门侍卫、御前侍卫、正蓝旗副都统、户部右侍郎，超授为军机大臣。再授予内务府大臣、国史馆副总裁、总管内务府三旗官兵事务，官居一品，抬旗正黄，无限富贵逼人来。

　　进入军机处那年，和珅仅二十六岁。后人或有不解，多方寻觅和珅发达之特殊机缘，殊不知乾隆帝用人，历来都是如此不拘一格。如傅恒，不到二十五岁就入军机处，四年后成为首席军机大臣；而傅恒的儿子福康安，三十七年五月以户部侍郎、副都统"在军机处学习行走"①，仅仅十八岁。虽说有孝贤皇后的至亲关系，但重视青年英才，敢于把他们派往前线，一旦立有战功即不次拔擢，出将入相，则是乾

———————————

① 梁章钜：《枢垣记略》卷二，除授一，军机大臣。

隆帝的一贯作风。应予说明的是，这几位都属于满族。至于对汉人中英才，超常规使用之例亦多有，但像福康安与和珅这般"坐火箭上来的"，尚未见到。

王杰也有着被乾隆帝特别识拔的荣宠。二十六年春闱，弘历将王杰由一甲第三名钦点为状元，据称原因有二：一是自大清建国以来中国大西部还没产生过状元；二是见其试卷字迹，觉得似曾相识，心生喜欢。要说这两条都不太合理，那位从第一被倒换到第三的赵翼，一生耿耿于怀。可皇上就这么定了，复谁敢言！王杰比阿桂年轻九岁，也是数十年圣眷不衰，由翰林学士、刑部侍郎、吏部侍郎、左都御史、兵部尚书一路提升。五十一年四月，命为上书房总师傅；十二月，在军机处行走。[1] 次年入阁，已然六十二岁。比他年轻二十五岁的和珅，一年前便成为文华殿大学士，至于入军机处，更是早了整整十年。

同为内阁大学士，又以殿阁之名称标示等差，以管事不同而权重有别。年纪轻轻的和珅，兼吏部尚书，管理户、吏两部，皆属要害部门，比王杰只是管理礼部事务，显然权力要大得多。

王杰初看平易和蔼，通常待人处事亦如此，但性格刚直不阿，素来厌憎善于逢迎、逞能逞才、行事诡诈的和珅，尤其憎恶他的贪婪纳贿。遇有和珅试图夹带私货、安插私人之事，阿桂等还有些顾虑，要留一点余地，王杰总是当即反驳，不留情面。有这样一段传播很远的记载：

> 公高不逾中人，白须数茎，和蔼近情，而时露刚坚之气。其入军机时，和相势方薰赫，梁文定公国治为其揶揄若童稚。公绝不与之交，除议政外，默然独坐，距和相位甚远，和相就与之

---

① 《清高宗实录》卷一二七〇，乾隆五十一年十二月壬子。

言，亦漫应之。一日，和珅执公手笑曰："何其柔荑若尔？"杰正色曰："王杰手虽好，但不会要钱耳！"和艴然退。①

简简几笔，写出大清军机处的严重不和谐，亦画出和珅的得意轻狂与王杰的耿介硬拗。和珅应是藉开玩笑套近乎的，王杰回敬的话语也似调侃，却带着明显的厌恶。内阁大学士兼军机大臣，是官场所谓"真宰相"，率以崖岸自高，外示和煦，私下绝不与督抚等地方大员交接，以免物议。自乾隆帝以雷霆之势打击鄂尔泰、张廷玉的朋党纷争，首辅如傅恒、刘统勋、高晋、阿桂，皆不立门户，阁僚亦然。而和珅为权欲、贪欲所驱使，大开贿赂之门，故遭到王杰的嘲弄讥讽，他也只有满面羞惭的分儿。

皇帝的宠臣都是吃不得亏的。和珅衔恨在心，当然不会放过任何倾陷王杰的机会。有这么一则文字，说是和珅打听到王杰在家乡韩城的房产很多，甚至有"三王府、四王府"之称，遂添油加醋，私下奏与皇上。乾隆帝闻说又惊又怒，对一向视为清廉的王杰顿生疑窦，密旨命陕西巡抚速往韩城察访，实地调查王杰在老家的宅第财产，查清所谓三王府四王府究竟是怎么回事。巡抚怎敢怠慢，急急赶往韩城，到后见王杰老宅多年失修，残破湫隘，如同寒门百姓。至于"三王四王"之说，原是当地另一王姓人家之老三老四，邻人就其姓开玩笑而已。巡抚据实密奏，乾隆帝阅后大为感慨。该书写道：

一日，上谓文端曰："卿为宰相，而家宅太陋。"命赏内库银三千两修之。文端悚然不知所由。②

---

① 昭梿：《啸亭杂录》卷四，王文端。
② 《清稗类钞》第一册，三王府四王府。

文端，王杰逝后谥号，一个"端"字，真真恰切允当，与和珅的"不端"形成鲜明对比。天下没有不透风的墙，王杰事后必能知晓和珅的小动作，对他更加厌恶。

陈康祺《郎潜纪闻初笔》卷六，有"王文端公欲用药杀和珅"一段，说是和珅患有疑难病症，听得礼部官员陈渼擅岐黄之术，要他来为诊治。陈渼向座师王杰求教该如何应对，王杰说："此奸臣，尔必以药杀之，否则毋见我。"和珅长期为腰腿病痛折磨，有自撰长诗为证。此处写得煞有介事，大约出自传闻附会，其所传递出的王杰之痛恨，倒有几分真切。

三、火线提拔二阁臣

乾隆晚期的大清内阁，是一个由年高资深官僚为主，加上皇帝宠臣构成的班底。和珅年龄资望最轻，自觉势单力薄，想弄点权，引进几个私人，可面对时见峻厉的皇上，怕也不太有胆量①。福康安、孙士毅同时入阁，福为武英殿大学士，兼吏部尚书；孙为文渊阁大学士，兼礼部尚书。或称二人为和珅所援引，实际并非如此。

福康安，满洲镶黄旗人，富察氏，姑母为乾隆帝嫡妻孝贤皇后，一门贵显。十三年春，孝贤皇后病死于东巡归途中，乾隆帝不胜悲悼，隆重治丧②。当年十月，即擢孝贤皇后之弟、尚在金川前线的傅恒为保和殿大学士，次年擢为首辅，兼首席军机大臣，一做就是二十余年，直至去世。傅恒二十五岁任户部尚书，二十七岁已位极人臣，始终勤慎谦和，尊重爱惜人才，在朝野享有清誉。傅恒卒后，乾隆帝

---

① 在《碑传集》《清史列传》等书中，多处可见乾隆帝责斥和珅的记载。
② 参看戴逸《乾隆帝及其时代》第三章，皇后之丧的政治风波。

赞为"社稷臣"，对他的四个儿子均委以重任。福康安是傅恒第三子，先后参与征讨金川、台湾林爽文和廓尔喀之役，无论参战还是领兵，从来不畏艰险，迭获战功，为乾隆时期乃至整个清朝最著名的将帅之一。然出身贵胄的他排场骄奢，诛戮任情，曾以福建提督柴大纪礼数不周而痛下杀手，品行声望远不如其父。

孙士毅亦是能员，长期协助征剿，任封疆大吏。士毅与王杰同年进士，此科为皇太后七旬万寿恩科，列二甲第四名，却未能进入庶常馆，仅得到一个候选知县。所谓候选，往往先从杂差做起，或干脆候着，一候就是数年。孙士毅年已四十二岁，满腹经纶，精明练达，真是候不起，只好另寻捷径。适逢传来乾隆帝次年春要南巡的消息，士毅赶赴途次恭迎，经皇上面试一等，授以内阁中书。不久后选任军机章京，渐露头角，踏上官场的快车道。二十年后，孙士毅已是云南巡抚，云贵总督李侍尧贪赃案发，士毅以没能先行举报，又不积极揭发坐罪，遣戍伊犁。却因被抄家时"不名一钱"，再次得到皇上关注。之后他便一路顺风顺水，历广西巡抚、广东巡抚、两广总督。平定台湾林爽文，出师安南和用兵廓尔喀，孙士毅都亲身参与，督饷助战，安排得周密妥当。如反击廓尔喀入侵西藏之战，用兵绝域，时际隆冬，面对的又是向称彪悍的强敌，福康安和孙士毅督兵奋进，连克险隘，大捷之后，二人双双入阁。

和珅与傅恒第四子福长安关系密切，对战功卓著的福康安颇存嫌忌。福康安也想与皇上身边的和大人搞好关系，常送上厚重礼物，和珅来者不拒，表面示好，私底下将之视为竞争对手。和琳举报福康安私运木料，背后应有和珅的影子。福康安因母丧请求回京，和珅不愿其回到京师，暗中设置了不少障碍。孙士毅的情况不同，在李侍尧一案中虽大吃苦头，却也藉此赢得了皇上的好感，并与和珅搭上了关系，越来越热络。

福康安和孙士毅进入内阁，并各兼尚书衔，却没有在内阁管事。

为什么？只因二人一直在外地担任总督。由于这一原因，两人也未能兼任军机大臣。此类大学士帽子，当是皇帝宠信慰勉的标志，多用来奖励建立殊勋者，先行备位，视需内调。不久后，苗疆生变，当地官军损失惨重，难以镇压，乾隆帝立刻想到福康安和孙士毅。

第三节　苗变之痛

就在乾隆六十年元旦期间，一场巨大的民族暴动在苗疆酝酿，先是湖南、贵州，接着是四川、广西，长期安静畏服的苗民揭竿而起，格杀镇筸总兵明安图，围攻镇城和营汛，震撼朝廷。

苗族为我国古老民族之一，创世和繁衍的历史悠远莫辨，惟后世渐由平原迁避深山，专选险峻峭拔之处聚族结寨，必有一部民族痛史在焉。降至清朝，苗人主要散居于湖南、贵州、云南、广西诸省毗邻的山区，以地域服色而分为红苗、黑苗等，连绵数千里，统称苗疆。雍正四年春，胤禛以贵州仲家苗"为乱二十余年"，剿抚难定，垂询署云贵总督鄂尔泰。鄂尔泰疏中叙及："苗疆四围几三千余里，千三百余寨，古州踞其中，群寨环其外。左有清江可北达楚，右有都江可南通粤，蟠据梗隔，遂成化外。"[1]他列举群苗久在化外的种种积弊，认为苗患甚于土司，建议改土归流。雍正帝下旨用兵，剿抚并行，那时的大清猛将如云，数年间将各苗寨次第荡平。其间叛服反复，清军血腥杀戮，又成为苗人刻骨铭心的记忆。

---

[1] 《清史稿校注》卷二九五，鄂尔泰传。

一、总兵明安图之死

应该说，改土归流，置郡县，设营汛，建学校，兴科举，打破苗疆固有的割据和封闭，祛除土司土官的无度盘剥，减少百姓的赋税额度，对地域发展和普通苗人生活，都是一种福音。但事物的复杂性在于，山高路险，政令难及，苗疆人民的生活改善缓慢，而乾隆晚期官场和社会腐败加剧，加上人口剧增，土地兼并日趋严重，客民（主要是汉族流民）渐渐扩展到苗人居集区，不断引发族群仇恨，风暴一触即发。

乾隆帝先时采纳孙嘉淦之议，"令各寨用头人为寨长"，管理苗民，半个世纪平安无事。而此时最先密谋起事的，正是一批心怀不满的苗寨首领。乾隆六十年元旦前后，借着节日活动的掩护，松桃厅大营寨百户石柳邓、永绥厅黄瓜寨寨长石三保，与凤凰厅鸭保寨副百户吴陇登多次秘密集会，歃血为盟，公推石三保为苗王。因众人皆不识字，连个文告书帖都不知如何写，三保忽然想起表兄吴八月，立刻派人去请。

要说这吴八月，虽然年已六十七岁，仍是响当当一条好汉。他幼时曾入学读书，后痴迷武功，拜武艺高强的苗百户石老喜为师，得到真传，还被收为上门女婿。自此不光刻苦习武，还对苗族武术梳理总结，并独创"九滚十八踢"等招式。石老喜死后，吴八月携妻子回到家乡坪垅，担任苗百户，广收门徒，声名远播。他对官府早有不满，接到石三保的信，马上赶往黄瓜寨。大家商定共同举事的日期，吴八月草拟文告和口号，以火炭鸡毛信方式分送石柳邓等各处首领。暴动的口号大约是以他为主提出，在场各人再凑一些，如"逐客民，复故地""驱逐客民，夺回苗地"，在苗人中有相当强的煽动性；另有什么

"打到黄河去，不到黄河心不甘"，就有点儿不靠谱了。

所涉各寨虽分属湖南和贵州，实际上相距不远。各路起事苗民先要分别集合演练，石柳邓在大寨营演练时闹得动静太大，附近一个苗百户石老三发现势头不对，跑去向官府报告。松桃都司孙清元也算干练，亲自率领三百官兵赶来清剿，却没估计到事态的严重性，被冲杀得七零八落。石柳邓等悍然无惧，先是凭险抵抗，后来冲出围堵，赶到黄瓜寨与大队集结。两天后的正月十八日，是诸苗约定的起事之期，乾州、凤凰、永绥等地揭竿而起。号称"统兵元帅"的石柳邓一支声势最大，先杀回大寨营，攻占大营汛，进而包围了松桃厅城。

相距最近的总兵府驻扎镇筸，位于凤凰厅城不远处，士卒素以强悍敢战闻名，被誉为绿营六十六镇之首。总兵明安图为蒙古正红旗人，"以云骑尉授三等侍卫，累迁湖南保靖营游击。从征金川，大小战五十有四"①，是一位出身宫廷侍卫的悍将。二十二日，明安图闻知贵州松桃苗变，即率五百余部下前往省界堵御。行至途中，猝遇石三保的大队苗军，漫山遍野冲杀而来。明安图见势不能当，领兵且战且退，先进入鸭酉寨，据险死守。血战至夜半，部下折损甚多，本人也多处被创，见该寨已被苗军攻破，只好突围而出。永绥驻守官兵在副将伊萨纳、同知彭凤尧带领下赶来救援，也被团团围困。明安图平日待士兵不错，事到危难，部属拼死保护，亲兵中有兄弟三人，两人先后战死，剩下一个仍坚持背他下山。山道狭窄，苗民箭镞与矛锋多喂毒，又有火枪鸟铳，明安图、伊萨纳等先后战死，所带官兵大部被歼。

旗开得胜，苗众士气高涨，进围永绥厅城，昼夜攻打。多地苗民群起响应，堵截官军救援和粮饷的通道，闻讯驰援的云南鹤丽镇游击

---

① 《清史稿校注》卷三四一，明安图传。

永舒、四川皐和协都司班第试图还击，皆不敌而死。另一路在吴八月率领下，也是攻势凌厉，数日后一举攻克乾州城，同知宋如椿自尽，巡检江瑶被杀。这场苗变一开始就极为惨烈，一批文武官员死于苗民之手，其中有久历战阵的二品大员，加上一千多名以骁勇著称的绿营兵，苗军大振，朝廷大震。

二、大员云集

平定苗变之役，照例由乾隆帝亲自部署指挥。对起于湘西和黔东南的苗人大暴动，弘历由起初的不太经心到高度重视，调兵遣将，在京师遥控攻剿事宜。

第一份奏报在二月初四日送到京师，为湖广提督刘君辅所呈。君辅刚刚由永州镇升任，对情况不很清楚，奏称先接到总兵明安图咨文，说贵州松桃厅有苗人石柳邓聚众闹事，恐怕会窜入湖南境内，现带兵前往堵截；又接游击田起龙等人禀报，称湖南凤凰厅黄瓜寨石三保纠众抢劫，"焚烧民房，杀毙客民"，正在竭力保护永绥厅城。君辅奏称已檄调就近各处驻军赶往凤凰，并率领标下战兵六百名前去办理。乾隆帝阅后不以为然，对军机大臣发表了一番看法：

> 贵州湖南等处苗民，数十年来，甚为安静守法，与民人等分别居住，向来原有民人不准擅入苗寨之例。今因日久懈弛，往来无禁，地方官吏暨该处土著及客民等见其柔弱易欺，恣行鱼肉，以致苗民不堪其虐，劫杀滋事。迨至酿成事端，又复张皇禀报。看来石柳邓、石三保等不过纠众仇杀，止当讯明启衅缘由，将为首之犯拿获严办，安抚余众，苗众自然帖服，何必带领多兵前往，转至启其疑惧，甚或滋成事端。是因一二不法苗民，累及苗

众，成何事体！①

一段话娓娓道来，对苗民生存之艰的理解同情，治国经验和治吏手段都在其间。乾隆帝并未意识到苗疆发生了重大事变，要给即将接班的儿子做个爱民的榜样，着重讲的是对民族关系必须审慎，是对民间疾苦的关心，以及对底层苗众的悲悯。老皇帝见过的大阵仗太多了，对苗民多年驯顺的印象也太深了，刘君辅火速调两千绿营兵扑救，被他斥为遇事张皇，缺少头脑。他也担心云贵总督福康安闻讯统率大军前往，会引发全苗疆的骚动，传谕如已起身，到达后应不动声色，妥善办理；如尚未起动，也不一定要亲往，以免大动干戈，影响地方稳定。

当日稍晚时分，湖广总督福宁和湖南巡抚姜晟的急奏递到。福宁已改调两江总督，因继任的毕沅尚未接印，仍须坚守岗位，闻知变乱后一边急急赶往凤凰，一边上奏朝廷。所奏基本是转述刘君辅的急件，没有太多新内容。乾隆帝再一次强调"苗民安静畏法，素习供役，与内地民夫无异"，断定闹事的原因为客民欺凌苗人（"必系外来客民平日有侵占地亩、恣意欺凌等事"），敕令福康安和福宁到后核查清楚，连同涉事官员一起严办。对两份奏本皆以五百里或六百里驰递，老皇帝也觉得有些过分。姜晟在折盒外面的传牌上写"紧要事件"，还算知道保密；福宁则注明"永绥厅苗人劫杀客民"，一路急递也一路传播，被皇上好一通训诫。②第二天，在隆重的祭孔大典之后，乾隆帝兴致勃勃，吟成御制诗四章，令大学士和文学侍从等恭和，还特地叮嘱，抄寄一份给"远在滇南"的福康安阅看。

仅仅过了一天，又接福宁急奏：乾州被围，仓库遭抢劫，同知宋如椿、巡检江瑶俱已殉难，镇筸总兵被围困，声称正在调兵前往会

---

① 《清高宗实录》卷一四七〇，乾隆六十年二月丙辰。
② 《清高宗实录》卷一四七〇，乾隆六十年二月丁巳。

剿。尽管还不知总兵明安图等已被戕杀，乾隆帝已高度警觉，心态也不再平和，立即降谕："必须痛加剿除，以儆凶顽而彰国宪。"① 他将此事交给素来信重的福康安，要其选调道府干员，路过贵州时再带上些勇健官兵，前往平定事变。同时寄希望于已在凤凰厅的福宁，令其率领地方文武赶紧剿捕，最好能迅速自行解决，不用福康安劳师远征。新任湖广总督毕沅已至湖北，受命速赴荆州等地驻扎，"筹办粮饷军火"。乾隆帝虽已年迈，头脑仍极为清晰，得悉两省乱苗头领都姓石，有可能是先有串连和预谋，立刻意识到形势严峻，调兵遣将，叮嘱前线将领处处谨慎，尤其不要着了假降的道儿。

明安图做过三等侍卫，曾被派往金川前线，冲锋陷阵，多次建功。乾隆帝对这位蒙古勇士有较深印象，很想知道明安图阵亡的具体情形。几日后，终于接到刘君辅的有关报告，说是面询唯一逃出的马兵高某，得知明安图和副将伊萨纳以及永绥厅同知、守备三员、巡检二员，带兵五百名，在鸭酉寨与苗民接战，至半夜全寨已失，次日且退且战，参战苗人更多，最终在盘打扣地方被害。乾隆帝读后疑问更多：明安图久经战阵，所带五百官兵已不算少，为何如此不堪一击，竟至全军覆没？他对刘君辅（也包括福宁）再次表达不满，要求将"明安图等如何与苗匪打仗，及如何被害情形"查清奏报。

这一质疑是对的。明安图等经历了惨烈血战，两天一夜连续厮杀，最后弹尽力竭而亡。怎奈身边部下绝多战死，那位受伤逃回的为永绥厅士兵，所知也就是这些了。后来，福宁找到了背明安图下山的亲兵林胜仲，将他送往京师，乾隆帝命军机大臣询问，得悉那场遭遇战的详情，批曰"情殊可悯"②。惧于乾隆帝的敏锐英察，那时的前线将领大多还老实，不敢对作战情形胡编乱造。否则活灵活现来上一

① 《清高宗实录》卷一四七〇，乾隆六十年二月戊午。
② 《清高宗实录》卷一四七四，乾隆六十年三月戊午。

篇，写得可歌可泣，老皇帝阅后也就舒服些了。

到了这时，乾隆帝已将平定苗变视为朝廷头等大事。他仔细查看姜晟报来的苗疆地图，见出事之地实为三省交界处，与四川的秀山县毗邻，那儿苗寨亦多，当即下旨，命新任四川总督和琳前往料理。前任川督孙士毅本已奉调进京，也被要求留下筹办军需等项。老皇帝心目中的统军主帅是福康安，副帅则是和琳。让他倍感欣慰的是：和琳正在由西藏回京途中，行至打箭炉，闻知湘贵地方出事，立即折向秀山；而福康安也驰送奏本，说是正在率军奔赴松桃路上，并已做出一系列平叛部署。至此，动乱苗区方圆数百里地方，已有两位大学士（福康安、孙士毅），五位总督（福康安、孙士毅、和琳、福宁、毕沅），加上相邻各省提督、总兵，可谓大员云集！乾隆帝力图早日敉平变乱，戡定苗疆，避免给明年的禅让大典添堵，又从侍卫中选拔十余名巴图鲁，令正红旗护军统领德楞泰带领，由京师赶往前线。后应福康安之请，再派正蓝旗满洲副都统额勒登保率领巴图鲁侍卫，赶赴军前。

清太祖以马上杀伐得天下，从亲兵（后亦从宗室和藩部）中遴选青年俊彦，平日研习骑射，遇敌舍命厮杀，称为侍卫，即扈从亲军也。入关后专设侍卫处，由勋戚大臣统领，负责御前和宫禁的安全。警跸护卫之责多由护军承担，各侍卫则分以等级，明确职责，主要是检视督察，更像一个高级武官培训中心。头等侍卫秩在正三品，更是优中选优，历来深受皇帝信任。遇有大的战事，皇帝照例要选派侍卫赴前线。一则彰显朝廷的重视，激励前线将士；二则也给他们建功立业的机会，从实战中考验与选拔人才。这些皇上的身边人，深受熏陶和激励，不独武艺过人，亦有着强烈的国家意识和个人荣誉感。后来的作战过程证明，额勒登保和德楞泰皆为满洲勇将，所带侍卫多不惧血战，成为平定苗疆的一批中坚力量。其后在追剿白莲教教军时，二人皆成为重要的领兵大员。

三、军中三虎将

二月中旬，福康安率部急急赶到铜仁。正如乾隆帝所判断的，他在接到苗疆变乱的禀报后，不待命即领兵起身，由昆明兼程前来，途中不断发出指令，布置攻剿，并向朝廷请调三员大将：前两位是皇帝已经派出的额勒登保和德楞泰（君臣二人也称心有灵犀），另一个便是贵州安笼镇总兵花连布。

深得乾隆帝倚信的福康安，十三岁已是三等侍卫，在乾清门行走；十五岁升二等侍卫，御前行走；再一年擢头等侍卫，已在武职大员之列。三十七年五月，十八岁的福康安以镶黄旗满洲副都统进入军机处，俨然已是军机大臣。金川之役，福康安奉旨往军前授印，留军为领队大臣，督兵冒雨夜战，毁垣克碉，身先士卒，大受皇上奖誉。自此数年鏖战，金川平定后封男爵，绘像紫光阁。再数年之间，历正白旗都统、吉林将军、盛京将军、云贵总督、四川总督、御前大臣、工部尚书、兵部尚书，这还不是他担任的全部要职，已觉如走马灯一般。凡有地方动荡，如甘肃回民起事、台湾天地会起事、安南内乱，多派他前往镇压或办理，所至皆不辱使命。此次受命总统军务，平定苗变，福康安为武英殿大学士、嘉勇忠锐公、云贵总督，真可谓文武一肩挑。如此丰富的经历，养成了他审慎周全的风格，而骨子里的悍厉刚勇依然无改，甫一抵达，立刻督兵分路攻剿，与龟缩在镇城内的福宁形成鲜明对比。

苗疆之变的血腥开始，意味着谁都没有了回旋的余地，必然是一场接一场的恶战。这里山高林密，道路崎岖陡峭，多数苗寨凭险而建，竖木栅，设石卡，再根据地形布置埋伏，兽夹陷阱，鸟枪毒箭，来犯者多是有来无回。千百年来，苗民就是以此来自卫和拒敌的。

清朝的盛极而衰，首先在军队战斗力上反映出来，能打仗、会打仗、敢打硬仗恶仗的将领，满朝望去已经不多了。苗变发生在三省交界地区，清军本已密集驻防，然变乱一起，明安图等轻举妄动，所部损折殆尽，各处驻军不免闻风惶恐，基本是缩在镇城和营汛，只求固守自保。而苗众气势大增，城外架云梯，掷火球，百计进攻；城内使人投毒放火，不断制造骚乱。官军能守住几个据点，已是大不易。福康安久历戎行，对军队腐败和将士的怯懦很清楚，请求皇上特旨急调的三员将领，曾与他一起参加金川等恶战，又都有在紫禁城任侍卫或护军的经历——

德楞泰，蒙古正黄旗人，行伍出身，以蓝翎长随军征大小金川，接着随福康安远征石峰堡和台湾，战功累累，迁前锋参领，赐号巴图鲁。乾隆五十六年，随福康安出征廓尔喀，尽复被占国土，加副都统，图像紫光阁，擢健锐营大臣。健锐营者，大清的特种部队是也。川贵苗变，德楞泰为正红旗护军统领，正二品武大臣，在福康安奏本到达之先，已奉乾隆帝钦命率十二名巴图鲁侍卫经河南驰赴湖南。遇此类紧急军务，所过之驿站均先期"拣选膘壮好马"，"随到随即更换，兼程前进"。各道府除保障供应外，还要负责稽察，"务令依限驰过，毋许片刻稽迟"。河南巡抚阿精阿专折报告了德楞泰和额勒登保等进入省境和离境日期，皆精确到某刻，政令军纪之严，于此可见。①

额勒登保在十日后出发，也是带领十二名巴图鲁侍卫。他与德楞泰从征经历略同，个人素质和所建功绩又胜之。额勒登保为满洲正黄旗人，从马甲（即骁骑营兵）做起，以战功擢三等侍卫、御前侍卫直至头等侍卫，署驻藏大臣，两次图形紫光阁，历升护军统领、正蓝旗满洲副都统，亦正二品大员。他虽年龄比福康安大好几岁，但长期作

---

① 录副奏折：阿精阿奏，为护军统领德楞泰过豫妥备车马等事，乾隆六十年闰二月初二日。

为其部下，跟着东征西伐，忠心耿耿，苗疆要打大仗，又是闻命赴召，兼程赶往湖南。

花连布为蒙古镶黄旗人，也是一员虎将，曾做过八旗健锐营前锋，积战功为蓝翎长，火器营护军参领，以参将就职地方，渐升为副将、总兵。花连布时在回京述职途中，接奉旨意即行折返，抵达铜仁，向福康安报到。该地苗众正纷纷聚集，攻城截道，正大营位于贵州边界，靠近湖南的凤凰厅，是苗变的中心，成千上万苗众轮番攻营袭扰。总兵珠隆阿还算勇武，领兵出营厮杀，格毙数百人，无奈苗民越来越多，只好撤回。贵州提督彭廷栋领兵赶来增援，苗众稍退，很快又蜂拥而来，营中官兵拼命抵抗，才算没有陷落。廷栋等急向福宁求救，可那里的情景也差不多，正处于苗众的四面包围之中。

二月十五日，福康安率大队赶来，仔细侦察附近各苗寨情形，又密派士卒绕道往正大营，告知行动时间。十九日深夜，福康安分兵两路，自将主军，以花连布为偏师，包抄前行。至盘塘坳地方，见苗寨丛集，木栅石垒挡道，即令开炮轰击和抛掷火弹，清兵见人即杀，哪里管"良苗"和"凶苗"。天已渐渐放亮，对面山梁鸣锣吹号，四面皆有苗民赶来对拒，清兵枪炮齐发，各据地形飞攀而上，奋力强攻。苗众起事以来，见惯了官军的惊惶怯战，从未见过这等强横霸蛮的气势，抵挡不住，慌忙四处逃散。花连布乘胜率三千精兵直趋正大营，一路斩关进击，兵锋甚锐。彭廷栋闻听救兵到达，由城内领兵杀出，攻城苗众四散而去，正大营之围立解。此役首战告捷，还缴获了一大批苗军粮饷。

解围正大营，不仅解除了进军的后顾之忧，也将贵州提督彭廷栋一彪人马解脱出来，福康安妥为部署，仍留彭廷栋守住后路，然后挥师北上，杀向松桃。此一路苗寨密布，山高水急，所有道路均被阻断，处于中间的嗅脑城和松桃厅城一样，正被苗军围困攻打。福康安虽刚过四十岁，身为经略苗疆的统兵大帅，凌厉中不失谨慎，步步为营，稳健推进。闰二月中旬，清军先解嗅脑之围，连续进击，终于抵达松桃厅城，多日的长围立解。福康安奏捷：

> 自嗅脑以至松桃一路，两旁皆有贼寨……官兵争先直进，杀毙数人，奋力追出山口，一望该处地势稍平，苗寨无数，贼见官兵飞驰前来，俱挟镖矛向前扑拒，几有四五千人，齐来对敌。官兵刀枪竞发，登时杀毙贼苗甚多，滚岩落沟而死者不计其数，余匪皆向两旁山后窜逸。官兵直趋下山，将近马乾溪，见有大河一道，水溜甚急，臣一面用炮轰击，一面派令官兵飞赴上流各浅处所过河，抄至贼后，猛力剿杀……①

短短一段文字，满篇皆见"杀"字，至今日读之，仍觉血气迷蒙。"扑拒"二字，写出苗民之殊死搏命，也写出官军之艰危和残暴。松桃厅的解围，让乾隆帝大大松了一口气，降谕命和琳率军前往会合，谋划下一步行动。

在这之前，德楞泰已赶到苗疆，根据皇上的指令，直接抵达镇筸大营。乾隆帝堪称知人，部署三路会剿，独对湖南一路最不放心，觉得福宁懦弱怯战、刘君辅和苏泰也缺少大智大勇，命德楞泰先不去福康安帐下，而是前往凤凰厅的镇筸，以期振作。孰料主帅无能，勇将也起不了多大作用。德楞泰被派往后路的永绥等地清剿，打通粮饷军火的输送之路，所做只是应付一些零星袭扰。乾隆帝听不到德楞泰奏报战功，先是无奈，渐也产生不满。

额勒登保到湖南辰州后，四围皆苗寨，驿路不宁，遂不等护送，直接驰抵大营。时在闰二月之末，军情紧急，福康安即令率军进攻，

---

① 《钦定平苗纪略》卷八，乾隆六十年闰二月二十六日。见《清代方略全书》第45册，99—102页。

先后荡平长冲塘、卡落塘等，直趋大寨营。苗变首领石柳邓颇有韬略，不与官军死拼，借助地理优势打起了游击战，声称"官有万兵，我有万山；其来我去，其去我来"，率队撤往湘西，与吴八月、石三保等会合。福康安不予任何喘息之机，指挥大军各路进逼，层层围剿。

四、杀俘令

到了这时，朝廷在苗疆已调集数万大军，分驻三省，以福康安总统军务，形成对起事苗寨的合围之势。湖南凤凰厅方面由福宁主持，武将有护军统领德楞泰、湖南提督刘君辅、总兵苏泰，还有急欲建功的十二名巴图鲁侍卫，虽未有大的清剿行动，但能保镇城不失和后路粮饷军需的畅通。四川酉阳方面是副帅和琳，帐下也是猛将如云，有重庆镇总兵袁国璜、建昌镇总兵诸神保、松藩镇总兵达三泰、川北镇总兵朱射斗、蓝翎侍卫穆克登布，在孙士毅协助下，已将秀山境内的苗变基本肃清，堵住苗军后退之路。福康安大营，除额勒登保和花连布，还有贵州提督彭廷栋等。黔川两路大军势如破竹，三月即在松桃厅会师。福康安与和琳早年有过一点过节，但在西藏反击廓尔喀之战配合默契，这次受命办理平苗军务，也很协调。三路将领多是福康安旧部，自是令行禁止，各呈悍勇。

苗疆气候无定，地形复杂，山路曲折陡峭，加上到处都是深邃的岩洞，易守难攻。而官军一入山坳，便无所谓前锋中军，皆置身随时被袭的危险之中。在福康安督率之下，诸将分道进剿，雨战，夜袭，包抄，火攻，战事异常激烈。常会出现孤军深入，独自对敌，诸将多能奋不顾身，有的受伤仍不离火线，裹创进击。前线捷报频传，乾隆帝在京师心情大好，谕令大加封赏。

自闻知明安图死讯，震怒的乾隆帝即下旨"必须痛加剿除"，此际的苗疆百姓，正承受着痛剿之痛。苗疆的情形是错综的，并不全以民族划分：有揭竿而起、殊死抵抗的苗人；有同情和支持苗变，通风报信的汉人；也有向当局密报消息，甚至组织起来保卫山寨，并与起事苗军血拼的苗民。朝廷曾大加奖助所谓"良苗"，福康安等也力图有所区分，而一旦打起仗来，刀光剑影之中，区分极难。这是一次残酷扫荡，大军所向，例先发炮轰击，还特别针对苗寨的木质结构，加量配备了类似后世燃烧弹的火弹，数百年苗寨焚于一炬，寨中妇孺老幼在所难免，哪里还管什么"凶苗"与"良苗"。

来自苗疆的捷报，每以"焚大寨二十六""纵火焚之""毁大寨五十六""焚巴沟等寨二十"称之，读来让人惋叹和悲悯。苗民多选险峻处为栖息地，同姓为群，一代代繁衍生聚，始建成祖祖辈辈栖依的家园，形成独特的文化遗产。试想当地能有多少古老苗寨？经此一番浩劫，又有几个能保留下来？

与一些民间宗教或族群的暴动相同，湘黔苗变的大多数人也是被裹挟的，而官军兵锋所向，可就不管这些了。满洲统治者历来有屠城和杀降传统，乾隆帝至此也是毫不手软，对各处奏报拿获的俘虏，降旨速行正法。《清高宗实录》有这样一段上谕：

> 又据冯光熊奏拿获汉奸杨兴农、张胜禄，现在暂行严禁，并据孙士毅等奏，都司何元卿等禀报拿获活匪三十四名，严行收禁各等语。当此军行之际，剿捕防堵在在皆需兵力，安有余兵可以分派看守？此等拿获贼匪，若夫照常监禁，或该犯思越狱逃窜，及其余党纠众潜来抢劫，别生事端。……着传谕福康安、和琳、福宁，遇有生擒活口，除有关紧要一二人外，其余一面录供具奏，一面将该犯等速行正法。①

---

① 《清高宗实录》卷一四七一，乾隆六十年二月壬午。

俘虏中苗、汉皆有：所谓汉奸，指的是支持或参与苗变的汉人；而"活匪"，则是生俘的苗民。此御旨发布在二月末，尚在苗变早期，老皇帝已断然下达杀俘令，不许留下活口，以免行军累赘。此后的平苗之役，杀俘杀降，成为家常便饭。对于躲到岩洞中的苗民，官兵用火烧烟熏，死伤相枕藉。苗民再没有后退余地，被迫以死相拼，打到后来，真是惨烈无比。

在福康安指挥下，清军连克苗军要隘和营盘。三月，攻克苗军据点土空寨，解永绥城之围。四月，接连攻下苗军老营黄瓜寨和苏麻寨，石三保、吴半生等被迫转移。五月，"大兵五路分剿，克大小苗寨六十、木城四、石卡三十五，进至大乌草河，水深阔不可渡，移师克沿河之沙兜诸寨、盘基坳山……"① 大乌草河水深流急，官军遭遇顽强抵抗，攻势受挫。苗众沿岸布防，高度戒备，官军欲在哪儿越渡，苗众就涌向那里拼命阻击，搭建的木桥一次次被毁，两个多月，竟是一筹莫展。

乾隆帝以数万大军会剿苗变，用魏源后来的话来说，是以搏象之力搏兔，以求一举底定。福康安等赶到后捷报频传，乾隆帝心情轻松，认为苗疆之变指日可平。岂知时已盛夏，最大的威胁已是湘西和黔东南的可怕疫疠，大队官军受阻于水流湍急的大乌草河，溽暑熏蒸，瘴疠之气在山谷间弥漫，军中将士病倒与死亡相继。福康安不愧国家重臣，每日深入营伍，勘察敌情，寻找渡河之策。多次强渡不利，费尽千辛万苦，终于在上游水浅处，派奇兵悄悄渡河，抄袭苗军后路，守军大溃，福康安麾师越河进击。

交战形势自此出现根本性变化，苗军由进攻和对抗转为退却和游击，清军则节节推进，分片扫荡。福帅督兵深入众山之中，毁卡焚

---

① 《清史列传》卷二六，大臣传次编一，福康安。

寨，追拿苗变首领，昼夜不得停息。八月，苗军各路首领聚集平陇，推举吴八月为吴王，自称平西王吴三桂之后（传说吴三桂有后人躲进苗疆，但可肯定不是这位吴八月，他以臭名昭著的吴三桂为号召，也算认差了路头），以石三保为护国将军、石柳邓为开国将军（此类称呼甚随意，后也叫护国元帅、开国元帅）。九月，侦知另一个要犯吴半生在高多寨，福康安乘夜发兵，四面围定，吴半生不得已出降。十月，福康安率众夜半进军，冒着漫天大雪，铲平石三保的鸭保寨，三保乘乱脱逃。十一月，大兵攻克卧盘寨，吴陇登密降，并诱擒吴八月等人以献。十二月，清军接连强攻大小天星寨、爆木寨，抢占高斗山梁，擒杀头领廖老慕、陇老西等。而反叛苗众散而复聚，石柳邓和吴八月之子吴廷礼、吴廷义在山中与官兵兜圈子，又突然杀回鸭保寨。

禅让大典在即，苗疆仍在绞杀缠斗之中，难以平定。老皇帝由起初的愤懑激切和急欲平定，逐渐意识到速胜之难，谕令福康安等妥善办理。

第四节　预设的皇权运行规则

还在苗疆攻剿激烈之际，乾隆帝在京举行简朴的册立皇太子仪式。弘历又提及登基初年的祈愿，多次宣示"不敢上同皇祖纪年"，对这些话不必太当真。御批印行《乾隆六十一年时宪书》，已与皇祖纪年相同；后来陆续印了乾隆六十二年、六十三年、六十四年时宪书，早超过了其所尊崇爱戴的皇祖。

弘历对禅让体制的设立，对禅让体制下最高权力的分层运行，想得很多很细，思想上的发展变化亦复不少。大皇帝读书多且辩才无碍，什么情况下都是振振有词、理直气壮。朝中政治生态早非盛世气象，和珅自是百般阿谀顺承，其他人（包括阿桂、王杰、刘墉）也是满口颂词，未见有敢于廷争面折者，一切都是皇上说的是。

一、关于"归政"

"归政"一词，自乾隆帝在三十七年冬月第一次提出，后来出现的频率甚高，成为他论说禅让的关键词。虽觉历史和理论依据不足，语意上也不太妥帖，然明显带有乾隆风格，呈现了他独特的思维轨迹，应该做一点探讨。

归政，出典于《诗序》和《尚书注疏》，指交还政权，引申为将权位移交他人。写周公在武王突然辞世、太子年少的局面下，担心天下初定，诸侯未稳，毅然代摄王政，平叛乱，治礼乐，七年后复将权力归还长大成人的周成王。古代典籍中记载此事甚多，皆为赞美之词：

> 成王即位，年幼，周公摄政七年而归政焉。于是成王始将莅政，而召公为太保、周公为太师以相之。①
> 始者，管叔及其群弟流言于国，成王信之，而疑周公。至后三监叛而作乱，周公以王命举兵诛之，历年乃已。故今周公归政，成王受之，而求贤臣以自辅助也。②

大哉皇权，危哉皇权，宝光映照之下，亲情常显得稀薄脆弱。周公

---

① 卜商：《诗序》卷下，明津逮秘书本。
② 毛亨：《毛诗》卷十九，"敬之"一章。

摄政之初和归政之后，都曾遭受到很多猜忌，包括亲族和成王本人的怀疑，承担了极大心理压力，为捍卫国家社稷，所毅然不顾也。而成王知错能改，倚信周召两位叔叔，使国家走向安定繁荣。在我国历史上，周公被誉为"立德立功立言"的万世楷模。弘历将他作为人生榜样，追慕和比拟周公，不仅仅要做千古一帝，还要做古今完人。

也许就是这个原因，乾隆帝不顾自己的情形与周公全然不同，提出"归政"一说。周公是摄政，代年幼的成王执政，故有"归政"之说，《史记·鲁周公世家》称为"返政"；而乾隆帝在年迈时举行禅让，将皇位交给儿子，是传位或曰授政，何以谈到"归"和"返"？可不管怎样，乾隆帝就这样说了，一说就是几十年，满朝文武又谁会出来争辩讨论？大家都明白皇上的意思，那就是御极六十年时举行禅让，绝不超过皇祖在位的六十一年。如此英明睿智、清醒坦荡的决策，臣下嵩呼万岁、感泣劝慰还来不及，哪里会想起挑剔词义呢！乾隆帝自己倒是不断斟酌调适，不断有一些解释性变动，也可以说是完善，系统清理一下，也有些意思。

一是在归政年龄上表述不一。开始大多说八十五岁归政，见于《清高宗实录》者甚多，如：

> 三十九年七月乙亥，"从前虽有志愿，至八十五岁时，即当归政"。
>
> 四十一年十一月庚辰，"朕常有愿，俟春秋八十有五，即当归政"。
>
> 四十四年十一月丙戌，"若蒙上苍眷佑，得遂朕之初愿，至八十五岁归政"。

这里所说的八十五岁，应指六十年乙卯。弘历也不止一次明确表示于此年归政：

四十二年正月庚寅，"其六十年乙卯，则系朕当归政之年"。

四十三年九月丁未，"至乾隆六十年乙卯，予寿跻八十有五，即当传位皇子，归政退闲"。

就在此后未几年，乾隆帝在庆祝七十大寿时再提此事，开始稍稍有了变化，宣称八十六岁时归政：

四十五年八月己未，"盖予宿志，有年至八旬有六即归政，而颐志于宁寿宫"。

曾有论者说弘历延后一年行禅让，主要是由于听信和珅等人谗言，大概不是。和珅深知皇上的个性，岂敢在这类事体上插嘴。这只能是乾隆帝自己的意思，是他在慎重思考后作出的改变。

应该说，即位之初的默祷，在弘历只是一种美好预期，对能否活到八十以上心中全然没底，说说而已。而随着年龄的增长，文治武功，威加海内，乾隆帝对身体状况信心日增，开始仔细推敲归政的时间。若以八十五岁御极六十年计，则在乙卯元旦就应举行禅让大典，他曾多次明确说在此年归政，意思也是指在年初，否则到了万寿节，便是八十六岁了。正因为想到这一点，弘历将禅让延后一年，宣称八十六岁时归政，搬往宁寿宫颐养天年。

延后一年再行禅让，仍没有超过皇祖在位之数。康熙帝玄烨于顺治十八年正月继位，康熙六十一年十一月驾崩，践位大宝将近六十二年。而乾隆帝至丙辰改元，实际在位也只有六十年零四个月，是以并不违背誓约。这是一个属于弘历的个人话题，八十五岁也好，八十六岁也罢，乙卯也可，丙辰也行，没有任何臣子敢说一个不字。乾隆帝的标尺是皇祖玄烨，却不说康熙帝亲政前有着八载少年岁月，虽称践祚，却算不得御极。

乾隆五十年十一月，弘历以"明年元旦日食，着停止朝贺筵宴"，预订各项救护措施，并就此说到观看历书，十年后的乾隆六十年元旦也有日食，为避免对嗣皇帝不利，特将归政大典推后一年。谕旨又扯出宋高宗赵构，却对其不到六十岁就传位退闲，表达了不屑：

> 如宋高宗年未六十传位孝宗，置军国大事于不问，不独无以对天，并无以对子，朕岂肯出此乎？从前推算天行度数，乾隆六十年乙卯亦当正旦日食，与今岁同。若于是年归政，则置嗣子首岁元正，尤属非宜，朕心亦有不忍。①

照这样解释，原来是因为乙卯元旦日食，方才挺身担当，不将麻烦推到儿子身上，父爱如山，令人感动。可通篇读来，总觉得有点儿疑信参半，五年前由八十五岁变为八十六岁时，似乎还没有日食之说，不是吗？看来乾隆帝还是为这一年心中犯嘀咕，总想着自圆其说、堂皇其说。

二、为数归期

也许因原来的想法持续太久、入心太深，申明在八十六岁归政后，乾隆帝时或重提八十五岁归政之说②，史官照录原话，颇觉矛盾舛乱。大约他自己也觉得麻烦，后来说起此事，大多以"丙辰归政"作规范表述，始明确无误。

---

① 《清高宗实录》一二四三，乾隆五十年十一月乙亥。
② 如《清高宗实录》卷一二七一，乾隆五十一年十二月甲子，"以俟八十有五之归政"。

确定了丙辰元旦归政，不再为六十年还是六十一年、八十五岁还是八十六岁纠结，乾隆帝开始从容布置应办事宜，开始一年一年数算，迎接归政之期的到来。《清高宗实录》记载颇多：

> 五十一年闰七月庚寅，"朕寿已高，距归政之期，屈指九年"。
>
> 五十四年十二月辛未，"今虽八十，逮归政之岁，尚有六年。一日未息肩，万民恒在怀"。
>
> 五十五年四月庚午，"今距归政之期尚有六年，犹日孜孜不懈"。

这里又出现了不一致，去年说"尚有六年"，今年还是"尚有六年"，却也并不是什么错误，一则数到乙卯年底，一则算上丙辰新岁，大家也都知道皇上说的是什么。就在两个月后，又说"今距归政之期，尚有五载"，哈，又折回来了。

五十七年二月，又逢一年一度的仲春经筵，直讲官舒常、刘墉进讲《论语》"君子思不出其位"。乾隆帝在发表御论时，认为此语有两层含义："盖位者，职也，一为不越职，一为尽其职。"言及身边近臣与朝中大员，说他们不越职易，尽其职甚难，大学士与六部九卿都难称尽职，实乃聪察和正大之论。接下来联系到自己的禅让归政，口风一转：

> 为人君者，协和万邦，辟门明目，实皆予位中之事也，不能身体力行，兢业惶恐之不暇，尚何敢有出其位之思哉！且出其位更何之乎？然而今实有四年后归政之期，则亦所谓过望之思，出其位矣。然在耄期倦勤者或宜，余不可也。①

---

① 《清高宗实录》卷一三九六，乾隆五十七年二月。

请注意文句间传达的重大思想变化。念叨了几十年的禅让退隐，拟定在四年后举行的归政，竟被喻为"过望之思"，喻为"出位"；通常所说的"不在其位，不谋其政"，也被加入了"尽己之职无越思"的新内涵。

这番话，是弘历多次反思后的心曲剖白，也是他内心纠结甚至冲突的自然流显。可以肯定的是，乾隆帝不会否定禅让，但思想已起变化，关于归政的一整套新思路正在形成。当年十月，他再次强调自己期待着这一伟大时刻的到来，"兢兢惶惶，以俟天眷，为归政全人"，若非归政，则不算全人也。

五十八年四月，乾隆帝颁布谕旨，大开恩科：命于次年秋特开乡试恩科，六十年春为会试恩科；六十年秋特开嗣皇帝乡试恩科，丙辰春为嗣皇帝元年恩科会试。"嗣皇帝""嗣皇帝元年"皆出现在谕旨中，证明了如期禅让的决心不变。进入五十九年，乾隆帝先以明年元旦日食，传谕停止万寿庆典，复因审办吉林参局亏短不力，降旨将办案大臣福康安、胡季堂、松筠严责，并将所有军机大臣交部议处。谕旨指责吉林将军恒秀到任后掩盖真相，怀有私心；福康安与之为姑表兄弟，有心徇庇，希图含混了事；而胡季堂、松筠联衔入奏，随同附和，也有失职之过。

显然和珅在皇上心中地位不同，属于前面讲过的"尽其职"者，乾隆帝声称"若朕必欲彻底根究，无难再派和珅前往复审"，但也只是将福康安等薄加谴责，骂几句了事。最后又说到归政，"现距归政之期尚有二年，朕一日临御，即一日倍加兢业，岂容大臣等颟顸从事"①。由于涉及各大员多为自己素来倚信者，乾隆帝并未深加究诘，心底却在酝酿着一场廉政风暴。摊上大事的倒霉蛋，换成了闽浙总督

---

① 《清高宗实录》卷一四四七，乾隆五十九年二月甲申。

伍拉纳。

　　这也是为迎接归政之期，为嗣皇帝的登基做好政治上的铺垫。

三、顶层设计

　　册立皇太子的诏书，是在圆明园勤政殿宣示的。乾隆帝回顾了归政的心路历程，述说选择和确定储君的曲折经历，最后讲的是禅让期间与嗣皇帝的"分工"：

　　　　归政后，遇有军国大事及用人行政诸大端，岂能置之不问？仍当躬亲指教，嗣皇帝朝夕敬聆训谕，将来知所禀承，不致错失，岂非国家天下之大庆！至郊坛宗社诸祀，朕年开九秩，于登降跪拜仪节，恐精力稍有未充，不足以将诚敬，自应嗣皇帝亲诣行礼。部院衙门并各省具题章疏，及引见文武官员寻常事件，俱由嗣皇帝披阅，奏知朕办理，为朕分劳。①

如此设计，哪里还是什么归政？哪里还有什么恋位不恋位？分明是乾隆帝位的顺势延伸，只是增加了一个助手，名曰"嗣皇帝"。这就是乾隆帝经过深思熟虑的归政方略。不过细读诏书的全部文字，话虽然说得霸气，实也将国家的日常治理，主要交与了嗣皇帝颛琰。

　　这年的十月，一个曾经的欧洲大国波兰被瓜分净尽，俄皇叶卡捷琳娜一手扶植的国王斯坦尼斯瓦夫，也只好于当月十五日羞愧退位。而清廷对于这个强邻的举动一无所知，乾隆帝仍然关切苗疆的战事，但将更多注意力放在对归政的思考上，正在制订禅让期的顶层政治设

━━━━━━━━━━

① 《清高宗实录》卷一四八六，乾隆六十年九月辛亥。

计。十八日，军机大臣等奉旨议奏"丙辰举行传位大典"及配套施政制度，经过御批准行，颁发京师各部院并各直省，主要内容关乎太上皇帝和嗣皇帝如何用权，略如——

丙辰年嗣皇帝登基，颁发传位诏书一道，钤用"太上皇帝之宝"，次用"皇帝之宝"；

太上皇帝仍然称朕，所颁谕旨称为敕旨；

由起居注馆派员，分别编纂太上皇帝起居注和嗣皇帝起居注；

题奏行文，凡遇"天""祖"等字高四格抬写，"太上皇帝"高三格抬写，"帝"高二格抬写；

太上皇帝生日称万万寿节，嗣皇帝生日称万寿节；

遇大祀，由嗣皇帝亲诣行礼；

遇有经筵、耕耤、大阅、传胪各典礼，届期奏请嗣皇帝循例举行；

遇太上皇帝、嗣皇帝生辰及掖辇巡幸地方，内外大臣恭递庆贺请安折，俱缮备二分呈递；其随奏事件请安折，俱照常缮备一分，呈嗣皇帝批阅；

外廷筵宴，嗣皇帝恭奉太上皇帝正中御座，嗣皇帝侍坐，一切仪注临时具奏；

各部院衙门题本、改签、放缺、奏派各项差使，俱奏报嗣皇帝批阅；各部院衙门及各省题奏事件，俱照常式恭缮"皇上睿鉴"字样，后书嘉庆年号；

御门听政，由嗣皇帝示期遵办；

乡会试、殿试、朝考、散馆及一切考试题目，奏请嗣皇帝命题考试；

召见文武大员及新授道府以上官员，具折恭请太上皇帝恩训、嗣皇帝恩训。

这是对乾隆帝归政方略的完整呈现，是从贯彻落实着眼的政策细化。而一旦细化，便知老皇帝的安排甚为周全，军国大事的决策权和大臣的任用权虽未放手，朝政的日常运行则基本交给嗣皇帝，如是再过渡几年，即可顺利交班了。乾隆帝对江山社稷有着强烈的担当精神，虽年迈而未稍减。在这一点上，他的确比那位急匆匆举行禅让、把一大堆麻烦推给儿子的宋高宗，要高出许多。

四、宁寿宫与重华宫

尚在密定颙琰为皇储之前，乾隆帝已开始考虑禅让后颐养天年之地，主要是皇宫内，还包括圆明园（在位中后期，他越来越多地居住该园）和避暑山庄等地。

三十五年八月，乾隆帝六十大寿，御太和殿受百官朝贺，不久"即敕豫葺宁寿宫，为将来优游颐养之所"①。四十二年正月二十三日，他的母亲孝圣皇太后病逝，奉安于慈宁宫正殿。弘历事母纯孝，"以天下养"，"每出巡幸，辄奉太后以行，南巡者三，东巡者三，幸五台山三，幸中州一。谒孝陵，狝木兰，岁必至焉。遇万寿，率王大臣奉觞称庆"②。皇太后诚为福大寿高之人，年过八旬，仍身心康健，成为皇帝儿子践祚久长的心理支柱，孰料以小恙不起，享年八十六岁。老母长逝矣，弘历以含清斋为倚庐，哀毁恸哭，治丧之隆超于常格。为母苦居守孝之夕，乾隆帝联想到自己禅让后的岁月，传旨："园内之长春园及宫内之宁寿宫，乃朕葺治，为归政后所居。"③四十四年八月，宁寿宫大工正式告竣，乾隆帝看后非常满意，厚赏在事大臣及在工人员，再一次表示要作为"将来归政后颐养之所"。可知在相当长

①《清高宗实录》卷一〇六七，乾隆四十三年九月。
②《清史稿校注》卷二二一，后妃·孝圣宪皇后。
③《清高宗实录》卷一〇二五，乾隆四十二年正月丙申。

的时间内，乾隆帝是希望归政后退居宁寿宫，静享清福。

宁寿宫在紫禁城东路，文华殿侧后，是一组规制宏丽、装饰精美、花园雅洁、配套设施齐全的宫室。该宫也是前朝后寝，成为紫禁城中最为富丽堂皇的地方：首先是皇极门，门前有九龙壁，门内玉树琪花；向里经宁寿门，是仿乾清宫建造的皇极殿，上皇原拟退闲后在此接受百官朝贺；再向后经宁寿宫，便到了寝宫区域，有费工六年、精心营造的"乾隆花园"，有读书撰文的"寻沿书屋"，有观赏戏曲的畅音阁大戏楼，核心建筑则是乐寿堂，前为养性殿，后则颐和轩。如果说乾清宫和养心殿都还算是前明旧物，这里则是全新设计和巨资打造，处处呈现着乾隆中期的盛大气象。

弘历孝思深长，对父皇的潜邸雍和宫，一直完整保留，作为龙兴纪念之地；又在圆明园兴建安佑宫，奉安皇祖康熙帝、皇考雍正帝御像，以供祭拜行礼。对于自己百年之后的供奉祭祀，他也预先设想，令不必将"平日居处燕息之地，奉安御容"，致使占用和闲置太多，挤占后来人的生活空间。而实际上，其大婚后居住的西二所，早被改建升格为重华宫，连带相邻的西四所、西五所，渐次扩建为建福宫、敬胜斋等，美轮美奂。乾隆帝很是喜爱此处景物，曾于五十五年元月传旨：

> 重华宫等处实为兴祥所自，即归政以后，亦尚思年节重临，奉时行庆。世世子孙惟当永远奉守，所有宫内陈设规制，亦应仍徇其旧，毋事更张。

由此又联想到将来继位的永琰，与一众皇子皇孙共居东五所，若日后仿照施为，其他金枝玉叶难免要改迁，一代代下去，庞大的皇宫将拥挤不堪。乾隆帝于此明确禁止：

至东五所内，为年少皇子皇孙公共所居，随侍内监等住屋亦在此内，率无隙地矣。若照重华宫之例另行兴建，不特宫墙四围，别无空隙之地可以廓展，且亦非朕垂示后昆之意，自不如一循此时旧制之为善也。①

此谕应是专为永琰而发，戒其仿效。为郑重其事，俾子孙后代敬谨遵奉，乾隆帝命将此旨交尚书房存记。

六十年十月，乾隆帝再次就重华宫发布谕旨：

重华宫为朕藩邸时旧居，朕频加修葺，增设观剧之所，以为新年宴赉廷臣，赋诗联句，及蒙古回部番众锡宴之地。来年归政后，朕为太上皇帝，率同嗣皇帝于此胪欢展庆……太上皇帝于正殿设座，嗣皇帝于配殿设座，以迓蕃禧而伸孝养，实乃亿万载无疆之庆。朕临御六十年，殿庭园籞俱为朕临憩之所。将来我子孙祗循前典，惟当于寿皇殿、安佑宫旧奉神御处所，一体展敬，足抒孺慕。设因重华宫系朕藩邸旧居，特为崇奉，势必扃闭清严，转使岁时锡庆之地无复燕衎之乐，何如仍循其旧，俾世世子孙衍庆联情，为吉祥福地之为愈乎！②

本来是要对几年前的谕示有所调整，让嗣皇帝及后世继位者能使用该宫，告诫子孙后代不得追崇过甚。可仅就谕旨中布置，已知与五年前的意思并无改变，庞大的重华宫建筑群，后来的确成为扃闭之地。

---

① 《清高宗实录》卷一三四六，乾隆五十五年正月甲申。
② 《乾隆朝上谕档》第18册，850页。

第二章

归政前的大反贪

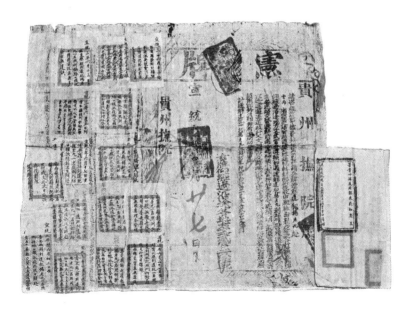

巡抚解送人犯的宪牌，经行州县都要登记盖章

进入统治大清王朝的第六十年，乾隆帝心理上应有些复杂：为了给即将到来的禅让盛典营造祥和，他尽量宽缓施政，如元月初五日将一批官员的罚银予以宽免，两日后又降旨普免积欠一千七百一十余万两；而对于贪赃枉法之类案件，不管涉及谁，拿下多少官员，他也毫不犹豫地严加查处，抄没诛戮，绝无手软。

闽浙总督伍拉纳一案，为乾隆朝最后一桩钦办重大案件，涉案大员不乏觉罗宗室和满蒙勋贵，主审者亦难免徇庇之念，正是乾隆帝严谕督办，才得以一一严惩。禅让在即，老皇帝对官场日趋严重的腐败深为忧虑，断然祭出雷霆手段，一则力图廓清贪腐之风，也为皇太子树立一个反贪的范例。

第一节　接连不断的整肃

乾隆皇帝的好大喜功，也体现在晚年的反贪上。那是一个赞歌嘹亮的时代，可皇上也知晓各级官府腐败严重，一经发现便出重拳打击，以儆效尤。今人所说的大贪官和珅，曾是一个热衷反贪、勇于也擅于办案的人，被乾隆帝倚为股肱；而遭到查处的不少高官，与和珅有千丝万缕的联系，也没有见他为谁遮掩辩解。李侍尧曾深受乾隆帝赏识，案发后难以查清，钦派和珅领衔查办，很快将之定罪。禅让之前，和珅又盯上了当年恩科的主考官窦光鼐。

一、乙卯科场风波

乾隆六十年乙卯，并非通常的会试年。为庆祝行将到来的禅让大典，早在两年前，弘历就专发谕旨，预定乡会试恩科，本年"乙卯科"是乾隆帝归政恩科，明年"丙辰科"则是新帝登基恩科。这种嘉惠学林之举，自然使天下士子奔走相告；而丙辰年本来就是例行会试的正科，乙卯才是名副其实的恩科。

从秋闱到春闱，乡试会试，科举关乎无数举子的命运。穷困和苦读的士子不知凡几，总是幸运的少，失意者多，一生无出头之日的属于大多数。几乎每一届科试，都会闹出些或大或小的事端，小的很快过去，大的则酿成政治风波，将一些人吹得东倒西歪，甚焉者万劫不复。乾隆六十年乙卯科会试结束之际，也是陡起波澜，而因风吹火、唯恐事情不闹大的，又是和珅。

主考官左都御史窦光鼐，为朝野公认的饱学之士，素来意气用事，性情急躁，是一位颇有个性的大臣。光鼐常常与人争闹不合，在官场已是几上几下。此科由他主持，礼部侍郎铁保和副都御史方维甸知贡举，翰林学士瑚图礼与礼部侍郎刘跃云任副主考，资历名望都不如他。窦光鼐所定第一卷、第二卷都是浙江人，大家多认为不妥，建议将其中一个换到二甲，避免招致物议。窦光鼐根本不听，慨然曰："我论的是文章，不论试子是哪个省的。"

礼部会试开榜，会元是浙江举子王以铻，第二名是他的亲弟弟王以衔。亲兄弟联袂榜首，诚为科举史上一段佳话，岂知顿时舆论哗然，一些试子聚集都察院外，闹嚷不休。和珅急忙向皇上奏报，说窦光鼐曾三次任浙江学政，藉主考之权将兄弟二人定为卷头，不听同考各官劝告，必有私弊。乾隆帝其实是有几分喜欢光鼐的，他的学识与诗文，他的持正敢言，包括他的认死理儿，在皇上看来，都与那些唯唯诺诺的臣子不同，可这次也不由得起疑，下旨令将所有取中者加试一次。

清代科举史上，类似由皇上决定的复试并不罕见。传闻飞布，禁卫环列，王氏兄弟当然知晓复试的原因，惊惧之下，考得都不怎么样。弟弟以衔列二等第四名，哥哥以锫居然成了三等第七十一名。疑点大增！王以锫的会试卷被专门提出，再加磨勘（即多人复核试卷），参与者为翰林院官员，怎敢不从严挑剔？卷中如"一日万几""一日四事"等语被指粗陋，整篇试卷被斥为"肤浅失当"。乾隆帝也调阅了试卷，倒还未认定其中有弊、罚令停科，但觉得窦光鼐于抡才之典漫不经心，命以四品休致，两位副主考各降四级。

与其同时，乾隆帝命大臣搜阅落卷，以免遗失有真才实学者。皇上发话，臣下也是个个用心，挨卷检读排查。老窦主持的会试阅卷实在是很认真的，经过仔细复勘，也只有萧山傅金、天津徐炘、山西李端三卷尚可，得授内阁中书，后来皆不见有什么作为。

廷试之日，和珅为读卷官，王家两兄弟只有以衔准许参试，仍然得中第一名。这次是在保和殿应试，阅卷大臣以前十卷进呈御前，拆开第一卷弥封，乾隆帝吃了一惊，问：这不就是原来的会元吗？和珅自是有几分尴尬，回称是会元之弟。问：谁取的？纪晓岚回说是自己判的卷子。又问由谁核定，和珅答曰"臣定"。皇上哈哈大笑，曰："尔二人岂有私者？外间传闻固不足信。"[①]和珅一脸尴尬，老皇帝毕竟爱惜人才，衷心为之高兴。

乾隆帝印证了窦光鼐的冤枉，对张大其事的和珅也略示责备。不过这位老窦实在不会办事，不听人劝阻，不断惹出些麻烦，也是事实。既然已经致仕，就让他在老家呆着吧。

二、道员德明的三辆大车

五月末，山东巡抚玉德密折参劾属下道员德明，说接泰安知县张

---

① 《清朝野史大观》卷六，兄弟同榜。

晋禀报：兖沂曹道德明自兖州赴省，先有传单令泰安预备接待，共轿夫、马夫十九名，马二十二匹，大车三辆；当月十六日德明等行至境内夏张驿，该驿正忙着办理京差，未能如数供应，其家人到驿站辱骂殴打，管理驿站的徐元与之辩解争执，被扭至德明下榻的公馆，加以杖责，徐元被打得伤痕累累，不能站立。

清代设立驿站，主要为能迅速传递文报军报和皇帝谕旨，对于接待官员与夫马使用有着严格限制。像德明作为当地官员赴省办事，例不许传驿供应。玉德奏称接报不胜骇异，说德明即使因公来省办事，亦不应劳烦驿站，更不该纵容家人嚷闹打骂，表示一定要严厉追查，奏曰：

> 查兖沂曹道德明身为监司大员，所有本省驿站理应整理休养，即有公事上省，亦应自备车马，何得如驰驿人员传单饬县备办？已属违例。乃因伺备不周，即纵容家人承差赴驿肆行殴骂，复听信家人之言，将该县管号家人重责不起，是否有需索别情，必须严行究办。①

其时驿站已改为属地管理，每省由臬司总负责，道员多加按察使衔，大约是德明有恃无恐的原因。玉德奏称已派济南知府陈文骏赶往验伤和了解情况，并命按察使布彦速提一干人证到省审问。玉德还请旨将德明革职，朱笔夹批："可恶，岂止如此！"

兖沂曹道管辖鲁中鲁南等地，区域较广，道署常设于兖州。这一次德明上省办事，然后还要到曹县督办河工，随带员弁较多，也置办了一些礼物，以备进省送给上司。出行之事由家丁陈锦办理，先写条

---

① 朱批奏折：玉德奏，为特参兖沂曹道德明任性乖张扰累驿站请旨革职事，乾隆六十年五月二十二日。

子交道差递与所辖滋阳县，要求提供号马十二匹、轿马夫十一名。知县陈时见上司出行，敢不满口应承，一面迅速提供夫役马匹，一面依照道差要求，如数填写"需用夫马数目"，"亲自过硃，发宁阳县转递前途预备"①。德明出身满洲，历任府道多职，官不算大，派头十足，自带家人多名、马十匹，跟随书办承差及道署轿夫二十余人，大车三辆，加上滋阳县提供的夫役马匹，浩浩荡荡由兖州起程。下一站宁阳为腰站，虽无马匹可换，然见上司莅临，忙不迭安排公馆饮用，恭谨有加，同时将传单发给前站夏张驿。

夏张驿位于泰安县境内，已出了德明的管辖范围，加上正好接待兵部承差，难以提供夫马，但还是安排了公馆饮食。陈锦等大为不满，当即将管号的徐元叫来斥骂。徐元赔笑解释，并送给一些草料喂马。陈锦以为不够，又添买了一些，并再次辱骂徐元，见其不服争辩，即挥拳猛击。被人拉开后，陈锦仍不解气，令快役将徐元拉至公馆殴打。徐元系泰安知县张晋家人，兼在驿站管号，经事阅人不少，像如此蛮不讲理的尚未遇见过，情急之下大声嚷叫。德明听见后查问，陈锦告诉此人不仅不提供夫马，反而借醉吵闹。德明将徐元唤进公馆询问，可又不听他诉说实情，令将其暂且锁押，明早送县处理。徐元不服，说了句"泰安不属于兖沂曹道所辖"，惹得德明大怒，喝令杖责。手下快役早已等着这一声，将徐元拖翻在地，下手甚重，且不打屁股，专意猛击腿骨。德明见行杖过重，打到第七板即令释放，徐元的两腿已受到重创。张晋闻讯气愤难平，忍了几天，还是决定禀报给巡抚。而德明在省城待了几天，赶往曹县河工之前得知张晋告状，有些不安，跑了几处打探拜托，也没太当回事。

清廷对骚扰驿站处分素严，乾隆帝接奏，即命"将德明革职拿问，

---

① 朱批奏折：玉德奏，为遵旨审明兖沂曹道德明擅发传单纵容家人扰累驿站按律定拟事，乾隆六十年七月初三日。

提同人证，严审究办"。玉德立刻派员驰赴曹县工次，宣布谕旨，将德明革职摘印，押回省城审问。涉案的德明家人差役被悉数解来，夏张驿徐元等也被解省作证。除却问明事件经过，审问重点在于追查为何擅自传驿进省。张晋呈出接到的传单，"系用硃标判，由宁阳转递泰安"，证据俱在。德明推说不知情，陈锦则把责任推到滋阳知县陈时头上，说是该县自行发送。紧急札调陈时来省质讯，谁知他心理负担太重，行至历城铁塔寺地方，因更深不能进城，暂且住下，当夜竟然自缢身亡。

一场驿站纠纷，居然吓死一位朝廷命官，令山东巡抚玉德大感意外，委派干员紧急审理。据陈时之子供述：

> 五月十五日兖沂曹道上省，有道差任文炳送到夫马单一纸，上写需用夫马数目，叫县里写发传单。我父亲即叫书办照写了一张，亲自过硃，发宁阳转递前途预备。后来听得本道被参拿问，解省审办，我父亲即怀忧惧，又染患痢疾病症，日重一日。六月十九日，奉文调我父亲来省，越发害怕，二十日就带病起身。我叔叔陈明因见我父亲神思恍惚，饭也不吃，放心不下，也跟随一同上省照应。父亲在路上说："传单是我标硃发递，如何能抵赖得过？若承认了，不但去官，还怕问罪。原籍云南八九千里，你们如何回去？"只是忧愁吊泪，我同叔叔早晚解劝，缓程行走。至二十五日一更后行至距省三里之铁塔寺地方，投宿歇店，不料我父亲乘我们睡熟，自缢身死。①

陈时之子还将道署交办的夫马数目底单呈出，与泰安县提供的过朱传单数目一致。出了人命，审讯的力度自然加大。陈锦和任文炳抵赖不

---

① 朱批奏折：玉德奏，为遵旨审明兖沂曹道德明擅发传单纵容家人扰累驿站按律定拟事，乾隆六十年七月初三日。

过，交代所发传单实在是请示过主人，再提讯德明，只得承认下来。玉德认为已可结案，拟将德明遣发伊犁效力赎罪（朱批：错了），另请将陈锦、任文炳发往黑龙江给披甲人为奴（朱批：更错了）。乾隆帝的御批极为严厉，指出德明"擅用号马，多带车辆，复纵容家人滋扰，甚至拖累知县，致有自缢之事"，命改为绞监候，重责四十板后在济南收监；指出外省官员的家人多仗势欺人，州县大多隐忍不报，督抚则置若罔闻，命将陈锦即加绞决。

皇上责斥玉德以为禅让归政在即，有意宽纵，谕曰：

> 玉德办理此案，意存宽纵，岂以明年届朕归政之期，辄敢轻为尝试？朕仰承昊眷，康强逢吉，一日不至倦勤，即一日不敢懈弛。虽归政后遇有此等事件，亦必加意整饬，岂肯置之不问！①

归政在即，法纪松弛，为一桩格外敏感之事，由老皇帝亲口说出，应是有切身感受在焉。弘历下令将此谕"交在京大学士九卿等阅看"，阿桂率阁老卿贰赶紧联名上疏，表达"实深钦凛诚服之至"②。就中没有和珅的名字，原因不详。

玉德就事论事，急欲了结此案。皇上则对种种疑点进一步追问：德明进省办事，为何要这么多马匹和三辆大车？大车里一定装了些礼物，有没有馈送玉德本人？谕旨还说到滋阳知县陈时被上司牵累，畏惧自尽，实在可怜，命玉德本人出资，将其家属妥善送回原籍。

七月十四日，传谕由定亲王绵恩领衔，查抄德明在京资产。此时朝廷尚未宣布接班人是谁，绵恩为皇长孙，也是坊间传播的重要人选之一。起初对德明宅第的搜检所获不多，绵恩即派番役打探追踪，顺

---

① 《清高宗实录》卷一四八二，乾隆六十年七月庚申。
② 录副奏折：阿桂等奏，为奉旨阅看玉德审错德明家人倚势逼死县令事，乾隆六十年七月十三日。

藤摸瓜，很快将其寄顿隐藏资产抄出，开列奏报，数额之大，令人吃惊。于是该案由骚扰驿站进入第二阶段，即清查德明的贪污婪索。谕曰：

> 昨因绵恩等先后查出德明资财共有七八万两，而房屋什物及任所资财尚不在其内，且该员曾赔潼关工程银六万七千余两，俱已缴清，其家资总计竟不下二十万两。德明系下五旗包衣，历任部员，又非大员子弟，家计素非饶裕……是其在道府任内必有婪索情弊。①

谕旨再一次提及"三辆大车"的问题，命正在沿海巡视的玉德火速回省，彻底严究。玉德也有些慌了，急命抄检德明任所的资财，并根据军机处咨文，逐项追问在京抄出德明家地契借据的实情。三辆大车装了些什么，也被反复究问，德明坦白确实装了些礼物（如意、朝珠、蟒袍、锦缎之类），本打算进省馈送，可听说在端午节一向不送礼，就没有打开包裹。

对于个人财富的快速积累，德明及管家姚六都作了详细供述，读来颇觉真实。兹引录姚六一段口供，可见当日地方官聚敛之易：

> 老主人福禄从前当护军校，家中原只有老圈地六十亩、住屋六七间。四十九年主人升了潞安府知府，管有铁税，那年产铁正旺，在任一年零四个月，除交正额外，原剩银五万余两；五十年升了潼关道，又管有税务，每年除正额之外约剩银二万余两，作了六年，约剩银十三万余两……四十九年上主人出本银一万两在

---

① 朱批奏折：玉德奏，为遵旨擒捕盗匪及星驰回省审办德明一案事，乾隆六十年七月二十七日。

前门外珠市口开了一座协泰号布店，邀了民人靳讷、石添佑掌管，开了四五年，也生了些利息，又在涿州买了十二顷地……①

这是一个个案，却不是特例。养廉银之外，清廷从未对陋规明确允许，而许多地方官视为理所当然，铁税、关税，完成了正额就是自个的。然后便是买房买地，开大店，雇伙计，做生意赚钱。司空见惯浑闲事。若不是皇上抓住不放，德明之罪也就止于纵令家人骚扰驿站；而被抓住的是德明，反映的却是各地官员的肆无忌惮。

此时，闽浙总督伍拉纳、福建巡抚浦霖的贪污渎职案正在审办中，乾隆帝看了这些供词，由道员联想到职位更高的督抚，一时感慨万千：

> 此案因朕节降严旨查询，该抚不敢隐饰，是以据实奏出，此外未经破漏者自更不少。督抚受国家厚恩，简任封圻，廉俸优裕，理宜洁己率属，何得私受馈送，相习成风，殊非肃清吏治之道。各督抚中洁己自爱者不过十之二三，而防闲不峻者亦恐不一而足……倘经此次训饬之后，尚敢相率效尤，不自检束，一经发觉，必当从重治罪！②

老皇帝的目光，何处激射不到？三辆大车的问题似乎解决了，德明的礼物没有送出，玉德等必也连呼侥幸，乾隆帝则对"各省馈遗之风"心知肚明。他说："近年以来，政刑未免稍宽，今外省遂有馈送婪索之事，自系宽之所致，不得不纠之以严。"德明被从严定为绞监候，而皇上所关注的重点，已转移到正审理中的福建大案。

---

① 朱批奏折：玉德奏，为遵旨查抄德明任所资财并究审婪索侵贪情形事，乾隆六十年八月初二日。
② 《清高宗实录》卷一四八四，乾隆六十年八月乙酉。

第二节　福建官场的断崖式崩塌

　　福建的案件在乾隆六十年四月被密奏，与科场风波几乎同时。其时官军正在数百里苗疆艰难搏杀，台湾又出现严重骚乱，闽浙总督伍拉纳等贪赃枉法形迹随之显露。这是一个典型性官场窝案。从仓库亏空和官银的挪用开始，由经办小吏而布政使，再到巡抚和总督，后来又扯出已经升迁而去的按察使，道府以下官员更是广有牵连……

　　该案的典型性，在于真实反映了当时的官场状况，福建如此，另外的省份也好不到哪儿去。从德明案的多份谕旨，可知乾隆帝对此十分清楚，他以伍拉纳等贪渎为例，大开杀戒，以期恢复天朝的法纪和规矩，为即将到来的禅让做政治铺垫。

一、将军魁伦的密奏

　　当年三月，一向低廉的台湾粮价持续大涨，民众的不满情绪渐渐失控，再现乱情，彰化同知朱慧昌、游击曾绍龙先后被杀。福建巡抚浦霖此前赴漳州公干，总督伍拉纳闻讯赶往厦门调兵遣将，只有福州将军魁伦驻留省城。二十三日，亦即伍拉纳离开的次日，魁伦密疏奏闻台湾军情，表示自己"于满营内密挑精兵一千名，暗为预备"，一旦总督咨会，"立即带领前往"①。这种积极配合的姿态很使皇上欣赏，

①　录副奏折：魁伦奏，为台湾匪徒滋事现密为筹备缘由事，乾隆六十年三月二十三日。

接下来附有两份奏片，魁伦便说到另外的事情。且看第一片：

> 至春夏之交，米价日渐增昂，现在每石粜钱七八千文不等，合银五两以外。即省城米价每石亦在四千七八百文，合银三两以外。且春间各处雨水颇多，麦收未免歉薄，现在早禾虽经插遍，而低洼处所亦因雨多之故未见及时茂发。查福宁府属上年秋收较好，粮价中平，经抚臣于闰二月初旬委员赴彼采买谷石薯丝，由海运接济漳、泉，闻已配载船只，因惧洋匪劫夺，尚未得闻运到之信。

所奏应是福建通省（包括台湾）的实情。清廷素来重视各地雨水和粮价，重视民风民情，赋予司道以上官员密折奏事之权，在于令其互相监督制约，亦在于从不同渠道获得消息。可越是到后来，各地大员越是明哲保身，花花轿子人抬人，井水不犯河水，彼此以帮衬遮掩为主。

魁伦心知此奏有违官场潜规则，一面举报，一面自我撇清：

> 至于地方事务，奴才不能详细周知，但风闻各州县仓储大半多非实贮，似此情形，内地尤觉可虑。奴才在闽七载，虽有奏事之责，但地方官仓库事件闻有亏缺，经督抚设法办理，若混行冒渎宸聪，殊属不晓事体。今时势至此，再不据实陈明，即是背负天恩，丧尽良心之至。①

一番话可谓占尽地步，也让皇上感受到其忠诚谋国、不得不尔的苦衷，更加重视，传旨令魁伦查办。

① 《史料旬刊》第 31 期，地 78—79。

魁伦，满洲正黄旗人，康雍时副将军查弼纳之曾孙，世袭轻车都尉，历任参将、总兵，算是一个武人，然貌似爽直，心机颇密。一次觐见时蒙乾隆帝询及家世，趁机铺叙祖上也包括自个的战功，听得皇上高兴，很快将之擢拔为福州将军。惟此际的将军与国初大不同，内地将军又与边疆总揽军政的将军不同，除管理数营满兵，几乎没有太多事务。魁伦素不安分，"喜声伎，制行不谨"，也不太将闽浙总督伍拉纳放在眼里。

执政的中晚期，乾隆帝常陶醉于国家富足、庶民安居乐业的感觉中，也能隐隐感觉到官场腐败、社会矛盾在快速积聚。福建各地普遍存在仓库亏空等情，使老皇帝颇为震惊，立刻采取霹雳手段。被魁伦举报的伍拉纳出身觉罗，根红苗正，加以朝中有人（有些史书说他与和珅有亲谊，未见确据，然其以福建布政使不数年超擢为闽浙总督，可证靠山很硬，留给皇帝的印象亦属上佳）。伍拉纳对魁伦的作为难以容忍，便放出口风要加以弹劾。哪知自己还在忙于台湾事变，魁伦先下手了。

四月初九日，乾隆帝收阅此折，很重视，也很慎重，览奏两日之后，先命福建布政使伊辙布解职来京候旨，调浙江布政使田凤仪前往接替。布政使为从二品大员，掌一省之行政，举凡税赋、仓储等皆由其负总责。将布政使调开，另选干员接掌，是彻查仓库亏空的重要步骤。田凤仪，乾隆三十六年进士，曾任刑部主事和员外郎，历任知府和道员，既有丰富的办案经验，又悉知府道衙门钱粮之运作；五十八年三月，出任浙江按察使，一年后升任浙江布政使。此人正直明练，历次引见召见，都使乾隆帝印象良好，去年十一月更是得到"本分正人而晓事"的评语①。福建出现亏空大案，乾隆帝第一个便想到选派

① 《清代官员履历档案全编》第2册，396页。第一历史档案馆编，华东师范大学出版社1997年版。

凤仪，知人善任，很快抓住了重大线索。

仓库亏空，在乾隆帝心头曾留有一个阴影、一次不愉快的经历。五年前，内阁学士尹壮图慨然上奏，称"各督抚声名狼藉，吏治废弛"，经行之处"商民蹙额兴叹"①，请派大臣清核各省亏空。自视圣明的皇帝听得刺耳，先令其一一指实，复命尹壮图与户部侍郎庆成去山西查库，经和珅一番操弄，最后将老尹搞得灰头土脸，差一点丢了性命。这次仓储亏空之说再起，且出自一位驻防将军的密折，乾隆帝决意严加核查。他降旨令魁伦署理巡抚一职，着手查办此案，并采取一系列组织手段：以台湾动乱，严命伍拉纳渡海赴台，"查拿逆党余匪"；令浦霖立即解任，"来京候旨"；再选任干员、贵州巡抚姚棻调补福建。②一桩大案要案，就此拉开一个大清查的阵势。

魁伦一炮命中，有些兴奋，打听到一点消息便行奏报，说伍拉纳驻节泉州，"饥民围绕乞食"，没有办法，求巡抚调款"买米设厂施粥"；说在巡抚衙门看到了伍拉纳的函件，资金来源是藩司所存"漳州赈案内余款六万两"；又说询问伊辙布，"此项银两原系督抚商同扣存"。③只此一件，便见出地方混乱和督抚无能，见出伍拉纳与浦霖等人在资金上的东挪西借，毫无法度。皇上对伍拉纳和福建各大员失望已极，尤其痛恨其隐匿不报，下旨：

> 上年漳泉二属偶被水灾，经朕特降谕旨，加倍赏恤，宽免秋粮，并屡饬该督抚加意抚绥，务俾穷黎均沾实惠。乃浦霖等并不董率所属实心经理，甚至总督驻扎泉州，饥民围绕乞食，尚不认真筹办，又无一字奏闻。伍拉纳之罪，此节尤为重大，殊出情理之外。该督现赴台湾办事，先行摘去翎顶，俟回至内地即行革

---

① 《清史稿校注》卷三二九，尹壮图传。
② 《清高宗实录》卷一四七七，乾隆六十年四月己亥。
③ 录副奏折：魁伦奏，为办理赈恤事，乾隆六十年五月初六日。

职，交与魁伦等质审。其闽浙总督印务，着交长麟就近驰驿速往接署。长麟未到之前，着交魁伦兼署。浦霖、伊辙布前已有旨解任来京，亦着革职……①

通常的清查，先将涉案官员解任，以免干扰办案，革职则是查清后的一种处分；现在是还未正式审理，先命将二人革职，可见皇上之痛恨。浦霖和伊辙布已在来京途中，传谕浙江巡抚吉庆将之截留，解赴福州接受审讯。同时被革职的，还有原福建按察使钱受椿和原福州知府德泰。钱受椿已当年二月间升任广西布政使，兴兴头头赴京接受召见，却在赴任的归途中被拿下，押回福建受审。

至于德泰，情况颇有些复杂。出身满洲正白旗的他很有些才干，二十出头即从知州做起，历知府、署道员、护粮储道，三十岁实授四川建昌道，后来因事降调，署泉州知府，两年后为汀州知府，再调任福州知府，去年八月升任广东按察使。德泰不知怎么得罪了魁伦，大约颇有私恨，虽已离开，魁伦在密奏中仍旧将他列入，称其对伍拉纳"迎合怂恿"。乾隆帝一听就信，即传谕广东督抚，令将德泰革职拿问，解送福州受审。

由谁来代替伍拉纳，以迅速改变福建和台湾的混乱局面？乾隆帝颇费斟量，将所有人选扒拉一遍，觉得都不太胜任。恰此日福康安奏到官军在苗疆连克寨垒，正乘胜进剿，乾隆帝大喜，遂降谕：

> 闽省吏治废弛已极，现在清厘查办一切，正关紧要，非福康安前往不足以资整顿。福康安着即调补闽浙总督。计此时逆苗贼首石三保等当已就擒，福康安于拿获贼首后，着即驰赴新任。②

①《乾隆帝起居注》，乾隆六十年五月初六日。
②《清高宗实录》卷一四七八，乾隆六十年五月丁巳。

对苗疆战事之艰难惨烈，老皇帝显然估计不足，以为大军一到，摧枯拉朽，叛乱各寨自接连而下。这道旨意也能看出和珅的算计，苗疆大胜在望，将福康安调走，弟弟和琳自然便位列大功第一。孰料战事变幻，一条大乌草河就将官军阻隔数月，福康安的起行一缓再缓，最后竟死于军中，那是后话。

由于福康安难以很快赶到，乾隆帝再命两广总督长麟就近赶往福州，暂署督篆，与魁伦一起审理该案。长麟出身宗室，隶正蓝旗，乾隆四十年进士，"明敏有口辩，居曹有声"，很快位至藩司卿贰，后历官多省巡抚。对于皇上跟前的红人和珅，长麟虽不愿得罪，也绝不接近，更不枉法屈从。任山西巡抚时办理董二诬告案，和珅曾当面叮嘱将被诬者"务坐以逆党"，长麟却据实予以平反，令其切齿。这次谕旨命长麟赴福建办理亏空大案，却一再对他提出警告，称其与伍拉纳为宗室近支，不可徇私枉法。如联系到和珅对他的恼恨，便不奇怪了。

虽然皇帝在各地选调能员，但限于地域遥远，军机处字寄抵达、各官交代赴职均需要时间，开始的一两个月只有魁伦一人主持。将军大人兼署督篆抚篆，大力办案，参革捕讯，一时风声鹤唳，但魁伦缺少真本事，咋咋呼呼，没有实质性进展。

二、藩库的巨额亏空

最先抵任的是田凤仪。由于浙江相距较近，田凤仪五月初二日赶到任所，即赴藩司广积库办理交接。田凤仪很有经验，虽然是仓储出现了亏空，他却借交接之机，先从库银查起。经逐年查验底册，核对实贮，福建藩库的大额短缺浮出水面：

……内乾隆五十九年各州县额征地丁，除漳、泉等属被水应免银十四万两，实应完银一百一十万零，截至五月初二日，止收银三十三万余两，奏销已届，核计不过十分之三。明系各州县将钱粮任意侵挪，以至不能完解。且所解三十三万，多在本年开征以后，更难保无挪新掩旧情弊。又五十八年以前代报未完州县正杂钱粮十三万两，又代报未完秦为幹、李振文等罚俸捐复等银四千八百四十余两，是闽省库项亏空正多，不独仓储之非实贮也。①

不查不知道，一查吓一跳。接下来提讯相关官员及书吏库丁，弄清了藩库长期亏空，以及历任道府积欠分赔、督抚掩盖不报的实情，累年积欠已达两百五十万两以上。这还仅仅是省里的银库。

  清代所谓仓库，原属两项：仓储粮谷，库藏银钱。魁伦举报的仓储亏空，更是一个庞大的黑洞，全省普遍存在短缺和挪移弄假。魁伦和田凤仪先面询福州知府邓廷辑，他不敢再说假话，只好承认"府城两厅两县亏缺五万三千余石"，后又查出库项短缺"七万八千余两"。各地仓储库贮，除漳州府等极少地方，都存在大量亏短。

  乾隆帝实不知吏治已败坏到这种地步，阅后朱批："大奇！"随后，清查的大网在福建全省迅速撒开，一百余名道府州县官员大多不能幸免；加上积弊多年，层层追索，更多人牵涉案中。浦霖和伊辙布在浙境被巡抚吉庆受命拦截，五月二十八日押解回闽，即被严密监管。长麟抵达后立刻会同审讯，先问藩库所存六万两赈余存银挪用一项，"伊辙布供出此项银两并未解往漳、泉，其二万两补给漏查户口

---

① 录副奏折：魁伦、田凤仪奏，为省城厅县仓库亏缺情形事，乾隆六十年五月十二日。

闻赈归来之饥民人等用去，余存四万两系代填前库吏周经欠交库项，现有田房契券等物作抵"①。又是一件案中案，总督巡抚均由此被追出贪污滥索的确证，最后丢了脑袋。

所提到的周经，原为伍拉纳任布政使时藩库库吏，伊辙布接掌藩司，周经仍是库吏。他显然很会来事，备受两任上司信任。清朝为防止吏役任久生事，对之有着严格的任期之限。周经任满离职，由于有总督和藩司的靠山，就在福州开了一家银铺，藩库银两皆交其倾熔，甚至总督府的修缮、伍拉纳置办进贡物件，都交给他办理。而这位老兄能为上司办事，从而获得稀缺资源，却不善经营，加上贪心不足，又开了盐店和当铺。食盐经销为专营，大权在总督手中，利用官府资源，自是稳赚不赔；当铺则不同，要的是丰厚资金，结果很快把周经套牢，不得不挪用库银支用。伊辙布平日放任不管，接到解任进京旨意，情知不妙，赶紧清理库贮，发现周经还有八万多两没有交回。当即勒限追索，勉强交上四万有零，剩余四万两死活拿不出，抱了一堆房产地契来抵押。也是怕事情泄露被牵连，伊辙布只好拿赈余银两暂时补足。伊辙布被反复究问，供称与周经实无密切关系，看他实在交不出银子，只能拿一些契据玉器抵押，自己担心新任不通融，心内着急，就先将剩余赈银代垫，并将那些契据等交福州府变价还款。伊辙布没有说到伍拉纳与周经的关系，然审讯者自能听明白，却也没有抓住这条线索追问。

乾隆帝对此案很关注，谕旨密集且多变：浦霖、伊辙布赴京途中，有旨革职抄家，押回福州受审，再传谕解京审讯；伍拉纳被从台湾押回，先在福州接受讯问，继而奉旨解赴京师，交军机大臣会同刑部研审。几位大员披枷带锁去也，福建官场的大震荡，仍远没有结

① 录副奏折：长麟、魁伦奏，为遵旨讯问浦霖、伊辙布供情事，乾隆六十年六月二十一日。

束，甚至波及奉调前来办案的两位大员。

三、"官心惶怖"

此四字出现在长麟和魁伦奏折中，传递出整个福建官场大难临头的恐惧心态。依《大清律·亏空定例》：凡官员有"经手侵挪""辗转结报""知情扶同徇隐"之议者，皆先行解任。谕旨也命"遇有经手亏空之员立即拿问，严行究办，暂委佐杂代理"。魁伦开始时查拿题参，雷厉风行，可也很快发现：各府州县主官多被亏空牵累，严讯之下，拔出萝卜带出泥，不少衙署为之一空。其时的福建外有洋盗，内有劫匪，官衙前聚集着嗷嗷待哺的饥民，而仓中又无粮可以赈济。未接时看人家有职有权，接过这个摊子，才知情况大是不妙。

六月初二日，长麟行抵漳州，遇到重大盗案，稍作停驻审办，即赶往福州。岂知事情有变，经过一段考察，乾隆帝认为魁伦很能办事，姚棻也很快会赶到，就不必长麟参与了。就在三天前，皇上发出谕旨，命长麟在姚棻抵达后即可回广州，曰：

> 想长麟接奉谕旨，不日即可先抵闽省。但思长麟、姚棻到彼，合之魁伦共有督抚三人会同查办，未免人多，转致掣肘。且长麟向来办事，每喜务虚见巧，不能结实认真。伊与伍拉纳系同旗觉罗支派近属，又安保不存回护？魁伦系原参之员，所办尚有端绪。姚棻现已起程赴闽，即可会同魁伦详悉查办，转不必长麟在彼，徒滋推诿……俟姚棻抵任后，魁伦将抚篆交与姚棻，即行接署督篆。广东亦属海疆，关系紧要，长麟即着回两广任事。①

---

① 《清高宗实录》卷一四七九，乾隆六十年五月戊寅。

尚未抵达办事，先受一番指责。似此恣意训斥、羞辱封疆大吏和朝廷重臣的话，在乾隆帝晚期时或可见。一则老皇帝不免自恋任性，再则身边的和珅也适时进言，拨弄于其间。有意思的是，仅过十余日，军机处又以六百里加紧，传旨命长麟留闽，"务将缉盗暨清查各事宜帮同魁伦实力妥办，俟大局完竣，再行奏明起程回粤"①。可留则留也，署理督篆的已是魁伦，长麟的角色变为帮办，不无尴尬。好在清代大员多有起落无定的经历，对上谕逆来顺受，喜怒不形于色。长麟心中惴惴，只有表示心悦诚服，在奏报时自觉排在魁伦之后。客观论列，谕旨所指未必不是长麟的性格缺陷，他与伍拉纳为宗室近支也是事实。然仅凭揣测和"莫须有"便加责斥，用人而疑，疑人又要用，老皇帝已呈暮年气象。

连长麟都这般战战兢兢，新任巡抚姚棻的压力还要大一些（**原因复杂，详后**），福建官场更是人人自危。伍拉纳素称粗率急躁，先被催促赴台弭乱，又被在军前摘去翎顶，押回福州革职受讯，再命押解进京，应早已魂飞魄散。而台湾道杨廷理、福州知府邓廷辑、泉州知府张大本及州县官员十余名被同时拿下，抄家审讯，佐贰吏役、幕友长随多也难逃罪责，所至一片恐慌。

四、新任巡抚姚棻

乾隆帝选用姚棻接任福建巡抚，原因大约有二：一是他曾在福建长期担任知府和道员，熟悉此地情况；二则与福康安配合较多，未来督抚联合办案时容易沟通。姚棻，安徽桐城人，与内阁大学士王杰、

---

① 《清高宗实录》卷一四八〇，乾隆六十年六月辛卯。

孙士毅同年进士，为二甲第六名，宦程跋涉比二人要艰辛许多，从甘肃知县做起，历知府道员、臬司藩司，洊至巡抚。接奉谕旨和福康安密札，姚棻即于五月十二日上奏，就中特别写道：

> 臣前在闽省道府任内，知藩库每年奏销时，各州县库项俱系年清年款，未闻有亏缺之事。惟各属常平仓谷因滨海地方，潮湿甚重，每遇出陈易新、交代盘查等事，气头废底不无盘折，例应随时买补。平籴谷石亦应秋成买还。偶遇粮价昂贵，收买不齐，无论是否民欠，经该管上司查出，即着落经手原官暨交代出结之员勒限缴价存库，以备价平买补足额。①

本来是奉旨赴任，却以一大段写出仓储短缺的复杂性，亦有伏笔在焉。姚棻还说离开福建已久，表示"到闽后即彻底清查，如有缺额，会同魁伦据实参奏，不敢稍为瞻徇讳饰，自取重咎"。这是一种例行表态，可字里行间总觉有一点儿不安。他在最后说到纵横海上的洋盗，承诺将会同总督和各水陆提镇，"先查出海之船，继访销赃之地，使盗匪畏法敛迹。倘文员徒留海捕具文，武弁虚应会哨故事，查出即行严参重办"。这才是作为福建巡抚应做的头等大事，皇上深为认可，朱笔夹批："此最要。"

姚棻在福建担任府道主官，已是十余年前的事了，但似乎仍有一些账目未完。就在去年，还接到浦霖催缴积欠的咨文，让他心中没底。赴任经行漳浦途次，姚棻接到谕旨，命他就此"据实检举"（今日之"坦白交代"是也），遂将有关情况详悉奏明。皇上怎么知道的？原来是魁伦上了一道满文密折，揭发"姚棻前任汀漳道府时所属三县内即有亏缺，竟至二万余两之多，并经浦霖咨令分赔"。乾隆帝

---

① 录副奏折：姚棻奏，为接任盘查仓库并稽查巡缉盗匪事。

对姚棻的自行检举交代并不全信，降谕将其解任质讯，并命长麟将魁伦的满文奏折译成汉语，让姚棻阅看，"令其据实登答"。时姚巡抚抵任不到一个月，"跪聆之下，恐惧惶悚，无地自容"。① 这之后，他便成了待罪之身，由办案大员一变而为被审疑犯。钦选的新任巡抚也陷入泥淖，令皇帝十分关注，但也毫不手软，先后三道谕旨，提出各种疑点，命长麟等严查，并警告不得化大为小。

长麟等不敢怠慢，连忙调取各衙门卷宗，复将当时姚棻属下及管库吏役传来质讯，姚棻更是被反复究问，兹录两段：

> 臣等复诘以：你说本年过漳州时尚不知从前已有亏缺库项之事，查你上年在广西巡抚任内已经接见闽省咨文，即行缴银一万余两，若不知从前库项已有亏缺，何肯甘心认赔？
>
> 据称：在广西接见闽省咨文，系笼统咨追，并未指明是仓是库。我因身系大员，既奉咨追，且事关仓库，若不早行完缴，更必干连获罪。但我一面缴银，一面即咨询闽省我名下所赔究竟是何款项，令其详细咨复……若说我是预为狡饰地步，我上年在广西，何能先知闽省今年有事……
>
> 臣等复询以：你前在广西接到咨追文书，既经备文查询款项，闽省自必列款咨复，你今年六月过漳州时何尚仅称仓项亏缺，仍不将库项检举，岂非始终徇隐？
>
> 据称：我在广西咨询后，即调任贵州，实未接获闽省列款咨复回文。前过漳州时，即向现任汀漳道史梦琦询问，据云现在尚未查明，不能得有确数。我于六月二十九日到巡抚任，当向书吏索看闽省咨复原稿，才知道我任内应赔系武平县谷价银四百八两零，仍系仓项，并非库项；又应赔宁化县除谷价一千六百三十七

---

① 《史料旬刊》第31期，姚棻供词，地135。

两外，应赔库银仅止十一两零，我何必隐瞒？①

长麟和魁伦在奏折中详细开列了质询过程，我们注意到这里所用字眼为"询"，并非"讯"，但稍后便出现了"讯"字。所有谕旨中提到的疑点，都反复究问，姚棻的回答皆能原原本本，坦荡恳切。看到这里，皇上也基本上明白了，但既已解任，没有彻底查清问题之前，只能先"挂"起来。于是前巡抚倒了，新巡抚被挂起来了，军机处字寄前来，在人事安排上又有变化：帮办的长麟再次暂署总督，本署督篆的魁伦改署巡抚。真不知接旨之时，老魁是何滋味？

对于大清查必然出现的官员荒，朝廷早有预料，五月间即命吏部于京察记名道府中选十六员驰驿前往，接着又从本年大挑知县中发去五十余员备用，以弥补福建官缺。然还是没料到倒下的官员如此之众，从各地调来这么多人，仍是严重缺少可用之员。九月十五日，长麟、魁伦密奏，不得不吐露这一实情，以及不得已的延缓变通：

> 闽省情形有不敢不实陈于圣主之前者：查臣等署任之初，正值台湾甫定之际，彼时通省米价昂贵异常，盗匪充塞于海洋，抢劫频闻于道路，民气未宁，官心惶怖，若即将亏缺各员纷纷提省审讯，不但地方州县同时无官，猾吏奸民必致乘机滋事。且五六月间闽省并无候补试用人员，摘印署事亦实无一人可委。即省中诸事，当废弛已极之后，杂乱纷歧，竟属茫无头绪。臣等焦切如焚，转不敢稍形词色，惟有谆饬亏缺各员安心办事，若能抚绥斯民、无误地方，必将奏恳圣恩，赦其前罪。是即以应行审办之人，诱其暂为指臂之助……②

---

① 朱批奏折：长麟、魁伦奏，为遵旨严切讯明姚棻亏空银两情由事，乾隆六十年九月初七日。
② 朱批奏折：长麟、魁伦奏，为遵复审办闽省仓库亏缺一案迟延情形等事，乾隆六十年九月十五日。

这番话使皇帝有所震动，夹批："此等情节，何不奏闻？"而二人所奏应非尽实。魁伦办事偏执操切，开始时到处抓捕审讯，还是长麟经验老到，抵达后为稳定大局，才商量出一个权宜之计。由此亦知乾隆帝虽对魁伦的参劾奖许有加，但不无察人之明，督抚之任都无意交给此人，仅令其暂署而已。

长麟和魁伦自以为聪明，而官场之中傻子甚少，多数亏缺官员也能料到必有一个秋后算账，可事情到了这个分上，又能怎么样呢！二人奏称七月间粮价渐平，治安情况好转，拣发的候补道府和试用知县也先后赶到，由田凤仪带领分赴各地清查，那些污点官员则被次第解职摘印，押送省城审讯。至奏报之日，先后解省的"亏缺州县"已有二十五员，后面出事的陆陆续续，还有不少。

第三节　十五万两盐规

查出福建藩库巨亏和通省存在的仓储短缺，以及由于懒政怠政、挪移掩盖引发的社会动荡，乾隆帝失望已极，杀心已起。一省之军政钱粮混乱到这种程度，其中有不作为或乱作为的问题，必然也因主要官员由渐而著的贪赃枉法、徇私舞弊生成。伍拉纳头脑简单，性情残暴，在台湾动辄大开杀戒，一年前曾奏请，欲请出王命旗牌，将一批贩私拒捕的平民处死。乾隆帝降谕禁止，并通谕各督抚爱惜百姓，不得概行从重定拟。就是这个伍拉纳，要说平日并不算甚贪，却收受了十五万两盐务陋规，在皇上眼里更属无可赦免。

一、前任库吏开银铺

乾隆帝本来对伍拉纳还有几分信任，以为仓库短缺之责主要在浦霖和伊辙布等。从长麟等所奏四万两库银被挪垫一事，从伊辙布含含糊糊一番交代，弘历敏锐地发现一个微末人物周经，增大了对伍拉纳的怀疑，接连两天由军机处发出字寄，谕曰：

> 看此情形，伍拉纳之罪更重于浦霖。周经以藩司库吏，竟敢在外开张银店，短缺库银至八万五千余两之多。伍拉纳先系福建藩司，旋擢闽浙总督，每年具奏银号并无舞弊，及接受盘查时何以俱未查出，任其亏缺？①

藩库库银为何到了银铺？在于对所收散碎银两需要熔铸成锭，称为"倾熔"，其中银水火耗，赚头不少。为何到的周经银铺？自是因为其在官府的背景，在于其与伍拉纳的特殊关系。

可一个小小库吏，怎么会与布政使和总督搭上关系呢？皇上认定伍拉纳必与周经通同谋私，令长麟等严讯，如不坦白，即加刑讯。自此抓住不放，谕旨叠颁，令在事大臣研审。严旨之下，福州的审讯骤然升级。请看乾隆帝在魁伦、长麟、姚棻奏折上的批谕：

> 臣等因伊辙布身任藩司，明知各属亏缺累累，既不据实参办，转为捏报完数，又挪用赈余银两代垫周经侵挪库项，恐系平日营私染指，有心庇护及与周经通同侵渔肥橐，（**朱批：此非欲**

---

① 《清代档案史料选编》三，714 页。

化大为小之意乎?）并伍拉纳、浦霖均有知情纵容、勾串舞弊各情事，严加究诘。据伊辙布坚供：伊因庸懦无能、办理不善，日夜焦心愧惧，何敢丝毫再有沾染?（**朱批：岂有舍命为人之理！然此语自知错了，今恐竟有似此者，慎之，恐不觉也。**）即周经拖欠库项，亦因事在紧急，万出无奈，是以代为垫补，委无别项情弊。惟时伍拉纳尚在台湾，浦霖已经卸事，均不知情。质之周经，亦称素常赴库领缴银两，虽有掩挪，但随催随缴，并未露有拖欠形迹。（**朱批：可见此事不小。莫非尔等亦欲朕亲问乎？甚为尔等惧之！**）①

此奏在七月十一日由福州发出时，伍拉纳、浦霖等要犯已遵旨分批派干员解京。魁伦等三位大员以为此事已然审清，该当歇歇气，将重心转向闽省治理了。通过朱笔夹批，可知皇上认为此案远没审出真相，认为三人意图化大为小、草率结案，旨意峻厉。魁伦等读后心中战栗，只有再加熬审。终于打开了缺口，将隐藏未露的督抚得受巨额盐务陋规案情，公诸天下。

魁伦奏折附有伊辙布、周经以及后任库吏罗嘉信的供单。周经，候官人，四十一岁，五十二年起任藩司衙门库吏，时伍拉纳为布政使，显然很得信任，役满告退，就在省城开了一家银铺，经常到藩库承领一些杂色银两，倾熔兑换，时领时缴。周经被视作关键人犯，"拧耳跪链，严切刑夹"，"设法哄诱，连夜熬讯"，坚持说除了给伍拉纳充当买办之外，实在别无私下交易。长麟和魁伦要他将历年所买物件的价格数量列出，希望能找出藉此行贿之迹，也是一无所获。

① 朱批奏折：魁伦、长麟、姚棻，奏报清查仓库究出藩司侵扣挪垫钱粮审明定拟事，乾隆六十年七月十一日。

二、行之已久的盐规

以常理推测，周经与伍拉纳必有瓜葛，必有经济上的联系。可不知是确属例外，抑或周经咬紧牙根，百般刑求，仍是坚不吐露。失望之余，长麟等转而追问盐店的经营，未想到竟有了重大突破，奏曰：

> 诘以该犯既开盐店，各总商岂无派凑公分之事，令其据实供吐。据该犯供称"开设盐店，总商派凑公分是每年常有之事，但系盐务向例，按引核派，并非小的一人贿赂行私；其所派银两亦系出自售卖盐价，并非此项领销库银"等语。臣等随即查传总商萨重山、谢承光到案，据供：此项经费自乾隆四十四年起，杨景素收过银二万两，富勒浑三任共收过银五万五千两，陈辉祖收过银二万两，雅德两任收过银四万五千两，伍拉纳任内共收过银十五万两，其余正署各任均未收受；至巡抚衙门向无规礼，惟浦霖于五十七年索取银二万两，均系按引摊派。周经盐店每年应销引十万七千余道，应派银二千九百余两。商等穷疲无本之人，实在力不能支，因系盐务例规，不敢不办，此外实无馈送钻营的事是实。①

盐规亦陋规之一端。国家设立盐政，配属员弁，原为加强食盐产销的管理，打击走私，增加税收。各地盐商有巨大利润空间，从其在迎接康熙帝、乾隆帝南巡的夸饰豪富，即可见出。降至乾嘉之际，盐

---

① 录副奏折：长麟、魁伦，复奏审出伍拉纳浦霖得赃款迹事，乾隆六十年八月二十五日。

政乱象丛生，商户日疲，拖欠日多，一些省份先后将盐政划归督抚直管，或干脆由总督兼任。福建盐政即由总督直接管理①，故而多年来皆有一份规礼，大约每年两万，由总商负责收送，各经销商按所售盐引上缴。

陋规，是清朝官员收入的一个灰色地带，几乎存在于各级官府和各个领域，盐政尤甚。就在前一年的六月，因查办两淮盐政巴宁阿一案，究出该盐政衙门收取饭食杂费，每日达一百二十两之多。乾隆帝谕令将日费供应一律裁革，并命将所收盐商供应银如数退赔。谕旨是针对两淮盐务所发，其他地方虽未经明谕，应也不能例外。

从最后追查结果看，福建盐规也属于日费供应，当道者有收有不收，曾任总督的李侍尧、福康安、富纲、常青等均未收。当然不会是总商不送，而是遭到拒绝。伍拉纳则是来者不拒，任职不到六年半，已收取十五万两，超过常例，在两淮盐规被裁革后仍未停止。和他一样不收手的还有浦霖，本来巡抚无此先例，他却破格索要了二万两。

三、"监毙十命"的案中案

八月二十五日，长麟等奏报伍拉纳得受巨额盐规同时，还专折将审出的一桩刑事案件奏闻。此案发生于五十九年四月，漳州府长泰县薛、林二姓因争水大规模械斗，死亡达十七人之多，经府县两级设法抓捕，将五十七名人犯先后捕获，正审问间，按察司要求解省再审。而犯人和证人等抵省后，如此重大命案，按察使钱受椿并不亲自审

---

① 查长麟、魁伦《遵旨将浦霖、伊辙布等拿问并接卸署理督务等情形折》，有"所有闽浙总督关防及盐政印信"被伍拉纳携往台湾的描述，并有若姚棻抵任、福康安未到，"长麟亦即将闽浙总督及盐政印信交臣魁伦接署"等语，可证闽浙总督兼管福建盐政。（朱批奏折：乾隆六十年六月十五日。）

理。拖延日久，复以证据不全、主凶未获为由，命发回地方，致使在省监毙两人，押回漳州后又有八人死于狱中。这类大案要案，在督抚衙门必有"原报案据"，可此时找不见了。

新任按察使李殿图恰好抵任，立刻将相关书吏员役严加究讯，交代出是钱受椿"向督抚商同，撤出原报各卷，并将人犯发回"。这种擅自"抽卷"的做法，明显违反办案规条，长麟等奏称：

> 此等聚众械斗、杀伤多命之案，如果府县拿审均非正凶，自应一面将该府县详揭参奏，一面严缉正凶，并应将现在被诬各犯立时平反释放，俾免拖累。乃钱受椿既不亲身提讯，转向督抚私行抽卷，以致此案于未经抽卷以前监毙人犯二名，既经抽卷之后又复监毙人犯八名，是上下衙门串通一气，于杀伤多命重案竟可出入抽换，实出理法人情之外！福建省吏治废弛，州县并不以审案为要务，以致积案如山，竟有事经数年及十余年未审未报之案。①

吏治废弛，积案如山，正是闽台地方混乱，米价腾飞，饥民闹事，劫匪丛生的根源所在。如果说伍拉纳、浦霖是贪，则此案一出，还要加上一个"酷"字。钱受椿主持司法，恣意勒索，可称无法无天。乾隆帝判断其得了府县贿赂，连发三道谕旨，要求严加追查，尤其是追查钱受椿与督抚分肥之事。

岂知恰恰相反，是府县官员被逼勒无奈，只好呈上礼物和金银，钱臬司嫌少，仍不为所动。长麟等也以为府县官员与老钱有勾连，将他们全都拘来，亲加讯问，没想到漳州知府全士潮等当堂哭诉，倾倒

---

① 录副奏折：长麟，奏报查出伍拉纳、浦霖、钱受椿玩视民命串通抽卷事，乾隆六十年八月二十五日。

一肚子苦水。据奏：

> 当将已革知府全士潮、知县顾拨提至当堂，据全士潮等痛哭呼冤，叩头碰地，供称钱受椿性情暴戾、藉案索钱是常有的事。参员们遇有械斗案件，若要率领兵役径往拿人，漳州民情习悍，必致激成拒捕殴官重案，势不能不购线买眼，设法缉拿。上年四月内长泰县薛明砜聚众械斗一案，参员们费银二千余两，始将通案人犯全行拿获，正在审讯，尚未定供，即被提解省城，另行委员审讯，案延半年有余。钱臬司并不亲提一讯，辄称凶手不确，欲行发回……①

民间械斗往往涉及不同宗教和族群，背景复杂。提省再审，久审不下，不光府县主官威望受损，且一旦发回，将数十名案犯押回原籍，在地方更易引发事端。是以府县官员均在省城守候等待，可臬司不闻不问，从来不令参与会审。全士潮等心知钱臬司"意存需索"，只好去置办礼物，于是全知府"用价银一千四百余两购买绿晶朝珠一盘，又配八版大呢羽缎，及顾绣铺垫等物"，顾知县"备了三十两金叶及大呢羽缎"，送到钱受椿那儿，一律收下，却仍将人犯发回，并找茬将全士潮参革。看来这位钱兄，逼勒卡拿，收钱也不办事，实在是福建官场一大恶人。

审讯钱受椿，人证物证俱在，不得不承认受贿事实。接下来追问与督抚有无通同作弊、合伙分赃情形，便矢口否认。他说自己与浦霖为姻亲，又一向得总督倚信，因这起案犯羁押已久，且有的已监毙狱中，以后一旦追究，不免要担责任，便与督抚反复陈说利害，征得二人同意，将案卷撤出，消灭痕迹。长麟、魁伦在奏折中引录了钱受椿

---

① 长麟、魁伦奏：为速行回奏事。《乾隆朝惩办贪污档案选编》四，3482—3485 页。

的供词：

> 我与浦霖本系姻亲，伍拉纳亦待我甚好，因我屡次禀说此案
> 凶手不确，此时若将府县揭参，将来拿不着正凶，我们倒要受重
> 案迟延的不是。若将原卷抽还，如拿不着正凶，亦无迟延形迹。
> 我再三讲说，伍拉纳等才准我抽卷，实没有串通分肥情弊。我已
> 身负重罪，如何还敢替伍拉纳等隐瞒？①

长麟等人显然是相信了钱受椿所供，如实呈报。而皇上仍不相信，时
伍拉纳和浦霖已解京，即命军机大臣就此隔别质讯。大约实在是没
问出什么来，二人的供词被整理为一条："我们实因案情重大，日久
未结，正凶又未拿获一名，若一经参奏，显得地方废弛，实在心里害
怕，一时糊涂该死，就允钱受椿所禀，将原卷发还。若果有分肥的
事，钱受椿、全士潮等岂肯替我们隐瞒呢？"②两地多犯，反复究诘拷
问仍是这个结果，虽不免让皇上失望，应属真实情况。

严谕之下，长麟等压力如山，不光对钱受椿及身边亲信、臬司吏
役轮流熬审，省内那些亏空道府知县也被带来过筛子。果然又有了一
些收获：厦门同知黄奠邦交代"每年除遵照奏明章程备办呢羽燕窝之
外，另送督抚陋规银各四千六百两，参员在任二年，先后共送过伍总
督银九千二百两，又送浦抚院九千二百两"③；上杭知县姚鹤龄揭发钱
受椿任粮道时，要求以米折钱，或以钱折米，从中赚取差价；泉州
知府张大本供出被钱受椿勒要朝珠、玉碗等情；福鼎知县史恒岱、邵

---

① 录副奏折：长麟、魁伦，复奏伍拉纳等馈送抽卷致毙人命各款事，乾隆六十年
十月。
② 军机大臣奏报复审伍拉纳浦霖得受属员银两情形片，乾隆六十年十月初七日，
附件：浦霖伍拉纳供词。见于《乾隆朝惩办贪污档案选编》四，3529页。
③ 录副奏折：长麟，奏呈审讯黄奠邦等送督抚陋规银等事，乾隆六十年十月。

武府经历杨瑚招认曾送过钱受椿玉带钩、玉如意等物……除黄奠邦之外，所有控诉和供述都指向钱受椿。按察司书吏杂役皆被提来，"掌嘴跪链，加以刑夹"，令指实送礼官员姓名。长官犯法，受审时通常不太用刑，对吏役则少了客气，动辄用刑。钱桌司也知罪在不赦，一一招认。

第四节 严厉的惩处

一些研究者常说乾隆帝晚年宽纵，放任和珅等弄权营私，史料中自能找出不少依据。通过此案，通过一道道峻急严苛的谕旨，我们看到了一个更真实的乾隆帝，一个有底线、不揉沙子、绝不有丝毫妥协通融的帝王；以及一个执行力很强、坚定高效的军机处。魁伦、长麟等在办案过程中，的确曾有过将就结案的念头，由于皇上的严词督催，才得以水落石出。

一、抄家连着抄家

对于伍拉纳等涉贪案件，乾隆帝从一开始就亲自部署，查办过程中不断予以阶段性处置：先命总督伍拉纳赴台，将布政使伊辙布和巡抚浦霖解任，为办案扫清干扰和障碍；再把已升职的原按察使钱受椿革任，押回福州听讯，揭开黑幕；又将伍拉纳由台湾解回，革职审讯。而一旦涉案官员罪责明朗，紧接着便是抄家，第一个被抄的为伊辙布。

七月二十六日，谕令查抄伊辙布家产，定亲王绵恩奉命主事，很快将其京宅房产田亩、金银衣饰登录造册，虽有多处田产房舍，银钱上所获不多。奏报皇上，认为绝不止此数，遂将管家仆役等拘来讯问，又查出在外寄存物件、典铺银两首饰等。清廷统治者似乎对抄家有一种特殊喜爱，也积累了丰富的查抄经验，往往是任所、老家同时抄检，对罪员的家人亲族也被盯住不放，做起来干净彻底，不留死角。

九月初七日，接到伍拉纳、浦霖均有收受盐规银两的奏报，乾隆帝即谕令将二人家产"严密查抄"，以军机处字寄发给福建、浙江、江苏、山东等督抚。时伍、浦正在分起押解进京途中，所过省份接奉谕旨，立刻飞札四出，布置沿途堵截。第一个动身的是伍拉纳，其妻小家人携带钱帛物件，已进入山东地界，分东西两路进京，"并有玉玩木器箱只装船由水路行走"，山东巡抚玉德即督令各府县"严密稽察截留"。于是，一拨为带着金银细软的眷属家小，在山东郯城被截住，所有资产即加封固，山东藩司和临沂知府等急急赶往，逐一查明登册；另一拨有大车七辆、轿车一辆，主要是运送衣物等，由家仆押运，在兖州一带被截获，兖沂曹道孙星衍前往查办，清单中分别开列呢羽毡缎、貂狐海龙皮件等；仅朝珠一项，计有"蜜蜡朝珠三盘、青金朝珠一盘、紫晶朝珠二盘、绿松石朝珠二盘、枇杷根朝珠一盘、绿晶朝珠一盘、椰子朝珠一盘、金珀朝珠二盘、琥珀朝珠一盘、沉香朝珠一盘、香朝珠一盘"①，亦可知总督之富。

水路雇船两艘，"装贮箱笼共一百八十三号"，主要是大件玉器、瓷器和铜器等，由于途中撞滩毁损、更换船只等耽误了几日，刚刚行至苏州地方。苏州知府李廷敬即加截留，江苏巡抚费淳迅速赶往查办，造册呈报，其中有"嵌玉如意一百一十二支""雄黄如意二枝""檀香如意一枝、嵌料石如意九枝"②。乾隆帝阅后极是气愤，斥

---

① 录副奏折：玉德奏，呈截留伍拉纳西大道行李物品簿册，乾隆六十年。
② 录副奏折：苏凌阿奏，呈截留伍拉纳资重船二只查抄物件清单，乾隆六十年九月二十二日。

为如石崇藏胡椒六百斛（老皇帝怎知宠臣和珅收藏如意，竟数以千计！）。对于中途查抄，沿途督抚均极为重视，多数伍府家人被审讯究诘，务求无遗漏。至为缜密的还有魁伦，大约早就料到必有抄家一节，为防止伍家途中转移，还专派三名员弁，随船看押。

浦霖比伍拉纳晚两日起程，收拾东西却要早很多。自五月初二日被解职，其一家老小就整理行装、携带主要资产，回归家乡浙江嘉善。闻听浦霖被革职拿问的讯息，其妻胡氏情知抄家难以避免，想方设法加速转移田产银钱，据次子浦煌供认：

> 母亲闻知复奉谕旨将父亲拿问，恐怕抄家，日后难以过度，因想旧买华亭县田一百五十七亩零、价钱二千串，系在隔省，可以隐匿，母亲就唤亲戚骆侣梅来家，商定把契纸九张交与骆侣梅带到他家收藏；又将银五千两交与妹夫钱洪绪的老家人盛忠换些钱文，买得坐落嘉兴县田一百七十八亩二分、秀水县田一百四十亩零，契上就假写在钱姓名下，并倒填正、二、三、四等月分，共算用银五千一百三十二两，除过付外又找银一百三十二两，契纸十一张，即交给盛忠收藏；七月里又叫在外居住的长随陆升出名，在嘉善本县买得田四契，计田五十亩二分，共价钱八百三十六千七百五十文；又叫长随刘文兴、王文新两人拿了朝珠十五串、金如意三枝、银四百两，寄与已故家人朱相之妻王氏家内收藏；又叫家人张荣陆续运出银五千两、洋钱二千块藏在他家。后来母亲恐在外寄顿，耳目昭彰，就吩咐在家里掘坑埋藏，先后在于花台下及屋后小院地内两处共埋银一万三千余两；又在夹墙、枯井内藏放银一万六百两、洋钱七千四百圆；至连子房地内埋银十万两，系五十五年八月间藏的……

真可称费尽心机，真堪称枉费心机！"平日只恨聚无多，及到多时眼闭了"，正可为浦霖这位两榜进士出身的高官写照。主持对浦家抄检的为浙江布政使汪志伊，举人，从知县做起，一步步到于高位，也是一个能员。他料到此前数月间必有转移掩埋，到后即将胡氏贴身仆妇使女及家人长随等隔别审讯，很快弄了个清清楚楚。浦霖显然聚敛有术，除大量金银田产，仅金玉如意就有一百五十九枝，朝珠一百二十三盘。

查抄钱受椿的旨意是在十月初七日下发的，因判定其家眷资财已回至常熟故里，军机处字寄直接发给江苏巡抚费淳，要他"即行亲往，严密查抄"。字寄中还特别提到汪志伊抄检浦霖隐匿家产之功，命费淳思虑周密，不许有任何隐藏寄顿。费淳正在江宁武闱监试，奉旨后飞札命臬司通恩前往常熟办理，自己随后赶往，查得家产并不太多，随即加大审讯力度，知还有大批资财在途中。原来钱受椿颇为狡狯，当年二月升任广西布政使后赴京接受召见，同时已安排搬家事宜，五月间水路搬运船只行至江西地面，接密告家主出事了，要妻小转道回常熟老家，又命装载资财玉帛的两只船由可靠家仆管押，于途缓行，等待事态的进展再定。于是，两只装满箱笼的船便在新洲一带江面盘桓，几个家人闲极无聊，干脆上岸嫖娼，被当地逻卒发现形迹可疑，一举拿获。江西巡抚陈淮即率司道赶往清查审问，奏报皇上。钱受椿寄顿在闽县的粗重家具器皿也被查出，几处都有详细清单和供词，也是到处埋藏转移，也有大批如意朝珠等珍宝，兹不赘述。

二、绑缚刑场的督抚

在藩库短缺和仓储亏空被初步查出时，乾隆帝已是非常愤怒，再审出收受盐规情节，便尔动了杀机。而随着查出的问题越来越多，件件与督抚都有牵连，更是无可赦免。

从很多史料分析，伍拉纳平日也不算太贪。其在供述时说自己巡视地方，从不要府县招待和花费，应有几分属实。他的症结，当也是一些满蒙大员的通病，即不学无术，以擅杀显示果决，以轻信表达仗义，如抽卷之举就是轻信了钱受椿。类似的情况在两年前曾出现过，查办浙江巡抚福崧贪纵案，乾隆帝严旨斥其既未早加参奏，又不及时请罪，并将他停支养廉银三年，以示惩罚。可雨过忘雷，远在南部海疆的伍拉纳唯我独尊，早把皇上的严谕丢在脑后。

十月初九日，乾隆帝下旨将伍拉纳和浦霖即行正法。谕旨甚长，数说伍、浦之罪不可赦：

> 今伍拉纳、浦霖在督抚任内惟知婪赃受贿，甚至人命重案竟敢蔑法徇情，拖累无辜十命，而于洋面盗匪又并不认真缉拿，以致盗风日炽。且伊辙布串通库吏侵亏帑项，钱受椿延案勒贿拖毙多命，种种营私舞弊，伍拉纳、浦霖竟若罔闻，一任肆行无忌……伍拉纳自蹈重罪，至于此极，更为有玷觉罗，亦断难稍从轻典，免其肆市也，伍拉纳、浦霖俱着照拟即行处斩。

乾隆帝认为伍拉纳为自己和宗室丢了脸，"竟不能全朕用人颜面"。他在谕旨最后颇有反思，意识到晚年过于宽纵，切切自责：

> 此皆因朕数年来率从宽典，以致竟有如此婪赃害民之督抚，朕当先自责己。嗣后各督抚等益当各矢天良，倍加儆惕，倘不知洁己奉公，再有废弛婪索等事，伍拉纳、浦霖即其前车之鉴，毋谓不教不诫也！①

---

① 军机大臣奉旨着将伍拉纳浦霖即行处斩，乾隆六十年十月初九日。《乾隆朝惩办贪污档案选编》四，3538页。

痛心疾首，值得注意！诛杀自己长期信任、一手提拔的总督巡抚，在乾隆帝决不是轻松愉快之事；而通过他们和福建官场的种种不堪，老皇帝不能不联想到其他省份，为之忧虑。他在严谕中谆谆告诫，也知道收效未必很大。

此时伊辙布已死于再次解京途中，逃过显戮，乾隆帝多有怀疑，长麟和吉庆等不得不派员调查，反复陈奏。对于钱受椿，皇上的痛恨又超过他人，先命锁拿进京，拟亲自审讯，交部从重治罪[①]；接下来觉得钱受椿"职分尚小，不足以加之廷鞫"，仍命押回福州正法，要求署任督抚监视行刑，砍头前"刑夹二次，重责四十板"，在省官员必须到现场观看[②]；过了十天有余，见报来钱受椿家资甚巨，又命将其解京审讯[③]。可怜魁伦、姚棻刚刚将钱受椿解送赴京，接新旨再派员狂奔截回，待第三道旨意抵达，老钱已是身堕黄泉了。

其他牵涉案中的道府州县官员，先有贪赃数额超过一万两的秦为干、李廷彩被斩决，李堂等八名被绞死，后又查出两名处绞（其中彭良谟从宽改绞监候），革职遣发者更以数十计。其中从广东高调押回的广东按察使德泰，大约没审出什么有价值的口供，未见到相关档案。六年后，伊犁将军保宁以人才难得奏请起用，始知也被流遣新疆。

三、被革职遣发的主审官

贪腐是一个历史悠久的权力痼疾，在每一个国家的每一个时期都

---

① 谕内阁：着将伍拉纳浦霖从重定拟钱受椿锁拿解京其子嗣发往伊犁充当苦差，乾隆六十年十月初七日。《乾隆朝惩办贪污档案选编》四，3531页。
② 寄谕魁伦等：着将钱受椿刑夹重责后再传集在省官员监同正法并供出馈送各员永不叙用，乾隆六十年十月十四日。《乾隆朝惩办贪污档案选编》四，3558页。
③ 寄谕魁伦等：着将钱受椿迅速解京并严查其本籍及任所寄匿财物，乾隆六十年十月二十五日。《乾隆朝惩办贪污档案选编》四，3573页。

可能存在，而如何惩治，则见出当政者的境界和决心。

对涉贪涉事官员的处分，乾隆帝坚定果决，不分亲疏，越是出身宗室的大员，越要从严从重从快，此案的处置即是一个证明。而他对吏治清明、百姓安乐的期望，对于留给儿子一个好摊子的希冀，都使之在禅让前夕大张旗鼓地整顿吏治。俗话说杀一儆百，此案先后将总督、巡抚、按察使公开正法，布政使病死，道府州县十一人被处死，数十人革职流放，带有最明显不过的警示意图，严惩一地官员以警醒天下众官。

在严谕频颁、穷究不懈之际，一世英察的乾隆帝难道没有联想，没想到大清吏治整体跌落？应该想到了，谕旨中的自责，正是其痛苦反思的结果。可又能怎么办呢？只能杀一儆百，杀十儆千，杀觉罗满洲立威立戒，惩处福建一省警示全国。这样做当然会有巨大作用，会立竿见影，然而亦有限，在一个人情大于法理的社会里，多数贪腐都是在亲切自然状态下完成的，多数贪腐者在大限未到时都浑然不觉。

乾隆帝深谙世情，洞悉官官相护的所谓"外省陋习"（实则京师又何以避免），一方面另委官员办案，另一方面又对他们叮嘱告诫，防止回护遮掩和化大为小，长麟就是一例。由于福康安在苗疆难以脱身，又不太信得过魁伦，只得调两广总督长麟就近前往主持审办，应也有一份信任倚重在焉。然对长麟的性格弱点，对他在办案中的优柔和不彻底，乾隆帝不断予以警告斥责。十月初七日，伍拉纳和浦霖审明定罪，当日连发六道谕旨，其中两道关乎长麟：

一是由阿桂、和珅签发的军机大臣字寄，主要是发给广东巡抚兼署两广总督朱珪，告知已将长麟革职，要他传谕广东布政使陈大文，对长麟广东任所资财严加抄检，谕曰：

> 长麟查审此案，并不据实奏明，竟存化大为小之见，经朕叠加训饬，谕令严查，始据将伍拉纳、浦霖等得受盐规、抽详换卷

及婪索各款陆续奏出，实为沽名取巧，难胜海疆重任，已降旨将长麟革职，来京候旨。至长麟受朕深恩，特由广东派往闽省查办重案，而意存瞻徇，竟欲颟顸了事，恐其平日居官亦难保无似伍拉纳、浦霖等昧良婪索情事。朱珪现在督拿盗匪，且兼署督抚两篆，无暇兼顾，着即饬藩司陈大文将长麟任所资财严密查抄。①

此件同时发给魁伦，命他会同姚棻抄检长麟在福建任所资财。谕旨中再次表彰汪志伊查出浦霖家眷寄顿埋藏等情，要求陈大文仿照施行，"务须慎密查办，毋任稍有隐匿寄顿"。

而就在当日稍晚时分，乾隆帝传谕内阁，说自己仅命将长麟京中家产查封入官，"军机大臣因拟写谕旨，令朱珪、魁伦将长麟粤闽任所资财一并查办"，有些过分，传谕即行停止。这位拟旨的军机大臣自然是和珅。阿桂虽属首枢，身体多病，军机处由和珅全面负责，或有鼓动煽惑、乘机扩大之举。接旨后，和珅立即随风转舵，带头上了一个学习贯彻、感激圣上宽仁的折子。

对长麟的革职查抄虽觉突兀，也是草蛇灰线，有迹可循，说到底还是为了整顿朝纲，警示大小臣工，尤其是内外重臣。另外，乾隆帝也想通过抄检，看看长麟是否涉贪，"欲观其是否家拥厚资，如伍拉纳、浦霖之贪污肥橐；以验伊在督抚任内是否尚能谨饬，或者亦如伍拉纳等之贪贿，积家产至三四十万之多，亦当别问"②。这是福建大案的延伸，是老皇帝痛苦反思后的测试之举，决不仅仅一点儿好奇心。

对长麟的查抄也是由亲王领衔，很快呈上查抄清单，虽说玉器皮货为数不少，也有数十枚如意、数十盘朝珠，但银钱很有限，田产也

① 寄谕朱珪等着查办长麟任所资财并究明浦霖等受贿各情，乾隆六十年十月初七日。《乾隆朝惩办贪污档案选编》四，3527 页。
② 谕内阁着将查抄长麟家产交军机大臣酌拟加恩赏还，乾隆六十年十月十一日。《乾隆朝惩办贪污档案选编》四，3539 页。

不多。乾隆帝心底也不希望长麟再出事，见奏松了口气，即命军机大臣酌拟赏还（即还给一部分），以作为长麟赴疆斧资。在查抄长麟物品清单上确有一些"拟赏还"的标记，最后则是全部赏还。

长麟是在十月二十二日离开福州赴京的，风云莫测，命运难定，哪里还敢叫屈喊冤！至此逃过一劫，更是加额庆幸。君臣有一段很有意思的隔空对话，皇上说：

> ……你在京资产查封后即经赏还，你所存玩器等件自亦系属员馈送，不过因你不至派累，所以未加深究。而广东、福建任所并未封查，此实格外施恩。你所得之咎甚重，今复赏给副都统职衔，令往叶尔羌自备资斧办事，你尚有何颜希图召见？着即前赴新疆。

长麟说过希望皇上召见的话么？据现有文献尚未见到。揣测或对军机大臣表达过，或即乾隆帝自己的想象，传递出对长麟的复杂感情。跪听谕旨的长麟伏地碰头，感激涕零，说：

> 我蒙皇上天恩，用至总督，又特派我前往福建署理督篆，审办要案。我未早将实情审出，屡蒙圣明饬训……蒙皇上不加严谴，并将在京资产赏还，任所亦未加查封。今复蒙格外施恩，赏给副都统职衔，前往新疆办事。我实在感激惭愧，刻骨镂心！①

长麟素称明练，自能从严谕中体悟到皇上的怜惜爱护，当即表示情愿认罚银三万两，先交一万两，以赎罪衍。这种认罪态度令乾隆帝感

---

① 军机大臣奏报长麟叩谢赏副都统衔往新疆办事并情愿认罚银三万两片，乾隆六十年十二月初八日。《乾隆朝惩办贪污档案选编》四，3617页。

动，也觉得处理的有些过，传旨赏戴花翎，同时免去未交的二万两银子。君臣虽未相见，倒是真情络绎。

此日为乾隆六十年十二月初九日，长麟收拾行囊远行去也，而改元在即，举国瞩目的禅让大典将要来临。

第三章

嗣皇帝・子皇帝・嗣子皇帝

"归政仍训政"宝玺

太上皇帝千叟宴御制诗

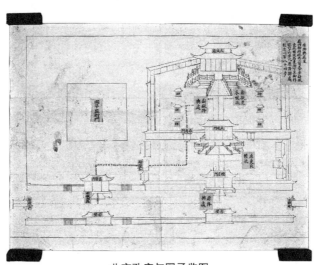

北京孔庙与国子监图

太上皇帝千叟宴御制诗

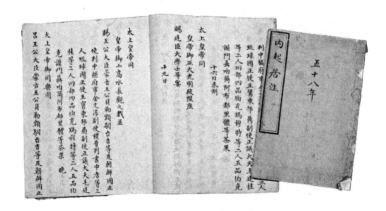

《内起居注》中有关上皇与皇帝活动的记载

禅让之前，弘历在谕旨中提到将要继位者，称之为嗣皇帝。此一称呼是恰切的。嗣：继承，接续，明确指君位的延续。韩愈《永贞行》"嗣皇卓荦信英主，文如太宗武高祖"，就是这个意思。禅让以后，乾隆帝所发敕旨，对颙琰仍称嗣皇帝，有时也称子皇帝、嗣子皇帝。

皇帝就是皇帝，前面一旦缀以一二字，便觉微妙和复杂，给人留下许多想象空间，也将至高无上的头衔打了折扣。所有的微妙复杂都来自禅让，不这样定位，又能如何呢？这当然不仅仅是称谓的问题，更在于怎样去扮演角色，怎样拿捏得恰到好处。雍正帝曾作"为君难"一文，真情流露，悬挂于圆明园勤政殿后楹壁上，殊不知做嗣子皇帝，更是难上加难。

第一节　京师的禅让大典

可以推想，乾隆帝是非常渴望早日平定苗疆的。钦派当朝第一大将军福康安总统军务，再派擅长后勤保障事宜的川督和琳为副帅，又将大学士孙士毅留下协助，调集七省数万军队围剿，都是想一举荡平动乱，为即将举行的禅让大典，增加新的荣光和喜庆。未想到三路进剿了几乎一年，苗民据险抗争，此消彼长，双方仍处于艰苦搏杀状态。京师的大典当然要如期举行，各项活动都在严密筹备中，可老皇帝心底那种焦灼牵挂，身边人应也看得出。

一、喜字第一号玉宝

终于到了举行禅让大典的日子。这是紫禁城双喜降临的一天，既要举行授受典礼，又要举办新帝的登基大典。一切都依照事先拟定的仪节进行：当天子夜时分，乾隆帝起床开笔之后，先往宫中各佛堂祭拜祝祷，然后到西弘德殿用膳；接下来是率皇太子往奉先殿和堂子，祭告列祖列宗；太和殿、太和门直至午门外盛陈卤簿，殿前平台摆设雅乐，禅让大典在太和殿隆重举行。

整个典礼简朴庄重。阿桂、和珅、王杰等重臣肃立于殿檐之下，满蒙王公及众臣分文武两班，由殿门排向陛阶和庭院，各藩属国使臣也挨次站立。虽说是朝廷盛典，臣子们颇能理解老皇帝的复杂心境，一切肃穆平静，人人表情凝重，不见欢欣喜悦。典礼的时间很短。皇太子由吏部官员引领往养心殿，迎接父皇法驾到中和殿，侍候下辇，从后门进入太和殿，在殿中央宝座上落座，皇太子一侧侍立。静鞭响起，"丹陛大乐作，奏庆平之章"，颙琰恭立于宝座前，率众臣行叩拜礼。大学士跪读表文，颙琰起身挨近御座跪下，从父皇手中郑重接过"皇帝之宝"玉玺，小心翼翼，转交给右边侍立的大学士。至此颙琰已成为当朝天子，举止却益发谨小慎微，率王公大臣和文武百官再行三跪九叩大礼，禅让大典完成。

宝玺是皇权的象征。"皇帝之宝"已经授予新天子，又如何体现太上皇帝的尊威？老皇帝早有安排，于册立皇太子时即专发上谕：

朕归政后，应用喜字第一号玉宝，镌刻"太上皇帝之宝"，玉册即将御制"十全老人之宝说"镌刻，作为太上皇帝宝册。①

军机大臣随即拟定了新的用宝制度，从明年起颁发诏书，首先钤用太上皇帝之宝，然后再用皇帝之宝。

"喜字第一号玉宝"，也是乾隆帝专为禅让所制。清朝皇室起于荒

---

① 《清稗类钞》第1册，帝德类·高宗内禅，中华书局2003年版。

僻草莽，有着对皇室宝玺的特殊关注，也有一种起初的陌生感。当年攻灭蒙古察哈尔部，从林丹汗遗孀手中弄到一块明朝的"诰敕之宝"，竟然夸饰为传国玉玺，宣称天命所归，建元大清。定鼎北京后的很长时间内，朝廷玺印也是材质混杂，甚至有一些系用前朝旧玺改镌。至乾隆帝继位，考定宝谱，以二十五枚御宝收贮于交泰殿，以十枚藏于盛京宫中，并亲撰《御制宝谱序》。回疆平定，和阗良玉源源运来，乾隆帝亲自拣选，根据玉色分类珍藏，"其玉色与五朝册宝相符者，均编为'庙字号'，俟后有举行册宝入庙之事，概用此玉，以昭画一；其玉色较白而未能一律者，另编为'喜字号'，将来朕归政后嗣位之皇子，崇上尊称，即将此玉成造册宝"①。细味此一段文字，喜字号玉色洁白，比庙字号品质更为优良。

为什么标称"喜字"？当不外乎取意吉祥。而所标称"第一号"，也是早有安排，其在命名喜字号两年后，乾隆帝又明谕这批玉料的用项：

> 其现在"喜字号"第一分纯洁者，着敬谨存贮，俟朕将来归政之期举行崇上太上皇徽号庆典所用宝册，即将此分镌造，以彰熙朝盛瑞。②

由喜字号第一分玉料，到喜字第一号玉宝，跨越了十余年的时光，乾隆帝为禅让大典谋划之远、计议之周，凡事之追求尽善尽美，均可映见。

授受典礼之后，太上皇帝回宫歇息，太和殿又举行嘉庆帝的登基大典。依照通例，新帝是要颁布即位诏的，这次却没有。简短的仪式

---

① 《清高宗实录》卷一一六六，乾隆四十七年十月壬寅。
② 《清高宗实录》卷一二一六，乾隆四十九年十月癸未。

很快结束，大学士、内阁学士恭诣乾清门送宝，礼部与鸿胪寺官登上天安门城楼宣读太上皇帝的传位诏书，广沛恩赐，大赦天下，通篇皆是老皇帝的口吻。仅在"钦此"之后，新帝附和了几句：

> 予小子祗承慈命，勉荷洪图，谨奉宣敕旨，布告天下，咸使闻知。①

这便是即位诏的缩小版了，颇像是一次带头表态。在强大的父皇面前，嘉庆帝永远是一个小学生，分寸拿捏得恰到好处。

这份传位诏至今仍在，钤用宝玺处，正是太上皇帝之宝在先，皇帝之宝在后。

二、再开千叟宴

正月初四日，嘉庆帝奉侍父皇出御宁寿宫皇极殿，举行隆重的千叟宴。所谓千叟宴，即邀请国内高寿老人来皇宫参加宴饮，是朝廷的敬老亲民措施，更是国家强盛和祥瑞的一种标志。千叟宴者，形容与宴老者众多，并不限于千人之额。康熙五十二年，清廷举办首届千叟宴，在畅春园三次大摆宴席，每次都在两千人左右，与宴者总共超过六千六百人。乾隆帝仿效祖父，在继位五十年时于乾清宫设宴，年满六十岁以上者三千人与宴。这一次再开盛宴，他已经八十六岁高龄，又值禅让传位之后，能不隆重其事！

千叟宴之日，一向寂寥的宁寿宫热闹非凡。太上皇帝赐亲王、贝子、蒙古王公、台吉及大臣官员年六十岁以上，普通兵民七十岁以上

---

① 《嘉庆道光两朝上谕档》一，嘉庆元年正月初一日。

者三千人与宴，加上回部和属国贡使，躬逢其盛，应邀参与皇极殿宴集；还有全国各地赶来的五千余人，实在是坐不下了，命有司赏赐寿杖、如意、银牌等物，也是一份难得的荣宠。据内务府《御茶膳房》档案记载，这次大宴共设八百桌，按照事先拟定的次序，由殿内、外廊、平台、丹陛两侧，一直排列到宁寿门外花园。待太上皇由嘉庆帝陪侍着出场，顿时鼓乐齐鸣，众人跪迎，拜舞嵩呼，怎不让老皇帝心潮澎湃！

千叟宴的主打菜是火锅，为满族人传统的饮食习俗，也最适合超大型宴会的准备和配送。大宴具有很强的礼仪色彩，进茶，进酒，进馔，次序井然。穿梭于各桌间服务的御前侍卫，个个衣甲鲜明，人人仪态恭谨。太上皇命引一品大臣和九十岁以上老人到御座前，亲递卮酒，举杯共饮；又命皇子、皇孙、皇曾孙轮桌敬酒。整个宴会洋溢着祥和喜庆，与宴者各有赏赐，官员除外，兵民满七十岁者赏十两重养老银牌一面，满七十五岁者赐十五两重银牌，满八十岁者赐二十两重银牌，八十五岁者二十五两重银牌，九十岁以上为三十两重银牌。其中有一位福建进士郭钟岳，曾在乾隆帝南巡时受到赏识，时年一百零四岁，特旨问其身体状况，邀来与宴。高寿民人如一百零六岁的熊国沛、一百岁的邱成龙，敕谕赏给六品顶戴；还有一批九十岁以上老民，皆赏给七品顶戴。

银牌有如意祥云、福山寿海图案，正面镌铸"太上皇帝御赐养老"，背面刻"丙辰年皇极殿千叟宴"，不仅本身具有非凡的纪念意义，持有者还可在当地衙门领取一定资费，怎不让这些老者开心。

太上皇帝也极为开心，即兴赋诗一首：

归禅人应词罢妍，新正肇庆合开筵。

便因皇极初临日，重举乾清旧宴年。

教孝教忠惟一笃，日今日昨又旬延。

敬天勤政仍勗子，敢谓从兹即歇肩？①

弘历擅长以政事入诗，夹叙夹议，从皇帝做到太上皇帝，仍是诗兴盎然。子皇帝颙琰应能读懂老爹的诗，那就是皇位可让，大权不交。

只过了两天，京师突然奇寒无比，不少树木冻死，来自炎热之地的安南使臣阮光裕，居然冻毙于馆舍。

三、留居养心殿

养心殿是皇帝在紫禁城主要的政务和憩息之所，胤禛和弘历父子尤其如此。该殿自成独立院落，前朝后寝，养心门前有专用御厨，出遵义门向东入月华门，即为乾清宫，向南出内右门为乾清门广场，军机处即在内右门西侧，可谓近在咫尺。自雍正帝选定此地为在朝理政，乾隆帝沿承不变，数十年来寝兴于此，号令天下。殿内西暖阁悬挂雍正帝御书匾额"勤政亲贤"，辅以联句："惟以一人治天下；岂为天下奉一人？"词意慷慨，冠冕堂皇。如果说紫禁城为清朝的中心，养心殿当为中心之中心。

册立皇太子之后，一切服御仪制相应改变，颙琰受命移居毓庆宫，却未能即行搬迁，要等到父皇于冬至斋戒后，再降旨迁居。于是，皇太子继续住在东五所，与众皇子不同的是多了十名侍卫。这样的安排或因该宫的维修工程未完，其间应也有考查之义，乾隆帝于各项典礼中检验，于日常细微处观察，看其成为太子后如何与其他皇子相处。而颙琰作为皇储，心智成熟，沉静谦和，处处表现得中规中

---

① 《清高宗御制诗余集》卷一，初御皇极殿开千叟宴用乙巳年恭依皇祖元韵，见《清代诗文集汇编》第 329 册，462 页。

矩。当年十一月十八日，距禅让改元还有不到一个半月，乾隆帝命颙琰迁入毓庆宫。

该宫在乾清宫之东，位于斋宫和奉先殿之间，前后四进，正殿毓庆宫呈工字形，有穿廊连接前后殿，乾隆帝钦赐的"继德堂"匾额即悬于后殿正中。此宫系康熙帝为皇太子允礽特建，虽略显狭窄逼仄，然结构精致，装修考究。乾隆帝做皇子时在此居住五年有余，颙琰五岁时也曾与其他皇子一起居住于此，"继德"之说当源于此。

此时始令皇太子移入毓庆宫，还有一个不言而明的用意：归政后不会再作搬迁。果然，丙辰元旦改元，太上皇帝仍居住在养心殿。从今日所存之文献，未见子皇帝恳切慰留，未见宠臣和珅之流进言劝说，这些都用不着，就是太上皇帝自己改变了主意，而且说得振振有词，合情合理。

举行授受大典之后，不知是怎么想的，上皇于当天下午前往宁寿宫，在花园殿宇盘桓流连，至乐寿堂，题写了这样一首诗：

> 丙申预作菟裘计，堂拟绍兴早勒铭。
> 日往月来忽廿岁，居今归政得耆龄。
> 付忧与子讵忘付，宁寿斯身敢即宁？
> 惇史百王相较量，独承厚眷赖苍灵。①

意思是：自己在二十年前就做好禅让的准备，也为归闲娱老建好了宫苑，如今终于如愿以偿，却还不敢忘记责任，不能把一切忧患都压到子皇帝肩头，去宁寿宫颐养天年。"菟裘"一词，典出《左传·隐公十一年》，后代称告老退隐之地，诗中用以指宁寿宫。

该诗最值得注意的是第三联。明明是将皇位传给了皇太子，怎么

---

① 《清高宗御制诗余集》卷一，乐寿堂用丙申旧作韵。

说是"付忧"呢？本来建好的宁寿宫，又为何不敢去那儿享受宁静呢？太上皇帝从不否认自己的心绪之变，以诗言志，表达得极为清晰。

在兴建宁寿宫之际，乾隆帝或将宋高宗赵构视为榜样，该宫的"乐寿堂"三字，即出于赵构禅让后自号乐寿老人。诗间小注说："丙申葺宁寿宫，为倦勤后娱老之所，名此堂曰'乐寿'，盖因宋高宗内禅后有'乐寿老人'之号，见董其昌《论古帖》，是年有诗以明予志。幸荷昊苍眷佑，今岁丙辰元日已符归政初愿。自揣精力强健如常，子皇帝初登大宝，用人理政尚当时加训诲，何忍即移居宁寿宫，效宋高之自图安逸耶？"上皇一言九鼎，扶上马，送一程，谁胆敢再有异议？而富丽堂皇的宁寿宫建筑群，上皇不用，又谁敢搬入？及到议开千叟宴之时，上皇立刻想到这里，真的是再合适不过了。同理，圆明园的长春园、避暑山庄的澹泊诚敬殿，上皇也是照旧使用，并不因归政迁出。

不迁离养心殿，太上皇帝也曾说过是住惯了，"予即位以来，居养心殿六十余载，最为安吉。今既训政如常，自当仍居养心殿，诸事咸宜也"①。为什么说"诸事咸宜"？据他自己解释，因为还要训政，若居住偏于一隅的宁寿宫，皇帝前往聆听训诲，大臣觐见请旨议事，都要跑很远的路，不搬则没有这些问题。上皇还表示，如果九十大寿后精力稍觉不济，即当迁居宁寿宫，"以享大年闲静之乐"。

第二节　"大事还是我办"

禅让后的太上皇帝，传得最多、传播最远的一句话是："朕虽归

---

① 《清高宗御制诗余集》卷九，新正乐寿堂。

政，大事还是我办。"① 这话为嘉庆元年正月十九日所讲。当日太上皇帝在圆明园召见各国使臣，朝鲜使臣一行赶到的较晚，由礼部尚书德明引领至御榻前行跪叩礼，大学士和珅宣旨，第一句便是此语。整段话显然属于格式化套语，对先前到达叩见的安南、暹罗等国使臣，应当也是这样说的。

此时子皇帝正侧坐陪侍，表情专注虔敬。

一、何时提出的"训政"

在所有的清朝皇帝中，弘历堪称最喜欢玺印，也喜欢为玺印亲撰文字，抒发襟抱或情感情趣。做了太上皇帝之后犹然，不仅用喜字第一号玉料镌制了"太上皇帝之宝"，专门撰写了《自题太上皇帝之宝》的诗，镌刻其上，还拥有许多枚小玺，如"犹日孜孜"等。未见他为这些私玺写作题记，实则也用不着，印文短语本身就是其心迹思绪的真实记录。

其中有一枚，曰"归政仍训政"，直写上皇在禅让期的施政理念，简明准确，十分传神。归政，此处指将帝位交付嗣皇帝颙琰；训政，是说在颙琰处理军国大政时必须秉承自己的训示。五字玺文的重心，在于训政，意思是"皇帝之宝"虽已经授受，管理国家的模式并无多大改变。比起后来的"垂帘听政"，弘历似乎不愿意也不用绕什么弯子。

"训政"一词的最早提出，应是在禅让之后，然在早先多次谕旨中，已包含了这层意思。那时乾隆帝虽已有归政的思想准备，却也从未说过对朝政放手不管。如三十九年夏月，乾隆帝追出太监高云从

---

① 《朝鲜李朝实录中的中国史料》下编，卷一二。

"泄漏道府记载一案",降旨谴责大学士于敏中、舒赫德等失职,并将一批有牵涉的高官革职,交刑部查审,谕曰:

> 从前虽有志愿至八十五岁时即当归政,然亦必斟量彼时精神……岂容于此等事竟置不问乎?①

话说得很明白:即便在归政之后,对于朝政大端,对于违反朝廷法纪之事,他仍会断然出手,毫不容情。

临近宣立皇太子之前,乾隆帝关于归政的思考已趋成熟,在针对福建仓库亏空大案的谕旨中说道:

> 看来各省督抚未免因朕明春即届归政,以为办理谳案可以颟顸迁就,辄敢轻为尝试。殊不知朕综核庶务,从不任丝毫含混。即嗣位之皇子,朝夕敬聆训诲,自亦知所秉承,未必肯听其蒙混。或初年莅政未能灼知情伪,而朕仰蒙昊眷,精神强固,虽归政之后,亦岂置天下事于不问!②

藉伍拉纳、浦霖一案,老皇帝对各直省督抚提出警告:不要妄想在自己归政后偷懒耍滑,禅让之后只要身体健康,头脑清晰,对天下事还是要关注过问。

册立皇太子时,乾隆帝当着一众皇子皇孙和诸王大臣的面,说得更清楚:

> 归政后,凡遇军国大事及用人行政诸大端,岂能置之不问?

---

① 《清高宗实录》卷九六三,乾隆三十九年七月乙亥。
② 《清高宗实录》卷一四八四,乾隆六十年八月乙酉。

仍当躬亲指教。嗣皇帝朝夕敬聆训谕，将来知所禀承，不致
错失。①

与其对朝鲜等使臣所说相吻合。数月后在传位诏书中，他再一次强调
这一点："凡军国重务、用人行政大端，朕未至倦勤，不敢自逸。"②
毕竟儿子已然登基，措辞中留了些余地，而意思则没有丝毫改变。倦
勤，语出《书·大禹谟》"耄期倦于勤"，谓帝王厌倦于政务之辛劳。
从弘历一生行政（包括禅让后的三年）来看，应是从未"倦勤"，直
至生命的最后一息。

未归政时，乾隆帝所说多为"训诲""训谕"，意为对嗣皇帝指导
点拨，以避免颙琰初政之失误，用心良苦，也彰显了对家国黎民的负
责精神。禅让之初，弘历由皇帝变为太上皇帝，不是退位，而是升位
和提格。他对一般祀典和日常事务不再涉及，而重大军情与高层人事
任免，仍是亲力亲为。

历来做帝王者多喜欢自吹自擂，弘历尤甚，进入老年后益发不可
控制。光是一个默祷和归政，就述说过无数次，反反复复，总在渲染
自己的英明睿智。而一念之诚又与过思多变搅拌混杂，由裸退到退
而不休，由移居宁寿宫到仍住养心殿，由颐养天年到紧抓住重大事
权。越老越虚荣的他非常在意形象，尤其是在外国、藩属和边方的形
象。他对众使臣宣称"大事还是我办"，接着又谕知派员进贡的廓尔
喀国主禅让之事，并特别说明："嗣后天下庶政，以及抚绥藩服事宜，
嗣皇帝悉遵朕指示办理。"③同日又敕谕达赖喇嘛和班禅额尔德尼，曰
"惟训嗣皇帝听政精勤，釐承家法"，曰"本年朕传位嗣皇帝，改元嘉
庆元年，然犹训政维勤，孜孜不倦"。大约这是太上皇帝最早提出的

---

① 《清高宗实录》卷一四八六，乾隆六十年九月辛亥。
② 《清仁宗实录》卷一，嘉庆元年正月戊申。
③ 《清高宗实录》卷一四九四，嘉庆元年正月戊辰。

"训政说",时间在嘉庆元年正月二十一日。后来上皇敕谕和皇上谕旨之中,也多次使用,如"敕几训政""每日训政""孜孜训政""训政皇帝""皇帝日聆训政"……不一而足。

比较"训诲""训谕"与"训政",内涵虽未见大的差别,然前二词对个人,尽管这个人是皇帝;后则指称政体,指一种决策体制。同光间先是两宫皇太后,再是慈禧太后垂帘听政,用得较多的,便是"训政"之说。

二、改元后的首开经筵

二月初,颙琰举行即位后的第一次经筵,为此先告祭奉先殿,再亲自到传心殿行礼,并明确说是奉太上皇帝的旨意。弘历对此格外重视,半个月前即专发敕谕:"着皇帝于二月初四日御经筵。"我们注意到:次年正月上皇同样专发有关经筵的敕旨,既体现了至高无上的权威,也展示了对儿子德行学业的关心。

经筵作为专为帝王设立的讲席,由来久矣,至宋代始渐渐定型。宋朝大儒程颐曾曰:"天下重任,惟宰相与经筵;天下治乱系宰相,君德成就在经筵。"[1] 将皇帝治统与儒家道统相挽结,可证经筵在当日地位之高。进入清代,循前明之例不设宰相,经筵之设成为臣子进诤言、规谏的重要渠道,与国家治乱所关更巨。康熙帝特重经筵,认为不独要对皇上启悟规谏,也应兼有"训导臣下"的功能,谕令"自大学士九卿詹事科道俱侍班"[2],作为旁听生。至于讲题,则慎选经史中词句为之,阐释论说不离国家大政,有时亦紧密联系时局。

———————
[1] 《二程集》卷六,论经筵第一札子,第547页,中华书局1981年版。
[2] 《清圣祖实录》卷一一一,康熙二十二年八月辛丑。

乾隆帝自负饱读诗书，学养深厚，在登基后的首次经筵大典，即开创新例：直讲官讲述之后，皇帝要宣示御论。所谓御论，即皇帝根据讲题引申阐发的论点，弘历对此极加郑重，所论皆出于亲笔撰作。于是经筵的主讲人变成了皇帝，宣讲御论成为最重要的环节，经筵有了实质性变化。皇上弘宣御论之时，大学士率九卿以下所有官员群跪敬聆，听后还要由内阁首辅或资深大学士捧场，讲一通"亲承圣训，曷胜诚服"云云。

举行经筵，作为朝廷嘉礼之一，仪节简洁庄重，据记载：

> 是日，满汉讲官俱补服，袍用蟒袖，及侍班内阁满汉大学士，六部满汉尚书、侍郎，都察院、通政使司、大理寺、詹事府满汉堂官各一员，各具补服至文华殿丹墀两旁序立；侍仪满汉给事中各一员，满汉御史各一员，补服于两旁稍后立，起居注官四员，补服立于西阶下……①

这是迎候皇上大驾的场面。皇帝则常服而来，跟从侍卫也不甚多，以示谦逊亲切。自五十五年始，乾隆帝命适龄之皇子皇孙皆随驾，参加经筵，于是在文华殿内东西侍班的臣子之外，又多了一排金枝玉叶，当日的皇十五子永琰，也在行列之中。

六十年春二月，乾隆帝举行仲春经筵，直讲官德明、金士松进讲《中庸》"小德川流，大德敦化"二句。老皇帝在御论中畅谈自己的人生体会，曰"盖天地之德，无所为大小也"，复曰"先识其小，后习其大"②，层层思辨，皆称精警深透，也内蕴着实政中的大小兼得。侍班大学士为阿桂和王杰，少不得有几句颂圣之赞语。这是乾隆帝的最

---

① 《清会典事例》卷三〇八，礼部十九·经筵。
② 《清高宗实录》卷一四七〇，乾隆六十年二月甲寅。

后一次经筵，显然有无限感慨，事先往传心殿亲身致祭，事后又在文渊阁赐茶，每一处都留下了诗篇，且加写了长注。吟经筵的一首为：

对越崇祠致敬虔，文华咫尺御经筵。
居今稽古春中月，望道勤民六十年。
敦化流川那小大，达聪明目勖仔肩。
丙辰讲席应儿事，诗示心传及政传。①

是时虽未明立太子，乾隆帝已经宣布明年经筵是儿子的事了。诗后附记亦说："明年正月上日即当归政，嗣后经筵为子皇帝之事，予可以不复御文华殿亲讲矣。"不无怅恋。弘历把经筵当作讲堂，对历年来的御论讲稿甚为珍惜，六十年间共得九十八篇，汇编成册，颁赐近臣。

成为太上皇帝后，弘历对嗣皇帝的经筵颇为关注，从直讲官到所选题目，皆亲自审定。经筵照例设在文华殿，除却原先跟从大驾而来的一列皇子皇孙不见了，其他一切照旧，直讲官也是去年的四人。德明，满洲正蓝旗人，官学生，曾长期在太常寺任职，赞引乾隆帝行礼多年，历仕太常寺少卿、礼部侍郎、内阁学士、吏部左侍郎，五十八年晋礼部尚书兼正红旗满洲都统。他以"熟谙典礼，小心勤慎"，深得乾隆帝信任，自四十八年充任经筵讲官，频频担任直讲。② 金士松，江苏吴县人，乾隆二十五年进士，朝考第一名，改庶吉士，长期担任文学侍从，直懋勤殿、南书房，充任日讲起居注官，历内阁学士、礼部侍郎、兵部侍郎、吏部左侍郎，五十四年充经筵讲官，颇得弘历赏识。选定此二人作为此次经筵直讲官，表达了上皇对子皇帝的深切

① 《清高宗御制诗》卷九四，春仲经筵，见《清代诗文集汇编》第329册，338页。
② 清李桓辑：《国朝耆献类征初编》卷九十，卿贰五十，德明。

114

关爱。德明和金士松进讲《大学》"乐只君子，民之父母"，来自《诗经·小雅·南山有台》。讲毕，嗣皇帝发布御论：

> 天生民而立之君，使司牧之，如保赤子，遹求厥宁。下民倾心感戴，若依父母。盖以民心为己心，同其好恶耳……民爱君如父母，为君者奚可恃尊养而忘敬畏哉？必存父天母地之敬心，祈天永命，则天锡丰年，克绥郅治，锡福万方，斯不负为民父母之称。盖必本于敬天，方能大成君道，怀保小民也。①

原诗五章，每以南山、北山之草木对举，比喻起兴，命意则在于颂圣，在于赞美和祝福周王。全诗基调欢快，层层渲染，以祝愿君主健康长寿、子孙绵长收束，适用于燕飨时演奏。择选此诗作为新帝第一次经筵的讲题，用意诚美，却没为新帝的御论留下太多发挥余地。颙琰所论，从为君之道生发开来，句句扣题，又特特突出为君的"敬心""敬畏"，以及为民的"孝思""感戴"，用意悠深。

接下来，直讲官多永武、胡高望进讲《易经·乾》"元者，善之长也；亨者，嘉之会也"。多永武，满洲镶黄旗人，司职赞礼郎多年，属于满员中精晓礼典者，时为礼部右侍郎。胡高望，浙江仁和人，二十六年高中榜眼，久任文学侍从，时为吏部右侍郎，在上书房行走。二人在乾隆六十年第一次充任经筵讲官，显然留给弘历的印象颇佳，命以再任新帝经筵直讲官。所讲是《易经》最为人关注的名句之一，注疏解析亦因人而殊。讲毕，颙琰宣讲御论，将主要几家的释读融会贯通，亦属不易，曰：

> 乾德首元，生物之始，于时为春，于人为仁，众善之长也；

---

① 《清仁宗实录》卷二，嘉庆元年二月庚辰。

亨者生物之通，于时为夏，于人为礼，众美之会也。君子体乾，养民育物，宅心宽大，使遂其生生之性。如上天发生万汇，阳和翔洽，亨育生成，岁稔民安，诸福汇集矣。盖以仁为体，则无一物不在于心；以礼为制，则无一物不纳于度。咸臻大顺，合揆自然，春生夏长，各顺其序。人君敬天爱民，仁至义尽，咸熙庶绩，协和万邦，符大哉乾元之道，又本于健行不息，则悠久无疆，与天地合其德。先天弗违，后天奉时矣。①

直讲官为满汉分设，先以清语（即满洲话）讲论，然后才是汉语。乾隆帝发布御论，皆以清语，子皇帝自也不能例外。这是一种政治导向，示以不忘根本，亦有意在体制上提倡满族语言文化。此年颙琰已然三十六岁，长长的皇子生涯中，读书骑射是每日之功课，不光对儒家经典烂熟于心，清文自也不敢淡忘。加上多年来倾听父皇用清语发布御论，必也会精心准备，开讲时字正腔圆，侃侃而论。有意思的是：讲后并无大学士出来作例行的赞颂。

子皇帝是一个谦和谨严、事事认真、不出纰漏的人，也许就是他，婉拒了这一不在礼典的马屁程序。

三、被集体考傻的上届庶常

嘉庆元年春闱，岁在丙辰，例为科举取士的正科，又因大廷授受，便被称为新帝登基的恩科。主持此事的是和珅，先期呈上前三届试题，供皇帝在命题时参考，却不知出题者是颙琰，还是已做了上皇的弘历。每一届春闱都是一个系统工程：礼部会试，复试，殿试，进

---

① 《清仁宗实录》卷二，嘉庆元年二月庚辰。

宫十卷引见，升殿传胪，朝考。这些都是子皇帝在忙乎，有和珅等代为掌控，太上皇帝并没有多加过问。上皇主要住在郊外的圆明园，享受大好春光。搞得颙琰在紫禁城待的颇不安心，常是必要的仪式一结束，就急急赶往海淀，去陪伴老爹。

忙了一辈子的乾隆帝，自也无法一下子闲下来。太和殿廷试，引见新科进士、选定新一届庶吉士，毕竟是改元之后的事了，他有些不太关心；对上一届庶常的毕业考，即在位时最后一批庶吉士的散馆考试，则有着特别的眷注。散馆考题正出于老皇帝之手，赋题为"污卮"。

散馆考试，早先为诗、赋、时文、策论，四题可选作其二；乾隆帝登基后，听从方苞等人建议，专试一赋一诗。清代庶吉士进馆后，由总教习等根据其年龄资质，分别学习汉书和清书。这次参加考试的共二十一人，除乙卯科十五人外，还有往届因各种缘由未能结业的庶吉士，如乾隆五十五年庚戌科石韫玉、洪亮吉，五十八年癸丑科的戴敦元等，不可谓人才不盛，结果都栽在"污卮"上。赋题的应试写作，要在知晓题目的出典，把握题中要义，由此演绎申论。"污卮"二字望之眼生，令这班未来之星百般难解，蹙额皱眉之际，只好东拉西扯，勉强敷衍成篇。考试结果很快揭晓，上皇得悉后殊为不满，于四月十一日专发敕旨：

> 昨庶吉士散馆，适朕连日盼望雨泽，兼盼楚省捷音，未免焦劳倍切，心绪不宁。随手翻阅，于《赋汇》内偶拣"污卮"为题。《赋汇》并非僻书，学习词章者原应留心检阅。乃庶吉士等俱不知傅咸所作，竟似作为元结之"洼尊"，以致傅会失旨。虽《礼记》内"污尊抔饮"，"污"字原读乌花切，但"尊"与"卮"原本不同。转似朕有意试以难冷题，不知朕向来命题，从不故求隐僻者。且书籍甚繁，读书人岂能一一记诵？朕并不以此加之责

备，当自引以为过耳。庶吉士等惟当益加勉力，勤学好问，以副朕教诲矜全至意，不必心存愧惧也。①

一番话真切坦诚，责斥与抚慰并存，写照出上皇当时的复杂心境，不可轻易放过。

弘历自幼蒙名师指授，加上天资颖悟、刻苦勤奋，在学问上颇为自矜。而在其内心深处，仍有一种对翰林院的敬重，如今一个赋题将所有应试者考砸，在上皇也是始料不及。尤应注意敕谕中的"焦劳倍切，心绪不宁"八字，自记命题时心境，具体原因，则是一春缺雨和湖北白莲教起事。常见有人漫漫讥评弘历晚年倚信权臣，政务荒怠，殊不知此八字才更接近历史真实。"焦劳""宵旰焦劳"等语词，时见于上皇的敕谕和诗篇，贯穿在禅让的整整三年中。通过这次庶常散馆考试，我们知道：令老皇帝为之焦虑操劳的，还有这些庶吉士，以及日渐颓败的士习。

若是在盛年，弘历有可能采取断然措施，将他们一竿子扫出翰林院，既符合朝廷法度，也能震动警醒士林。此时的上皇，失望愤懑固然有之，总体上仍显得通脱大度，责斥后复为之宽解，说书籍太多，没有人能一一记诵。他也要求庶吉士以此为戒，勉力治学，不要辜负自己的期望；最后又加上几句慰抚，让众庶常不必羞愧，也不要担心畏惧。

污卮，指脏酒杯，出典于晋代傅咸的《污卮赋》。傅氏写所珍爱的琉璃酒杯为小孩儿拿去玩耍，不慎失落污秽之中，本来冰清玉洁、晶莹剔透的宝物，一下子变得肮脏丑陋，由是引发一番人生感慨。此赋篇什甚短，加上小序亦不过百余字，兹转引如下：

人有遗余琉璃卮者，小儿窃弄，堕之不洁。意即惜之，又感

---

① 《清高宗实录》卷一四九四，嘉庆元年四月丙戌。

物之污辱，乃丧其所以为宝，况君子行身而可以有玷乎！

> 有金商之玮宝，禀乾刚之纯精；叹春晖之定色，越冬冰之至清；爰甄陶以成器，呈异域之殊形。猥陷身于丑秽，岂厥美之不惜。与觯杓之长辞，曾瓦匜之不若。①

似乎不太完整，但主题和寓意甚明。这是一篇有感而发的抒情小赋，由物及人，由物象到读书人的品格风神，含蕴深长。傅咸以琉璃卮的玷污为戒，论君子当洁身自好，立身行事不可不慎，对任何时代的人格修养都是有意义的。

此赋《文选》未收，所传亦不算广，但代不乏识者，唐欧阳询《艺文类聚》、宋李昉《太平御览》、明梅鼎祚《西晋文纪》等均收录。入清以后，康熙间敕修的几部大书，如张英《渊鉴类函》、张玉书《佩文韵府》，或录全文，或选小序；侍读学士陈元龙收入奉敕编纂的《历代赋汇》中，先于四十五年单独印行，再编入《四库全书》。庶常馆专设藏书楼，收藏宏富，加上历代皇帝皆多颁赐图书，凡武英殿殿版图书悉数列架，庶吉士皆可取阅。上皇出题时，所据正是《历代赋汇》。敕谕称"朕向来命题，从不故求隐僻者"，也是实情。

其时正朴学盛行、乾嘉学派振起之际，做学问的人却大多不在庶常馆。此间学风早已非复当初，朝廷待遇可谓优厚，而不少庶吉士仍觉清苦难耐，找各种理由请假回乡，待散馆前再赶回来参试。此一届吉士主要出自乙卯恩科，拢共只有一年的在馆学习时间，为应付散馆考试，教习们也只能着重于经典的讲授，罔顾其他。是以庶常诸公乍见"污卮"，脑袋发晕，只有搜索枯肠。"污"多音，一读作"洼"，意为掘地、挖地。上皇敕谕提到《礼记》中有"污尊抔饮"（在《礼运篇》，曰"污尊而抔饮"。孔颖达疏："凿地污下而盛酒，故云污尊。"），

---

① 《历代赋汇》补遗，卷十二。

不少与试者联想到这里，据以敷会发挥。于是琉璃杯被弄污的典故，作者有关君子当时时自惕、洁身自好的警世之论，多被演绎为掘地为坑，作为酒樽，再满注佳酿，用双手捧起来酣饮。哪儿跟哪儿啊！

太上皇说是偶然拣得此二字，实则大有深意在焉，当时官场和社会腐败早已弥漫开来，他不是完全不清楚，兹以污厄为典，警示大家珍惜节操名物。哪里料到这班未来栋梁大多懵然不识，少数人演绎为潇洒豪饮，全拧了。

同样的深刻用意还见之于诗题。此次散馆的诗题，为"赋得'虚堂习听'得'声'字"。虚堂习听，出自《千字文》，与"空谷传声"连用，意在诫人之语言放恣。虚堂：高敞的厅堂，空荡荡的房子。两句的意思是：空旷的山谷中声音会传扬甚远，宽敞的屋子里话音回荡，也显得格外清晰。而其"声"乃由人发出，内蕴的仍是士子应爱惜名节、言行审慎，与"污厄"题义相吻合。

上皇敕旨，称"并不以此加之责备"，要诸庶常"当自引以为过"，子皇帝则不能不予薄惩。引见时，少不得要宣读上皇旨意，其中有五人被分派到各部学习使用，这不仅是一件很没面子的事，与前程也大为不利。如戴敦元为癸丑科二甲十三名，潘世璜为乙卯科探花，已授编修，由于考得不好，都未能留在翰林院。这次挫折较大影响了其人生走向：戴敦元改礼部主事，周历地方多职，总算熬到刑部尚书；而潘世璜改户部主事，没几年就丁忧回乡，再也不肯出来。

第三节　称职的子皇帝

皇帝不是好当的，子皇帝尤为不易。大清开国以来，如顺治帝、康熙帝，皆属年幼登基，各有一段独特之经历，酸苦郁结在心，却还算不得子皇帝。嘉庆改元，大廷授受，颙琰践祚却非御极，称帝又不能号令天下，上有一生英察、习惯于乾纲独断的太上皇帝，下有父皇的宠臣、位高权重的和珅，真的是格外复杂和艰难。

在朝鲜使臣的有关记载中，将颙琰描绘成谨小慎微、窝窝囊囊的样子，当是见其表象和道听途说，所议偏颇浅薄，遗憾的是较大地影响了今人的认知。三年禅让期间，子皇帝颙琰堪称沉静稳妥，勤政守礼，是一个尽心国事的子皇帝。

一、奔波之劳

孝亲之情，发乎天性，出自衷肠，本不以国家民族区分。然人性人情一旦与权位（尤其是皇位）相牵接，就会发生变化，常也演为悲剧。康熙帝两废太子，斥其不忠不孝，自己也伤透了心；雍正帝对皇三子弘时痛下杀手，以其亲附政敌也；乾隆帝也曾因孝贤皇后之丧责斥皇子永璜、永璋，怒其无哀慕之情。颙琰被皇父选中，正在于他的纯孝与稳重，即所谓"仁孝端醇，克肩重器"[①]。

禅让之后，太上皇帝未再南巡，然每年五月至九月间，仍坚持巡幸避暑山庄。颙琰理所当然要侍奉在侧，陪同狩猎，陪同登看城（临时搭建的高台）检阅部伍，陪同接见蒙回等各部王公，陪同接见使臣，更多的是陪侍太上皇帝看戏饮宴……作为皇帝，他有着大量常规事务要处理：各部院和直省的题本，例行的职官考察升降，各种各样的案件，还有一拨又一拨的召见引见，只好找时间穿插处理。有些时候必须呈请老爹示下，又要选一个恰当时机。上皇喜欢在避暑山庄过

---

① 《清仁宗实录》卷一，嘉庆元年正月乙卯。

生日，虽有和珅与管理内务府大臣等操办，子皇帝也要处处关心。

在京的情况更为麻烦。除冬天的短暂一段时间，太上皇帝主要居住在圆明园。子皇帝要尽量陪同在园居住，又因许多仪式在宫内或城里举行，就造成了两头奔波的格局，大是辛苦。即以嘉庆元年正月为例，便可见出颙琰的日常繁累：

初九日，颙琰侍上皇幸圆明园。

十一日，颙琰进宫，以祈谷致斋三日。

十三日，于南郊斋宫斋宿。

十四日，诣天坛行礼，当天即赶回圆明园，请太上皇帝安，恭进祈谷大祀福酒，先侍上皇在奉三无私殿赐皇子亲藩等宴，接着再侍上皇御山高水长赐王公大臣及外藩使臣等宴。

十五、十六日接连两天，除往安佑宫等拈香行礼外，子皇帝要连续陪侍上皇赐宴，赐大学士、尚书等重臣，亦专门"御正大光明殿赐朝正外藩等宴"，"观火戏"。朝正外藩，指的是前来祝贺元旦的外藩使臣。当年京师奇寒，安南贡使阮光裕居然冻死于邸舍，其情可悯。子皇帝命赏银三百两治丧，复召见伴送阮光裕来京的广西泗城知府朱礼，询问详悉情形，结果是啥也说不明白，人也是一副邋邋遢遢模样，查看其历年考语，皆属中下，遂命以原品休致。撤掉一个知府，颙琰还是敢于决断的，同时命将广西巡抚成林严行申饬、交部议处，并传旨各省督抚慎选伴送贡使官员。

十八日，颙琰进宫，次日先至交泰殿开宝（新一年的宝玺启用仪式），再往大高玄殿行礼，而后赶回圆明园，请父皇安，陪侍饮宴和观看火戏。

二十七日，颙琰进宫，以祭社稷坛，斋戒三日……

皇帝出行，自然要法驾隆盛、仪卫鲜明，由圆明园至紫禁城，以当日之行进速度，应在两个时辰左右。如此频繁奔走于两地之间，还要仪态庄重、衣饰庄严，参与各种典礼，实在是辛苦。太上皇帝在禅让后更加喜欢热闹，更加喜爱众臣簇拥的感觉，喜爱没完没了的饮宴观剧，颙琰不管多么劳累，只要有可能，都会陪侍在侧。朝鲜进贺使李秉模向其国王描绘眼中的子皇帝：

> 状貌和平洒落，终日宴戏，初不游目，侍坐太上皇，上皇喜则亦喜，笑则亦笑。于此亦可知者矣。[①]

这是子皇帝在侍宴时的标准姿态和表情，也是最为得体的姿态表情，对父皇的敬重尊崇在其中，谦谨与自尊亦在其中。至于他的孜孜国事、奔波勤苦，他在深夜凌晨处理国务，使臣自然看不到，便肆口讥其"终日宴戏"，不亦偏乎！

从禅让之初政，直至太上皇帝辞世，颙琰一直都保持着这样一种姿态，完全听从父皇的指示训诲，尽量多地与父皇待在一起。如果因事离开，也以最快的速度回到父亲身边。贵为天子的颙琰，首先要做到的是一个孝顺儿子，"子皇帝"三字，真也再恰切不过。

二、御门听政

二月十三日，经筵大典之后的第九天，子皇帝颙琰在乾清门举行"御门听政"，也是一个"第一次"。

御门听政，是明清间一项重要政治制度，即选择一个庄重的处所（清代在宫内通常是乾清门，故名"御门"），听取各部院监寺奏事，然后与内阁大臣商决定夺。因多在黎明举行，又称早朝。康熙帝以勤政著称，在皇宫时几乎天天早晨御乾清门听政，出巡途中或驻跸避暑

---

① 《朝鲜李朝实录中的中国史料》下编，卷十二。

山庄，亦尽量不间断。雍正帝设立军机处，军国大事也包括一些日常政务改为召对密议，较之仪节整严的"御门听政仪"，无疑更为简便高效，听政次数随之大为降低。至乾隆帝，对军机大臣的倚信超过乃父，而在京之时，每月通常有一次听政，于紫禁城多御乾清门，于圆明园则在勤政殿。进入乾隆六十年，老皇帝精力明显不如以前，听政典仪有所减少，一年间仍御乾清门听政五次，御勤政殿听政三次。

在这年十月议定的传位"应行遵办各事宜"中，有很关键的两项关乎听政，关乎日常政务的报批和运转：

> 一、各部院衙门题本改签、放缺、奏派各项差使，俱循例题奏，恭候嗣皇帝批阅遵行。其各衙门及各省题奏事件，俱照常式恭誊"皇上睿鉴"字样，后书嘉庆年号，按照向例呈进，不必缮备二分。

> 一、御门听政，嗣皇帝折本示期遵办。

第一款有两层意思：部院监寺等在京衙门的题本，所涉及日常人事任免差派等，由嗣皇帝签批；较为重要的题奏或密折，虽循例标称"皇上睿鉴"，上皇是先要阅看批复的。至于下一款所言"折本"，指的是部院进呈之题本未便即加批阅，将本章折一角，交内阁阅看，积累若干后，待御门听政时一并处理。

第一次御门听政，嗣皇帝极为谨慎，实录和起居注中均未见作出任何批复。甫一结束，嗣皇帝即赶回圆明园向上皇问安，听政时所有问题应也一一汇报，听从父皇示下。这就是所谓训诲和训政吧。

禅让初政，上皇和皇上并存的局面不独给外藩，也带给臣下一些困惑，拟写奏章时挖空心思，仍动辄得咎。如湖广总督毕沅，历翰林修撰、内阁中书和军机处章京等，于典章礼仪可称娴熟，此时奏报筹办前线粮饷情形，内称"仰副圣主宵旰勤求，上慰太上皇帝注盼捷音"，也算得体。岂知上皇阅后大怒，即加斥责，其中特别强调：

> 本年传位大典，上年秋间即明降谕旨，颁示中外：一切军国事务仍行亲理，嗣皇帝敬聆训诲，随同学习；其外省题奏事件并经军机大臣等奏定款式，通行颁发。毕沅等并不遵照办理，是何意见？无论办理苗匪一事起自上年二月，一切军务机宜俱系朕酌筹指示，现在军营奏折亦无不逐加批览，即自嘉庆元年以后，内而部院各衙门，外而督抚大吏等章奏事件，亦皆朕躬亲综揽，随时训示。岂因有授受之典即自暇自逸，置政事于不问乎！

通常意义上的上皇或曰太上皇，是上一任皇帝、退位的皇帝；而弘历自称的太上皇帝，是在皇帝之上的皇帝，有了他，嗣皇帝只能是"敬聆训诲"，只能是"随同学习"。这就是"归政仍训政"。自己不按常理出牌，还要斥责训诫那些罔知所措的臣下，剖析其心态：

> 今毕沅等所奏之折，分别圣主及太上皇帝，试思"圣主睿鉴"等字样有何同异？而毕沅等故为此区别之见，有是理乎？揆之伊等意见，不过如年内礼部太常寺具奏仪注等事，或递两分，或递一分，漫无定见。总是私心鄙见，以致种种错误。①

的确，负责礼仪的部门、群臣乃至藩属国君臣下，在禅让初都有几分迷惘，从年节贡品到章奏之表达，不便单一，不可有二；不宜含混，不能清晰，真是为难。经上皇此一番责骂，倒也一下子明白过来，诸般照旧，也就是了。

三月初二日，嗣皇帝御圆明园的勤政亲贤殿听政。以后的听政较

---

① 《乾隆帝起居注》四二，六十一年正月二十日。

少在乾清门，较多在勤政殿，主要原因是为了方便，即向太上皇帝请旨的方便。

三、掖辇巡方的感觉

　　弘历也是一个大孝子，尊生母为崇庆皇太后，每逢出巡，大多奉母以行，"巡王甸而恩浃省耕，奉金根而欢胪掖辇"，成为盛世佳话。金根，帝后所乘舆车也。掖辇，意为贴近扈从、扶掖帝辇而行。这也是一个与禅让密切相关的词。史籍载宋高宗宣布禅让后，子皇帝孝宗先是"推逊不受"，"侧立不坐"，在太上皇起驾时敬爱不舍，冒雨扶辇相送：

　　　　班退，太上皇帝即驾之德寿宫，帝服袍履，步出祥曦殿门，冒雨掖辇以行，及宫门弗止。上皇麾谢再三，且令左右扶掖以还，顾曰："吾付托得人，吾无憾矣。"左右皆呼万岁。[1]

自此而后，掖辇，常用以专指子皇帝对太上皇的特殊尊崇敬慎。弘历虽不大瞧得起宋高宗，对这个父慈子孝的故事却印象深刻，颙琰心中有数，处处引为榜样。

　　在位期间，每年夏秋约三个多月的时光，弘历照例要木兰行围，驻跸避暑山庄。就在去年的五月初六日，乾隆帝启程离京，以八十五岁高龄翩然上马，随扈及送驾诸臣将士欢声雷动，使老皇帝很是得意，记载于诗册中，并说明年禅让之后，将会乘辇而行[2]。他喜欢这

---

[1]　《宋史》卷三三，孝宗一。
[2]　《清高宗御制诗》卷九八，启跸幸避暑山庄即事有咏。

种万众欢呼的感觉。二十年以前多是连续七天骑行至热河，后来年事渐高，则是先骑上一阵儿，出离京师之后，便要坐进龙辇。随行的皇子，自是骑马掖辇而行，其中就有皇十五子永琰。

嘉庆元年三月初旬，上皇决定带领颙琰恭谒东西两陵。这是颙琰即位后第一次奉父皇出行，虽然已经称帝，服御焕然一新，而乘马掖辇，全如旧日景象。一路官员与将士接驾，士庶拥观，欢呼万岁。上皇很欣慰，记曰："近年每逢巡幸，启跸时予仍策马，至途间乘舆，随从之皇子等俱骑马掖行，此恒例也。我朝家法肆武习劳，万年所当遵守。是以此次嗣皇帝仍乘骑侍行，一如旧例。予则以年近九旬，安舆尊养，礼亦宜然也。"①

五月十八日，太上皇帝自圆明园启跸往热河，出行之始不再骑马，安坐舆车，子皇帝刚从北郊祭地赶回，毫不见疲惫之色，骑马护持而行，沿途臣民欢呼之声不断腾起。时值孟夏，骄阳似火，颙琰坚持不用伞盖，敬重恭谨，扈从于父皇銮舆之侧。上皇不由得想到宋孝宗雨中掖辇的场景，大为感动，命侍卫为皇帝执伞遮阳：

> 木兰行围，正以肆武习劳，永遵家法。予廿年以前，即自启銮至热河途间七日，总皆乘马，今年子皇帝随行，自应一如往例。而子皇帝马上并不令用伞，可谓敬谨之至。予乃命侍卫执伞遮日，父慈子孝，各尽其道，亦家庭之盛轨也。②

上皇专门写了诗，并在题记中记录下自己的美好感受。这是很动人的场景，也是二帝在禅让间父子亲密的映像，颙琰的敬爱之心发自肺腑，上皇也为之喜悦欣慰。

---

① 《清高宗御制诗余集》卷三，暮春携嗣子皇帝恭谒东西两陵是日启跸用成长句。
② 《清高宗御制诗余集》卷五，启跸幸避暑山庄即事成句。

第四节　丧亡相继是重臣

进入嘉庆元年，苗疆尚未底定，福康安、和琳率数万将士，仍在湘西黔南的崇山峻岭间艰难作战。苗变主要首领未除，各地的苗民反清活动此起彼伏，刚刚被解围的永绥厅又被袭扰围困，而石三保、石柳邓等人会聚平陇，在那里形成新的抗清基地。苗疆变乱难平，军队士气受到影响，乾隆帝虽没有责备，福康安已是大不自安，督兵昼夜进剿，同时请求增加两万援军。

一、捷报与噩耗

此为苗疆战事的第二阶段，起事苗民由攻袭官军转为躲避和游击，清军由解除围困、打通道路转为深入清剿。早期挺身倡议举事的几个首领，吴半生最先被捕丧命，吴陇登变节投敌，吴八月被出卖，只剩下两位石姓头领，所谓的"护国元帅"和"开国元帅"，率部辗转于深山之间，行踪不定。侦知二人在平陇，福康安令部下多路急进，追剿捕拿。清军大队攻克石卡木城，进占军事要地廖家冲，乾州和平陇"远近在望"，正要一鼓作气发起攻击，忽然天降暴雨。福康安正在病中，严令前军不得稍停，不给敌人喘息之机，全力冒雨进击。

五月十二日，石三保在永绥与保靖交界的哄哄寨被捕。该寨是苗族和土蛮错居之地，所谓土蛮，即当地原土司遗民。苗民纷纷起事，土蛮各寨皆组织自卫，不许叛乱苗民进入。清军大队逼近平陇，石三保与石柳邓计议，以两人都在平陇，易受歼灭性打击，便自领少数亲信退守六都，形成呼应牵制之势。孰知队伍里早有清军卧底，土蛮与归降苗寨也被严令协拿，三保为不暴露目标，随行人员很少，被土蛮龙子贵等诱至坳溪，官军四面突然拥来，不幸落入陷阱。石三保是苗变最重要的领袖之一，既有号召力，又善使计谋，为清军心腹大患，捕获后立刻飞章报捷，并将他解往京师。

如此重大军情，自是由驿路六百里急报。细心的湖广总督毕沅接到江陵驿递来报单，见报匣系和琳单衔奏进，大吃一惊，"正在揣疑，适接辰州禀报，据称福贝子猝染危疾，竟已不起"①，急向朝廷奏报。而和琳奏匣中，正是有关福康安在前线病逝的急奏，叙述其染病经过，详记病逝时情形：

> 十三日早晨，勒保因催攒粮运，在爆木营一带闻福康安调医治病，即赶至大营看视。臣等共同斟酌，复劝进煎剂，而福康安胸膈已经不受，神情变更，呼吸顿微，四肢厥逆。自知不起，紧握臣手，惟云受恩深重，此次出师未能及早竟事，仰舒垂廑，实属有辜委任，涕泣不能成声。谆嘱臣认真料理军务，早靖苗疆，勉酬圣慈高厚，并具折恭谢天恩。延至酉刻，竟尔溘逝，实出意料之外。②

素来身体强健、精力充沛的福康安，就这样遽然辞世！年仅四十二岁的他，是当朝最重要的领兵统帅，乾隆帝晚年倚为干城，凡有重大军务，必令其统领前往，所至皆不负使命。没想到竟然在小小的廖家

---

① 录副奏折：毕沅奏，报福康安病逝事，嘉庆元年五月二十二日。
② 录副奏折：和琳奏，为福康安猝患时症溘逝折，嘉庆元年五月十四日。

冲，被瘴气夺去生命。

噩耗传来，乾隆帝正在往避暑山庄的路上，闻讯不胜震悼。将星陨落，太上皇对活捉石三保已没了多少喜悦，以至于解到京师后即令诛杀，连审讯都免了。五月二十八日，二帝均对福康安之逝专发谕旨：出自嘉庆帝的不多，只有"晋赠郡王衔"之类，想是亲政后命人删剪，当时必不会如此；而上皇则备极痛惜，"涕泗不能自已"，"心绪焦烦，不忍详晰批谕"，命和珅以家信描绘此情，寄与和琳。当天稍晚时分，上皇作《闻贝子大学士福康安在军营病故诗志悼惜》，有"自叹贤臣失，难禁悲泪收"句。①

太上皇的谕旨很长，先历数福康安所建功勋，再叙及平苗之劳，悼惜之情，溢于言表。上皇做主，赠给福康安郡王职衔，赏给内帑一万两治丧，赏盖陀罗经被，赏建专祠，连同他的父亲和儿子，都加以追赠或恩赏。上皇还表示，等到福康安灵柩入城治丧时，一定要亲往祭奠。至于数年后，所有赏赠被嘉庆帝一股脑儿革去，则是后话了。

二、奔赴前线的和珅子侄

与所有王朝一样，清史中也有许多未解之谜。福康安与和珅的关系，便是一个小小谜团：史家多称两人有很深的矛盾，称和珅非常忌惮福康安的功勋名望，将之视为竞争对手，千方百计阻挠打压，让弟弟和琳举报福康安夹运木料，不让福康安回京为乃母奔丧……大约有些求之过深。两人同为乾隆帝倚重，一主外，一主内，就算关系有些微妙，必也会有良好互动。这有和珅大量收受福康安贵重礼物为

---

① 《清高宗御制诗余集》卷六，见《清代诗文集汇编》第 329 册，533—534 页。

证①，也可由和琳两次协助福康安办理军务来证明。否则，将亲弟弟置于统兵在外的政敌身边，岂不危哉！

　　福康安去世，和珅当然不会有太多的悲痛，大功垂成，由弟弟和琳独领军务，岂非天大好事！但他的表现，必会是痛心疾首。太上皇谕旨中，特别说明要"派固伦额驸丰绅殷德迎往奠酹"，这位固伦额驸正是和珅的儿子。一同前往的有福康安之子德麟，还带着和琳之子丰绅宜绵。这样的安排，既显示和大人与福康安两家之亲近，也见出运作搭配之用心。按照乾隆朝的用人行政模式，丰绅殷德等人是一批未来政治之星，试想，让哥几个结伴去一趟前线，再东鳞西爪的弄几项军功，上皇和新帝必会留下深刻印象。

　　七月十六日，福康安的灵车自铜仁启程北行，继任云贵总督勒保率文武官员，亲为祭奠恭送。二十日，丰绅殷德等在湖南沅州肃迎灵车，代表朝廷隆重祭奠，然后由德麟扶榇回京。和家的两个第二代，则辗转前往湘西清军大营。丰绅殷德是和琳的亲侄子，更重要的身份是当今皇上的妹夫，能来军营慰问，自是极大的鼓舞。做事甚为周密的和琳，立即专折奏闻，先是必要的感激涕零之类套话，接下来便有点意思：

　　　　兹丰绅殷德带同丰绅宜绵，于本月二十六日由河溪来至大营，并奉到恩赏亲佩荷包一个。奴才当即敬谨望阙跪领御赐，率领阖营文武恭请圣安。详询丰绅殷德，敬悉圣躬强固，精神颐养，行健如常。奴才积年依恋蚁私，藉以稍纾万一。②

奏折语义含混，不知是说太上皇，还是说新近登基的皇上？奏折最后

<hr>

① 清缪荃孙：《艺风堂杂钞》卷三，和致斋相国事辑，中华书局 2010 年版。
② 朱批奏折：和琳奏，为丰绅殷德到营恭谢恩赐事，嘉庆元年七月二十八日。

称"伏祈皇上睿鉴"，似乎是奏给新帝，当也是一语双关，对两个皇帝都有所兼顾。在这里，恩赏的亲佩荷包，或是嘉庆帝所赐；而所谓"圣躬强固"云云，分明指的是太上皇。

看来和琳大帐中也颇有文章高手，以下文字更妙：

> 又据丰绅殷德告称，前于途次曾经具折奏请留营，未得上蒙俞允，下怀惴惴靡宁。兹复向奴才再三言及，情愿在营勉力巴结，学习军务，恳为再行代奏。在奴才一门备承荣宠，丰绅殷德又当年力富强，即令随营奔走，亦属分所当为。第念刻下苗疆将次蒇功，即楚北教匪亦已剿捕过半，可毋须丰绅殷德在外耽搁，自应即令回京趋侍左右。至丰绅宜绵自蒙恩赏给差使以来，并无丝毫出力之处，本应令其经历行阵，奋勉打仗，但现在已届军务将蒇之时，亦毋庸在营久住。应令丰绅殷德仍带同丰绅宜绵回京供职。

一番话绕来绕去，说到底，就是不愿让侄子和儿子留在军营。丰绅殷德既受命往湖南接灵和赐奠，理所当然会想到留军营效力，和珅或也想让儿子在大功告成之际摘摘桃子，以故嘱其途中上疏，恳请留在军中。然和琳深知湘黔战场之险恶，光是疫疠之气，就夺去许多将士的生命，因而坚决令二人回京。至于说湘黔乃至湖北的战事已告尾声，那多是糊弄朝廷的话。

三、孙士毅之死

乾隆帝部署三路平苗，四川酉阳方面，和琳未到之前由孙士毅坐镇，暂时署理四川督篆，等和琳到后即行离任回京。孰知孙士毅闻警即已驰赴秀山，督兵把守通往湘黔的山口，缉捕潜来煽动联络的苗人，很好地稳定了四川临近地区。和琳到后，统兵进至松桃与福康安会师，又是孙士毅董理后路，保障粮饷军火，堵御苗兵向川境的游动。

孙士毅已然七十六岁，身任文渊阁大学士，兼礼部尚书，真正的高龄重臣。士毅精强干练，办事结实，居官素称清廉，在官场虽也栽过几个跟头，总能够迅速起复。廓尔喀之役，孙士毅受命以四川总督办理粮饷军火，道路险远艰阻，他亲自带队督运，与福康安、和琳合议西藏善后，助成大功。他与同年王杰似乎不大亲近，与和珅的关系倒很热络。此次福康安、和琳、孙士毅再度合作，多少能见出和相的政治运作之痕。

嘉庆元年五月，苗变未定，白莲教突然在湖北大爆发，迅速蔓延到四川酉阳。孙士毅受命与福宁会剿，率兵急进，在大雨中夜袭教众大营，斩杀首领，追奔四十余里。教众退据旗鼓寨，士毅麾军进逼，将教军团团围定。此时他已被瘴气侵入，仍在勉力支撑。福宁前来会商军务，相见之下大惊，一面劝孙士毅到后方治病，一面急奏朝廷：

> 臣于六月初二日，亲赴红岩堡与孙士毅会商一切，见孙士毅脸面羸瘦异常，精神十分委顿……殊觉骇异。臣察看情形，实有难以支持之势，即商之孙士毅自应据实具奏。孙士毅再四阻止，并云自谓尚可勉强支撑，若果将来病势沉重，不妨再行入告。臣复详问孙士毅，万一将来一时未能痊愈，此间军务重大，应令何人接管等因。据孙士毅云：如果不能痊愈，平块现有将军观成在彼防守后路，尚无紧要事件，即可嘱令观成前来接手办理……①

---

① 录副奏折：福宁，奏报孙士毅患病甚重情形事，嘉庆元年六月十七日。

天有二日？——禅让时期的大清朝政

又是一个大臣在前线病危的场景，情形真切。从大清王朝的立场上来说，孙士毅真也仿佛诸葛亮的"鞠躬尽瘁，死而后已"了，患病如此，仍坚持在军中指挥，拒绝离开前线。仅仅过了半个月，福宁又来到红岩堡，军营中的孙士毅已是弥留状态，见到他除流泪以外，连话也说不出。福宁即派员火速报告和琳，并将孙士毅送往平垛救治。然瘴气之恶，在于一经发现即难以救治，六月二十一日凌晨，孙士毅死于途中的龙潭。

和琳得知消息，即令观成前往接掌军务，同时飞奏朝廷。大任在肩，他不能从前线分身、亲自去为这位前辈知交送行，只有委派属下妥善盛殓，小心护送灵柩回京。对又一名忠诚老臣的病逝，太上皇也是深为悲悯，追赠公爵称号，让其孙辈承袭伯爵，命丰绅殷德就近迎接祭奠。老皇帝还特地提到：据军机大臣奏，孙士毅生前曾表示想要入旗，兹准其所请，待乃孙服满之后，允入汉军旗。[1]转达此一遗愿的军机大臣，正是和珅。

八月初十日，和琳奏报孙士毅灵柩起行，并说丰绅殷德已于两天前先往辰州，准备御赐祭奠之礼，然后与丰绅宜绵一起回京复命。他们在湘西大营仅住了十二天，孙士毅的死，使和琳一天也不想让两个子侄多待了。

四、瘟神扑向和琳

平定苗变，清军的主要麻烦，先是散乱无序的苗军，他们为保卫家园田土殊死相搏，虽有鸟枪火铳、毒箭长矛，却无法抵御朝廷的精兵；再就是湘黔苗疆险峻的地形，山高林密，峭壁悬崖，加上深邃隐

---

① 《清高宗实录》卷一四九五，嘉庆元年七月辛亥。

曲的大小洞穴，也阻挡不住经历过金川与廓尔喀之役的大军。就在那时，大清军队从将帅到士卒，杀气尚在，士气尚在，克敌制胜的意志和愿望尚在。清军遇上的真正克星，是峰峦沟壑间那如雾如烟的气体，称作"时气"，即瘴疠之气。兴兵以来，不少官兵染上和死于疫病，其来也悄无声息，一旦发作则迅猛异常，胸闷、咳嗽、泄泻，很快不可救治。乾隆帝曾特赠药丸，一则数量有限，二则疗效也很一般。死神扑扇着黑色的翅膀，四月间攫取安笼镇总兵那丹珠，五月是福康安，六月是孙士毅，现在轮到了和琳。

匆匆送走侄子和儿子时，和琳应已觉出自个苗头不对。几天后症状出现，像是偶然感冒，浑身无力。和琳何等的精细，立刻怀疑自己"恐系时气所侵"，抓紧服药调养，似乎有所好转时，忽又陡然转重。湖南巡抚姜晟恰好来军营，商量苗疆善后事宜，将和琳临终情形驰奏朝廷：

> 乃自二十日以后，转变成痢，昼夜十余次，神气渐露委顿，并言胃脘及腋下均有气块，向上咳逆，饮食不进。随又加紧医治，忽好忽变，不能见效。及至二十六七等日，水粒不沾，气逆作楚，昼夜不能成寐，病势日重。延至三十日巳刻，竟至不起。臣目击心伤，非常怆悼，当即会同额勒登保、德楞泰妥为含殓。①

又一颗将星陨落。和琳曾在福康安出兵廓尔喀时参赞军务，办理军需，后任驻藏大臣，彼时条件不可谓不恶劣，也挺了过来，没想到折在苗疆。

---

① 朱批奏折：姜晟奏，为四川督臣和琳军营溘逝臣暂驻军料理事，嘉庆元年九月初一日。《钦定平苗纪略》卷三二，姜晟奏和琳病逝折，嘉庆元年九月十一日批。

和琳比哥哥和珅小三岁，与四十二岁的福康安皆在盛年，皆被太上皇论为国家栋梁，视为左右手，作为留给儿子的治国重臣，未想到数月间接踵而去。两人灵柩抵京，朝廷隆重举行合祭，太上皇坚持亲临致祭，并再次赋诗缅怀：

> 双忠烈柩返京都，违众议临赐奠殊。
>
> 左右手如失我己，怵惚恩尚赖天乎？
>
> 深怜未得成功见，细笮惟思善后谋。
>
> 永靖苗疆非易事，顾今皇帝听聪图。①

老皇帝命将二人配享太庙，入昭忠祠、贤良祠，复命为二人修建专祠，备极哀荣。而赋诗悼惜之际，不忘教育已然当了皇帝的儿子，要求他记住二人的功绩，也要求他今后认真采纳能臣的建议。跟在其身后亦步亦趋的子皇帝颙琰，必也频频点头，一脸郑重。

---

① 《清高宗御制诗余集》卷八，大学士赠郡王福康安、总督赠一等公和琳灵槕至京亲临赐奠即事成什，见《清代诗文集汇编》第329册，566—567页。

第四章

两朝天子一朝臣

经筵御论

経筵御論

道之以德齊之以禮有
耻且格戟午春季
政刑者德禮之先聲德禮
者政刑之大本舍德禮而
求政刑必成雜霸之治即
政刑而寓恢禮乃見純王
之心一而二二而一者也
若云德禮之外別有兩謂
政刑則非聖人垂教之本

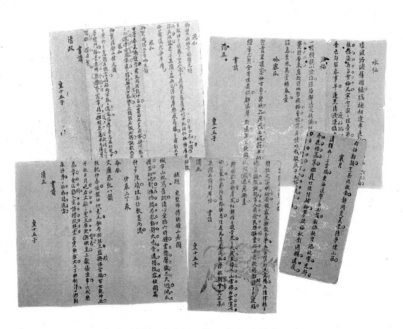

皇十五子永琰诗文习作，有朱珪批改文字

"一朝天子一朝臣"，应是改朝换代的铁律。嘉庆改元之后，朝廷有了两朝天子、父子皇帝，群臣则基本没有变化。两朝天子一朝臣。不仅乾隆末期的老班底延续任职，且所有重要职位的新任命，必须经由上皇决定，具体办理的则是和珅。

第一节　白莲教起事

孙士毅虽说也是感染疬疫病死，也是死在靠近出事苗疆的山寨中，却是由于围剿白莲教之役，与福康安、和琳的作战对象有所不同。

乾隆朝末期，天灾人祸相连，人祸（主要表现为官场的贪赃枉法）甚于天灾。许多地方民不聊生，各种社会矛盾都在酝酿积聚，一触即发。苗疆之变尚未平定，白莲教已在相邻的湖北、四川乘时而起，教众遍及数省。教军的一支向南方游动，已接近苗变之地，孙士毅与福宁督兵两面截杀，将其围困在旗鼓寨一带深山中。士毅卒后，福宁与观成攻破敌营，一次竟残忍屠杀两千多降卒。杀降阻不断穷苦百姓的反叛之路，白莲教势不可遏，数省教民纷纷参加暴动，渐成燎原之势。

一、钦犯刘之协

多年来，白莲教时隐时现，化身各种名目，一直在各地乡村发展，是乾隆帝的一块心病。就在苗疆事起，大肆调兵遣将之际，他敏锐地联想到白莲教，专发谕旨，严命加紧缉拿要犯刘之协，同时也要求不得殃及无辜：

> 邪教案犯刘之协，在扶沟脱逃后，节经降旨，令各该督抚严密查拿，迄今未据缉获。试思各省地方，自督抚以至州县，层层管束，如果实力查缉，彼将焉往？乃该督抚等既未能将正犯查明实在踪迹，而办理非过即不及，辄将辗转牵涉之人纷纷拘讯……①

刘之协是谁，竟值得皇上亲自下旨通缉？说起来，这也是乾隆帝一个政治败笔。

在白莲教的各分支中，刘之协充其量是个活跃分子，早期起了一些穿针引线、煽风点火的作用，算不得大角色。他是安徽太和人，读过点书，能说会道，曾在湖北襄阳、樊城等地游动经商，参加樊明德、刘松创立的混元教后，由于有些文化，显得较为活跃。乾隆四十年春，混元教起事失败，樊明德被杀，刘松被解送甘肃服苦役，该教经过官府多次镇压，一时偃旗息鼓。五十三年春，刘之协千里迢迢到甘肃密会刘松，提议改名三阳教，推举刘松为老教主，又编造刘松之子为弥勒佛转世，还有什么明朝嫡派"牛八"等等，以招徕信众。后数年间，刘之协奔走传教，说服襄阳人宋之清，收编了那里的三益教教众，并同他一起往甘肃见刘松。宋之清归来后大收徒弟，齐林、伍公美等皆加入三阳教，再相传授，是以声势大起。

刘之协灵活、机警，见多识广，但缺少领袖气质和驾驭能力，尤其是缺少献身精神。见教徒多了，他想到的先是怎样收钱，找来一个小孩子冒充"牛八"，左骗右骗，到处露馅，并因此与宋之清产生冲

---

① 《乾隆朝上谕档》第18册，493—494页，乾隆六十年闰二月初五日。

突。问题还就出在钱上。五十八年秋，刘之协派徒弟携带二百两白银，去河南迎接教首王怀玉，不慎被差役捉住，审问时供出他的名字，结果被抓到扶沟县讯问。那时河南多地都在严查白莲教，此知县并非不知，但见他一副文弱书生模样，仅令听候传讯。刘之协挣脱监牢，乘夜逃之夭夭。此事后来逐级上报，各种线索也略为清晰，到了皇帝那里，刘之协变成了关键的组织者，钦命广行缉捕。

五十九年夏，襄阳的白莲教传教情况被官府侦知，即行抓捕，"大索州县"，宋之清、王应琥，乃至刘松、樊学鸣等一大批教首与骨干被捕获杀害，刘之协就在此地，居然没有被抓到。朝廷再降严旨，各州府挖地三尺，弄得鸡飞狗跳，刘之协却像是人间蒸发了。乾隆帝对此极为不满，谕旨中举了两个极端的例子：一是湖北巡抚惠龄在樊城追查张华，找不到正犯，竟然将名字近似如张添华、张化等纷纷拘讯；第二个是安徽布政使周樽，在太和县抓不到刘之协，便去抓他的亲族，乃至将城里城外姓刘的一律传来盘问，最后还是不见正犯踪迹。

办理"六省教案"，朝廷极其严厉，追查时以传教授徒为线索，穷究不已，如同瓜蔓抄；处置时极为残酷，刘松、宋之清等凌迟枭首，齐林等十九人斩首枭示。刘之协显然被吓破了胆，靠着教徒掩护，几次与前来抓捕的官兵擦身而过，亦惊出一身冷汗。他为躲藏想尽办法，隐姓埋名，化装改扮，居无定所。苗变之后，湖北等省官军多被调往湘黔，白莲教徒见当地防御空疏，密谋起事。齐林之妻王聪儿（官方文献中称"齐王氏"）和齐林的徒弟姚之富，多次与潜住家中的刘之协商量，均被推搪拒绝。后见姚之富、王聪儿态度坚决，刘之协勉强答应下来，又以往河南联络教众为由，匆匆起身离去。嘉庆元年，姚、王二人还在等待他的信息，枝江等地已经揭竿而起，刘之协却再次失踪。这一次更绝，不光官府抓不到他，连白莲教的人也找不到这位资深元老。等他再一次浮出水面，已然是在五年之后了。

二、除夕夜

　　记述嘉庆朝白莲教的正史野史甚多，清廷后来编成方略，虽觉零碎和混乱，互相矛盾，却也都记载齐林为襄阳教众的实际领袖。有一个较为可靠的记载，说齐林实际上躲过了六省教案的大搜捕，潜伏下来，一直在秘密联络各省教首，筹划大暴动。而襄阳的地方官，能觉察到危险的逼近，就是得不到真实情况。

　　到了除夕夜，官府闻知有人在十字街上分发石子与土，觉察有异，可问谁也不说。襄阳为鄂北重镇，既是府城，又是安襄郧荆道驻在地。署襄阳知县张翱颇为精干，与一位老书吏有多年交情，约到内室深谈，言词恳切。老书吏感念上司真诚相待，告知他发土是为了和酒结盟，并说某日府城将被教众攻破，劝他先把眷属送到城外安顿。张翱再问谁是头领，老吏开始时绝口不说，经再三追问，老吏说：事已至此，你别再问了，我也入教了。张翱变颜而起，喝令亲从严刑拷讯，老吏受刑不过，交代出齐林为首，承认自己就是齐林的军师，也参与密谋。

　　齐林是襄阳总捕头，道府县皆赖以维护治安，查缉白莲教之事，一向也是委任他负责，岂知竟是教中首领，正在密谋夺城暴乱！张翱见事情紧急，连夜奔告新任襄阳知府胡齐仑。总算遇到了一个有决断的人。胡齐仑出生于浙江会稽，以监生考取眷录，乾隆五十二年任京师西城兵马司副指挥期间，屡次拿获盗犯和逃兵，甚至主动到辖区外捉拿人犯，被保奏引见，升湖北蕲州知州。他精明机警，做事认真，三年后升掌荆门直隶州，又三年署武昌知府，乾隆六十年为襄阳知府。胡齐仑与张翱一起去找道员王奉曾，主张迅速出手，扑灭叛乱的种子。三人深知各衙门中多有信教之人，驻防绿营兵也不尽可靠，各自召集亲从员弁，再加上三百名驻防回兵，立刻关闭城门，大肆搜捕。这是一步险棋。王奉曾素性懦弱，惟仗胡齐仑富有缉捕人犯的经验，计事周密，不动声色，行动又快又狠，抢在教众起事之前下了手。而襄阳教首齐林有些大意，教徒多在城外，城内仅数百人，各零散居住，被按名抓捕，几乎没有人躲过。

这是一次大逮捕和大屠杀。由除夕之夜直至正月初三，京师正举行授受大典，数千里之外的襄阳则闭城大索，将一个盛大节日变得血雨腥风。胡齐仑等人深知处境险恶，一概不留活口，所有被捕教徒都被迅即杀害。齐林被杀后，头颅悬于城墙小北门，以儆效尤。

三、辰年辰月辰日

乾隆帝选定举行禅让大典的年份，干支为丙辰。各路白莲教首领商定的起事日期，也是丙辰，还要具体到"辰年辰月辰日"，即嘉庆元年三月初十日。三辰者，日、月、星之谓也。"昭昭若三辰之丽于天，滔滔犹四渎之纪于地"①。看来秘密会党中也有读书人，但多为乡先生，选择三辰，带有明显的民间宗教色彩。

刘之协所以能长期躲过追捕，重要的一条，就是不入城市。襄阳城这次屠戮教徒，在城外的刘之协又一次躲过，也再次被吓倒吓跑，姚、王二人却没有丝毫退却。齐林为人慷慨有豪气，在教徒中威望很高。姚之富为齐林大徒弟，足智多谋，被称作"老师傅"。而王聪儿十六岁嫁与齐林，不几年便成为丈夫的得力助手。齐林遇害后，王聪儿剪发立誓，素衣白马，与姚之富组织教众，宣称要为夫报仇。襄阳成了白莲教各支派联络的中心，湖北各地教众积极筹备，商定届时共同举大事。

应该说，与后来的太平天国相比，白莲教缺少卓越的领袖人物，

---

① 南朝梁沈约：《齐故安陆昭王碑》。

约定辰年辰月辰日共同举事，却不见有什么纲领策略，也没有一个统筹行动的指挥中心。即使对商定的时间，也没能认真遵守，给清廷留下各个击破的空间。最先暴动的是在枝江、宜都一带。刚入辰年正月，官府就侦知教徒打算闹事的信息，派人赶往缉拿。首领张正谟等被迫提前行动，引数百徒众到当地富户聂杰人（其子为正谟之徒）家中，官兵闻讯赶来，二人率众拒捕，宣布起事。周边数县教徒纷纷响应，长乐、长阳、东湖、远安所在皆乱。最为可笑可悲的是当阳知县黄仁，平日追查白莲教甚严，闻知教民起事，急忙召集胥吏捕快布置镇压。岂知这些人皆已入教，对黄仁早就切齿痛恨，三两句对话，便将他拿下祭旗，教军大举拥入城门。当阳是教众占据的第一个县城，城中竖起元帅大旗，制造大炮火药，囤积粮食，整顿兵马，准备迎击官军，时在二月间。

教众早期举事地区，大多临近湖南、四川，与苗变形成呼应之势。湖广总督毕沅急调大军前来，张正谟率教众勇敢抵抗，交战不利后，退居灌湾脑。这里山高路险，附近教众纷纷来归，迅速聚集一万多教军，设卡埋雷，与官军殊死厮杀，湖北巡抚惠龄督官军几次进剿，始终心存忌惮，不敢轻进。一波未平，施南府的来凤又闹将起来，杨子敖反于小坳，谭贵反于旗鼓寨，知县庄绐兰前往堵拿，不敌而死，教众乘胜占领来凤县城。几乎同时，郧阳、宜昌的教徒揭竿而起，冲州劫府，渐成燎原之势。毕沅提出"分头扑灭，以速为贵"的建议，朝廷即命分片剿杀，白莲教却是此起彼伏，"忽分忽合，忽南忽北"，总也不能扑灭。翻开《清仁宗实录》，常可见长长的谕旨，连日皆有，措辞严厉激切。这些谕旨大多出自上皇，督战甚急，前线领兵大员却是胜负变幻，各有苦衷。

三月初十日凌晨，即前时所密定的"三辰"，姚之富、王聪儿率襄阳教众起事，屯集黄龙珰，旗上大书"替夫报仇"。襄阳是白莲教的大本营，也是该教最早被残酷镇压之地，复仇情绪最为强烈。教军气势甚盛，先焚毁吕家驿，纵掠樊城城郊，接着直扑襄阳府城。所幸城高墙厚，城内官兵早有预备，所有内应皆被肃清，使教众攻势受挫。姚、王还分兵一路挺进武昌，与当地教众会合，一举攻占孝感，杀死两名参将，省城戒严。

六月，乌鲁木齐都统永保受命总统湖北军务，攻防形势略有转机。七月，毕沅克复被占据半年多的当阳县城。八月，福宁等剿平来凤教军，惠龄攻克灌湾脑，枝江之乱平定。九月，襄阳西路教军在叶家店大部被歼，东路亦连战不利，转进河南。可就在这个月，四川教众多地大起，徐天德在达县亭子铺造反，王三槐、冷天禄等在东乡呼应，各聚集党徒一万多人，贵州的清溪也有响应。与事教徒中，有不少参加过金川之役的老兵，作战勇猛且奇招迭出，不断攻袭清军，先是小打小闹，后来竟然夜间劫营。安溪镇总兵花连布、重庆镇总兵袁国璜两员平定苗变的悍将，接连死于教军手中。这场内战，很快搅动数省，打得越来越惨烈。

嘉庆，是太上皇帝弘历为子皇帝颙琰特选的年号，寓意甚美，预期甚美。可这个元年，实在无"嘉"可庆。及至岁末，四川巴州又出了大乱子：罗其清、苟文明等打出反旗，附近数县一时并起，光是头领就有几十人。此地教众勇悍异常，围攻巴州，攻占东乡，成都副都统佛住在厮杀中阵亡。巴州属保宁府，与陕西相连，距湖北亦不远，三省教众很快连为一体，声势更显浩大，令朝廷震惊。

第二节 "二皇帝"和珅

针对白莲教的军事部署概由上皇决策，再以子皇帝谕旨的形式下达，运作其间的则是和珅。有道是父子情深、疏不间亲，但上皇要问询商议，往往先找和珅；他的许多敕旨，也是通过和珅传达给颙琰的。朝廷已经有了两个皇帝，有意思的是，手握大权的和珅竟被称为二皇帝。此事见于朝鲜使臣的记述，英国使者书中也有类似描写，可见传播之广。世上哪位帝王没有几个宠臣呢？如俄国叶卡捷琳娜大帝之于波将金，而一旦有了二皇帝之说，实为非常之危语。从来此类"二"字号人物，哪怕只是"二知州""二县令"，很少会有好结果，况且是"二皇帝"乎！

所谓二皇帝，并非指其声威权柄在嗣皇帝之下，而是说上皇之后，便是和珅，是说大政的决断权仍在于上皇与和珅，与嗣皇帝关系不大。以禅让初政视之，虽有一定程度的夸张，也有几分是实。

一、拦截帝师朱珪

上皇关注着三省战事，主持枢垣的和珅当然也要步步紧跟，但他更为关注的是禅让后的人事动向，时时警觉有什么人会成为竞争者。和珅处处表现出对新帝的忠顺，不断向颙琰身边推荐人才，也处心积虑地阻击清正大臣与皇帝的接近。

颙琰在禅让前三个多月被册立，并未配备一套太子官属，除在服色以及节令、祭祀等项上有所区别，基本与皇子生涯并无大的改变。是以颙琰登基之后，满朝中举目生疏，有一个做皇子时的师傅朱珪，还远在广州任所。如果说经筵讲官已不再是帝师，朱珪则名副其实，与颙琰感情之深笃，又非"帝师"二字可尽。

朱珪少年即以文名著称，与哥哥朱筠享誉京城，号为"朱氏两神童"。乾隆十三年成进士，年仅十八岁，入庶常馆，散馆授编修，以学行兼优受到皇帝关注，迁侍读学士。乾隆帝热衷于各类大型庆典，朱珪辞藻富丽雅驯，精心撰作进呈，常常大得赞赏，被称为"特达知"。特达知，是指特别享有的知遇，多用于皇帝对臣子。王褒《四子讲德论》："夫特达而相知者，千载之一遇也；招贤而处友者，众士之常路也。"应是一种极高的评价，是臣下的一种殊荣。

在翰林院待了十余年后，朱珪出任地方，历按察使、布政使，署山西巡抚。朱珪奉职勤慎，爱惜细民，也有几分书呆子气，在任兴利除弊，戒绝往来馈赠，渐渐得罪了官场中同僚，竟被以读书误事奏劾。乾隆帝堪称识人善用，认为朱珪施政过于宽厚，调回京师任翰林学士，后又让他在上书房行走，教授皇十五子永琰功课。其时永琰已被密定为储君，选择朱珪做师傅，体现了乾隆帝对其学问人品的充分肯定。自此，上书房出现了一对朝夕相随的师徒，师傅尽心讲授，学生如饥似渴，朱珪与永琰相处虽只有三四年，却建立了很深的感情。课余游艺于诗赋书画，朱珪在永琰身上看到少年时的自己，倾心指点，切磋琢磨，使之大有进境。朱珪再赴外任，两人仍是书问不断，互相牵挂。

几年后，四川总督孙士毅调任两江总督，保奏朱珪接任川督，赞扬他操守好，办事好，"小用则小效，大用则大效"。此奏给乾隆帝留下深刻印象，虽未派任四川，也擢为安徽巡抚。朱珪对方面之任有几分畏怯，以性格迂腐、做事拘谨、缺少才情相辞，岂知皇上对他说，做巡抚"无所用才情"。圣上的话有些绝对，亦有大道理在焉。

六十年四月，朱珪升为左都御史，四个月后擢兵部尚书，署两广总督，应是调回朝廷的信号。嘉庆元年六月初一日，有旨以朱珪补授两广总督。当月二十九日，福宁飞奏孙士毅病重，太上皇帝接报即知士毅情形不妙，命宣召朱珪来京，有意以他补内阁大学士之缺。时上皇与嘉庆帝都在避暑山庄，弘历将此意示知子皇帝，军机处拟旨后，再以谕旨的名义发出：

二十九日癸卯，内阁奉谕旨：朱珪着来京另候简用。所有两广总督员缺，着吉庆补授，仍兼署广东巡抚事务。玉德着调补浙江巡抚，其山东巡抚员缺着伊江阿补授……①

颙琰一向沉静审慎，可对老师即将回京任职实在是心中兴奋，难以言喻。谕旨寄发之后，仍喜不自禁，回到寝宫赋诗一首，曰《畅远楼抒怀》：

　　朗晴连日气清佳，凭眺楼头胜景排。
　　爽籁高翻乔木上，纤云净卷远天涯。
　　川原澄澈秋容绘，禾黍青葱农事谐。
　　更喜故人来粤海，七年系念畅衷怀。_{朱石君先生蒙皇父敕旨召进京，}
另候简用。②

他并非不知身边有人与和珅关系密切，只是觉得此事已由上皇钦定，朱珪为授业老师，一切都在情理之中。孰料立马就出了状况。有一则记载称诗还未写完，已被送到上皇案头，几乎酿成重大事端：

　　嘉庆元年，授受礼成，诏朱珪来京，将畀以阁务，仁宗贺以诗。属稿未竟，和珅取白高宗，曰："嗣皇帝欲市恩于师傅。"高宗色动，顾诘曰："汝在军机、刑部久，是于律意云何？"诘叩头曰："圣主无过言。"高宗默然良久，曰："汝大臣也，善为朕辅导之。"乃以他事罢珪之召。③

①《嘉庆帝起居注》一，227页，嘉庆元年六月二十九日。
②《清仁宗御制诗》卷五，畅远楼抒怀。
③《清史稿校注》卷三四七，董诰传。

未详此段文字出于何处，大约不会毫无依据，然经过野史笔记的渲染，多少有些戏剧化。纵然和珅备受宠信，其敢于离间皇帝的父子关系么？即便其设法挑拨，又岂会当着董诰的面进行？上皇宠溺和珅是实，头脑清晰也是实，选任朱珪本出于他的意思，岂能因子皇帝写几句诗勃然变色，竟打算动用律法？而如果和珅真的这样做了，后来政治清算时的大罪中，怎会少了这一条？

但一个基本的事实是，发出的谕旨又被收回。七月初九日，以黄河山东段决口，玉德须留驻防堵，不能赴浙江接任，吉庆也无法离开，命朱珪仍署理两广总督。之后，朱珪来京的日期被一次次"暂缓"，洋盗海盗大举北犯，"由粤洋乘风入闽"的情形被强调指出，这一切的幕后推手，只能是和珅。

七月十九日，朱珪奏报拿获海洋盗犯何玉理等，本为大功一件，非但没有奖赏勉励，反而受到申饬："该犯等在洋面肆劫几及四年，直至本年四月始行拿获，可见该省洋盗并未敛戢，该督抚等平日所办竟属有名无实。除朱珪另行降旨申饬外，所有五十八年以后历任该省督抚及朱珪，均着交部严加议处。"① 这种惩处有些强词夺理，既说何玉理在洋行劫将近四年，又把罪名主要推在任总督仅一个多月的朱珪身上，也觉匪夷所思。这道谕旨当然是上皇的意思，不知颙琰是否在父皇前为老师辩解，大约没有，只是听任军机处寄发。外示谦谨的嘉庆帝有着足够的深沉心机，发现父皇口风变了，也能猜知是谁在作梗，却不动声色，应之以静穆镇定。

弘历对朱珪一直持有良好印象，认为其是一个品性端方的读书人，也希望他重回朝廷，此时却基本打消了将之擢拔入阁的念头。《清仁宗实录》中有一道谕旨，曰：

---

① 《嘉庆道光两朝上谕档》第 1 册，198 页，嘉庆元年七月十九日。

> 谕军机大臣等：前因朱珪在广东巡抚任内，地方事务尚为熟习，是以擢授两广总督。嗣孙士毅大学士缺出，因朱珪系读书人，品行端方，且资格较深，欲加恩将伊补授。乃近日粤洋艇匪充斥，且驶入闽洋肆劫，皆由朱珪不能始终奋勉，实力查拿，殊负委任！俟吉庆到粤，朱珪即行来京候旨。①

此日为八月初五日，颙琰侍奉老爹连日在避暑山庄清音阁饮宴看戏，这天又有青海、乌梁海、土尔扈特等处首领入觐，寻隙处理政务，发出的谕旨达六七道，多是遵奉上皇敕谕转发。太上皇明示曾打算将朱珪补授大学士，即是说现在已无此考虑，其责任在于广东洋面不靖，且放任艇匪入闽浙海上劫掠。此事不见于《嘉庆帝起居注》，当也是和珅一手经办，开头"谕军机大臣等"，意思应很明白，就是交给和珅来办理。

接下来的八月十三日，是弘历的八十六岁寿辰，禅让后的第一个"万万寿圣节"，仪式甚简："太上皇帝御澹泊敬诚殿，皇帝率随驾皇子皇孙王公大臣官员蒙古王公额驸台吉等行庆贺礼"②；然后在众人簇拥下，到清音阁观剧饮宴。此时的大洋彼岸，华盛顿正在深度思考国家政体与权力交接，四天后，这位美利坚合众国的缔造者发布告别词，声明不再参选下一任总统。而已经宣布归政的大清太上皇，则是乾纲独断的心态未改，通过宠臣管理军政大事的模式不变，形成禅让初政的基本运转方式。设若朱珪入阁，必然要进入军机处，不管他如何低调逊避，也会出现各种复杂性。对于上皇与和珅的君臣执政格局，别说是颙琰的授业老师，即使是子皇帝本人，也不容干扰。

和珅应不会想要与新帝为难，只是极不情愿颙琰身边有一个朱珪，纵然上皇多次声称让其回京，仍想方设法进行阻挠。一个众人都

---

① 《清仁宗实录》卷八，嘉庆元年八月丁丑。
② 《乾隆帝起居注》四二，531页，乾隆六十一年八月十三日。

明白的现实就是，皇帝想做的事未必能做成，和大人想坏的事总是一发必中。八月二十三日，管理吏部事务的和珅呈上对朱珪的处分意见，子皇帝意态平和，当即依拟传谕：

> 两广总督兼署广东巡抚、兵部尚书朱珪，于所属海洋盗匪未能实力查拿，遵旨议处，照例降调一疏，奉谕旨：朱珪着（**于补官日**）降二级从宽留任，（**仍着带于新任**）。①

括弧内黑体字为稿本原有，复行圈去，可证已有了对朱珪的下一步安排。几天后，吉庆补授两广总督，安徽巡抚张诚基调任广东巡抚，而朱珪补授安徽巡抚，果然是降了两级。收拾皇帝的老师，应算当众打皇帝的脸，当事人的表现则是可圈可点：朱珪一通自责后赴任去也，到安徽仍是兢兢业业，克勤克慎；颙琰没有暴跳如雷，没有找父皇诉辩，表现得若无其事，对和珅更见尊重信任；至于和珅，起初或不免忐忑，看到风平浪静，很快就心安理得了。所谓恣妄，所谓杀身之祸，就是这般慢慢酿成的。

二、不如意事常八九

和珅一生喜爱宝物，尤其喜爱如意，年节间向皇帝敬献礼物的"进单"，多以"万寿吉祥如意"打头，其妻、其继母的进单亦如此。后来嘉庆帝痛批大臣呈进如意的恶习，说内府已没有地方收贮此类无用之物，而此一期间，每逢正月都要认真题写赞美如意的诗——父皇喜欢，敢不称颂。查抄和珅的清单上，各色如意竟有数千支之多，数

---

① 《嘉庆帝起居注》一，284 页，嘉庆元年八月二十三日。

量惊人，光是收置这些如意，就需要多间库房，真是为物所累啊！

生命的最后几年，和珅的儿子娶了乾隆帝最宠爱的女儿，成为固伦额驸；弟弟晋封公爵，成为重要的统兵大帅和封疆大吏；自己也终于接任了首席军机大臣，荣膺一等忠襄公之封。秩在超品，各种财富滚滚而来。和珅看起来事事如意，实际则未必，不如意事已接踵而至：

嘉庆元年秋，就在七夕节这天，和珅于避暑山庄接到京中递来紧急家信，告以幼子得了急病。和珅妻妾成群，却只有一大一小两个儿子，老大丰绅殷德已选为固伦额驸，小的则于乾隆六十年春才出生，中年得子，颖悟异常，自是无比珍爱。和珅得知小儿病后心急如焚，但随侍在热河，太上皇最不爱听病与死，也不敢贸然请假。他只好派人驰送药方，而小儿子已在这一天死去。和珅痛惜感伤，一连写了十余首悼亡诗，“襁褓即知爱字章，痴心望尔继书香”，夹注称：每逢幼子啼哭，乳母就抱他去看壁上字画，便会破涕为笑。而今皆成追忆，“速去何如始不来，空花幻影漫相猜”①，写得也是满纸痛泪。

刚过重阳节，自苗疆传来弟弟和琳的死讯。和珅刚刚随同上皇和皇上自热河回銮，幼子的早殇之痛尚未平复，竟又闻此噩耗！和琳比他小三岁，性格殊不相同，然父母死后，两兄弟相依为命，手足情深。正是和珅的一手操弄，使弟弟由一个小小笔帖式，不数年即致身卿贰。和琳办事扎实，不避凶险，随征金川，出征廓尔喀，镇抚西藏，进剿苗疆，不管在什么位置上，均能不负使命。福康安逝后，和琳成为上皇最信赖的统兵大帅，也是哥哥在朝中的强援，本打算兄弟二人表里朝政，未想竟遽然辞世。和珅作《希斋弟督军苗疆受瘴而卒痛悼之余为挽词十五首言不成声泪随笔落聊长歌以当哭云》，第十四首：

看汝成人赡汝贫，子婚女嫁任劳频。

① 和珅：《嘉乐堂诗集》，见《清代诗文集汇编》第426册，672页。

如何又为营丧葬，谁是将来送我人？①

和琳应是一个好官，未见如乃兄之贪鄙，府中贫窘，加以常年驱驰边地，儿女婚嫁都是哥哥代为操办，没钱给钱，没房给房。写此诗时，和珅当不会想到自己两年后的结局，但诗句中已流露不祥。

改元之后，和府连遭丧亡，后继乏人，已呈衰败之相。嘉庆二年冬，和孝公主与丰绅殷德之子、和珅唯一的孙子又遭夭亡。和珅的身体状态也不好，四十岁时已患腿疾足疾，每年的夏秋间都会发作，"小筋历乱如弹丝，大筋决裂手难扪"，"有时愤恨不欲生"②。此际又复发作，痛楚难忍。转过年来，结婚三十年、感情深笃的妻子竟然一病长辞。和珅悼念亡妻，不可避免会对人生有一番痛悟，"自知非金石，荣落讵委数"，只是败落得如此之快，怕也联想不到。

不如意事常八九，可与语人仅二三。读和珅的诗，可知他还是一个不错的诗人，写景言情皆有佳句，尤其是悼亡数章，真情淋漓，痛泪挥洒，呈现出一个真实的和珅。他所不能赋写、无人可与言说的，应还有很多。

三、选择性发飙

嘉庆元年十月初六日，是嘉庆帝登基后的第一个万寿节。在国际事务中咄咄逼人的叶卡捷琳娜二世，就在此日因中风溘然长逝，使俄国的积极扩张势头暂时衰减，东向与清朝的碰撞也得以延缓。这一天略晚，刚满三十六岁的颙琰，却一改谦和做派，突然发飙：矛头直指

---

① 见《清代诗文集汇编》第 426 册，673 页。
② 和珅：《病中作》，《清代诗文集汇编》第 426 册，668 页。

刘墉等几位老臣，措词严厉尖刻，不留一点儿情面。

事情起因于当日的召见，其中有新选浙江处州知府戴世仪，不知是紧张还是心虚，表现得手足无措，应对皇上垂询，更是驴头不对马嘴。嘉庆帝即位以来，召见引见官员乃常朝之大项，阅人可谓多矣，已练就一双锐眼。在皇上跟前适度紧张，本来不是什么大事，有时还显得忠厚老实，可这位戴兄的紧张中透着庸劣。再看其履历单，系捐纳出身，更让颙琰心中生嫌，认为不可担当一府之责。戴世仪被引下之后，颙琰问吏部尚书刘墉印象如何，刘墉答以"尚可"。三年禅让期间，子皇帝大都以谦谨宽缓示人，连老师被阻都忍下来，这次竟勃然而怒。实录里留下这样一段谕旨：

> 大学士缺出久逾匝月。现在各尚书内，若以资格而论，则刘墉、纪昀、彭元瑞三人俱较董诰为深。但刘墉向来不肯实心任事。即如本日召见新选知府戴世仪，人甚庸劣，断难胜方面之任，朕询之刘墉，对以尚可。是刘墉平日于铨政用人诸事全未留心，率以模棱之词塞责，不胜纶扉，即此可见。彭元瑞不自检束，屡次获愆，纪昀读书多而不明理，不过寻常供职，俱不胜大学士之任。董诰在军机处行走有年，供职懋勤殿，亦属勤勉，着加恩补授大学士。至王杰因患腿疾，久未入直，现在军机处汉大臣止有董诰一人，着左都御史沈初在军机处学习行走。朕于用人行政悉秉大公，考绩程材，无不权衡至当。刘墉、纪昀、彭元瑞皆当扪心内省，益加愧励！①

这段话包容多，信息量极大，涉及官员层级亦高：由一个四品知府的选任，引出内阁大学士的补选；由对刘墉一人一事的不满，牵连到当

---

① 《清仁宗实录》卷一〇，嘉庆元年十月己卯。

朝好几位重臣；再由内阁扩展到军机处的人事变更，扩展到对另一位大学士兼军机大臣王杰的安排。太上皇帝不是说过"大事还是我办"么？这样的顶级人事调整当然是大事，不属于子皇帝决断的范围。

笔者两年前阅读及此，颇觉不太像子皇帝口气，也太不像颙琰低调谦和的做派。再看《清史稿校注·董诰传》，有"高宗谓刘墉、纪昀、彭元瑞三人皆资深，墉遇事模棱，元瑞以不检获愆，昀读书多而不明理"一段①，虽不知何所依据，倒也有几分信真。今人著作如《清史编年》等，也将这些话径列为弘历所说。可此一番评说朝中大员，明确说出于谕旨，而非太上皇帝的敕旨；明确列入《清仁宗实录》和《嘉庆帝起居注》，而非《清高宗实录》和《乾隆帝起居注》。若指为上皇所说，也有些难以解释。

任何话语的出现都会有一个语境。此事也有一个很自然的起因，就是中层官员的召见，这类辛苦活上皇是不管的。在《嘉庆帝起居注》中，对之记叙略详：

> 初七日己卯，内阁奉谕旨：本日召见新选处州知府戴世仪，本出捐纳，人甚庸劣，应对全不明晰，岂可胜方面之任？戴世仪着留部在员外上学习行走，以资造就，（**若好着该部奏请外用**）。所有浙江处州府知府员缺，着王绩著补授。②

荣晋新职，赴京接受皇上召见，是一种荣耀、一个机遇，也是一道致命关卡。如这位戴世仪，巴结到这一层，白花花银子不知送出多少，眼见到手的一个肥肥的知府，说没就没了。仁宗还算宽厚，也知人家的官是用银子买的，另给了一个员外郎的差事。若换了雍正帝和乾隆

① 《清史稿校注》卷三四七，董诰传。
② 《嘉庆帝起居注》一，嘉庆元年十月初七日，341页。此为稿本，括号内黑体字复被抹去。

帝，没准还要严旨追查，查得戴兄鸡飞蛋打。

接下来的另外一道谕旨，才说到刘墉等三人，认为刘墉一向不能实心任事，并以召见戴世仪为例：

> 即如本日召见新选知府戴世仪，人甚庸劣，断难胜方面之任，朕询之刘墉，对以也（尚）可。是刘墉平日于铨政用人诸事全未留心，率以模棱之词塞责，不胜纶扉，即此可见。彭元瑞不自检束，屡次获愆，纪昀读书多而不明理，不过寻常供职（**人所不数上列者，尚觉不及刘墉**），俱不胜大学士之任……朕于用人行政悉秉大公，考绩程材，无不权衡至当。刘墉、纪昀、彭元瑞皆当扪心内省，益加愧励（**莫谓朕不知人也**）！①

以上引文皆见稿本，与前引实录虽基本相同，但提供了成文过程与细节，甚为可贵。括弧内为改动文字，黑体字为删削之处，真实度很高。其出于子皇帝之口无可怀疑，但问题在于，一定就是颙琰的真实想法么？

内阁大学士的补选，是上皇禅让后的一件痛事，亦一件难事。该年五月，第一爱将福康安卒于苗疆；一个半月后，备受信重的老臣孙士毅卒于四川。内阁连出两缺，太上皇帝将身边大臣扒拉来扒拉去，也觉难有合适人选。前面写到的刘墉、纪昀、彭元瑞，都在考虑斟量之列。而所指三人的各自缺陷，不无依据，又有一些过分：刘墉为名臣刘统勋之子，经历宦途沉浮，清操挺然，遇事有些模棱，也是格于时势，一生大节无亏；纪昀和彭元瑞都是文学巨匠，才华过人，做事也认真。所有这些品题评价，必出自上皇之口。三人是他多年器重的人才，纪与彭更以文笔才思深得所爱，而其性格和为人做事方面的

① 以上两条引文，皆出自《嘉庆帝起居注》一，341—342页，元年十月初七日。

缺陷，也难逃圣主之法眼。在议论阁僚人选时，静听父皇纵论朝中精英，颙琰自是频频点头，谨记在心。此时见刘墉的确有些模棱搪塞，不觉怒从心头起，一通责斥便尔涌出，由刘而纪而彭，虽以自己的话语道出，大体仍是父皇的原版。实录将二事捏合为一，起居注则甚明了，这是两道谕旨，第一道将处州知府改换他人，第二道才是内阁的补选。时颙琰与父皇同在圆明园，颁发谕旨前必先得到上皇的俞允，这也是禅让时期的一项政治规矩。

　　一般说来，封建时代的大臣是缺少独立人格的，清朝尤甚。对于所有的臣子，清帝皆以奴才视之、奴才用之，即便是数朝勋旧、多年股肱，一旦不合己意，轻则责斥，重则遣发甚至诛戮。上皇对刘墉三人的看法，背后不无和珅的影子，几句评语也有点和珅特色。内阁和军机处虽然以阿桂为首，和珅则是双料老二：次辅与次枢。阿桂老矣，两耳重听，常时不能到直，而和珅早就开始在朝中布局。福康安和孙士毅与他走得很近，尤其是孙，关系更不一般，已授文渊阁大学士兼礼部尚书，奉命入阁办事，因苗变暂留四川，未想到染病而逝。刘、纪、彭三人性格不同，却都不买和珅的账，加上还有一个公开与之叫板的王杰，所以不能不予阻击，又不便表现得太明显。在上皇和皇上那里传递些闲话，上点儿眼药，和珅最是擅长，效果绝佳。同时发出的一份谕旨关乎王杰，"直道一身立廊庙"的王杰律己极严，无可指责之处，但年过七十，"自六月内染患腿疾，即赐医予假，令其加意调摄，乃至今将及四月，步履尚艰，骤难望其平复"①。王杰奏请解去军机大臣等职，谕旨亦予照准，并将其在军机处、南书房及管理礼部事务一并解除。

　　这个事件很有点代表性。太上皇帝以睿智聪察自视，大权独揽，不免受和珅影响；和珅深谙高层运作之道，处心积虑打击异己，安插

---

① 《嘉庆帝起居注》一，342 页，嘉庆元年十月初七日。

亲信；嗣皇帝则聆听上皇训诲，亦步亦趋，在观点、语言和行动上保持高度一致。

由是我们知道，子皇帝的直斥朝中大员，既是为召见现场情形所激而发，又是深思熟虑后的精准表述，有着很深的机心。至高无上的皇帝本是不需要有什么机心的，喜怒皆可形于色，但嗣皇帝不同，不管上皇在不在跟前都不行。嘉庆帝的恼怒看似偶然，看似缘事所激，实则是一种选择性发飙，借发飙作政治表态，贯彻上皇有关人事安排的最高指示。

第三节　子皇后的大丧

如果说禅让之先，上皇已经反复斟酌，设定了一个权力运行准则，则颙琰必也会思虑精慎，选择那最得体的行为模式，即处处尊崇父皇，惟命是从，同时认真做好分内的事情。他与皇太子妃喜塔腊氏伉俪情深，这也应是他们共同商定的行动准则。于是，子皇帝尽可能多地与上皇在一起，随时听从训诲；子皇后尽量多待在紫禁城，一则不使皇帝分心，同时也能照顾内宫，包括那些前朝嫔妃。以后的日子如树叶般数不清，侍奉太上皇帝百年之后，自然会轮到自己当家作主。绝对想不到的是：上皇仍复康健，子皇后竟突然化鹤而去。

一、喜塔腊氏的幸运与不幸

嘉庆二年二月初七日，年轻的皇后喜塔腊氏，居然一病不起，显得极为突然。

喜塔腊氏，满洲正白旗副都统、内务府总管额尔经额之女。乾隆三十九年被册为皇十五子永琰的嫡福晋，伉俪情深，育有二女一子，子绵宁，即后来的道光帝。颙琰被册立为皇太子，喜塔腊氏即成为皇太子妃，军机大臣议奏皇太子应行仪制，多有关乎太子妃的条款：班次在诸皇子福晋之前，站立在内廷主位前，出行帷车用金黄色，饭费增加了一倍。总之，一切都与皇子福晋大大不同了。喜塔腊氏是一个淑慎温婉的人，丝毫未见傲骄之气，与夫君一样的敬谨内敛，堪称贤内助。

嘉庆改元的第四天，喜塔腊氏被册立为皇后。册立中宫通常是皇帝的事，由于禅让时期的特殊格局，便由上皇发布敕旨，成了"上奉太上皇帝命"册立当朝皇后。短短一段敕谕中，于开首、中间和结尾三次提到奉太上皇帝之命，可谓谦抑周慎。

册立中宫仪，为礼制中嘉礼之一，各朝均极为郑重，先期要往奉先殿告祭，要祭告天地和太庙，当日则百官序立，宣制授宝，仪式隆重繁复。康熙十六年册立孝昭仁皇后，还补行了大婚礼中的纳采、大徵。而颙琰册立皇后那天，正值太上皇帝举办千叟宴，两头奔忙，主要照顾的则是父皇的大宴，看看差不多了才遵父命离席，匆匆赶到坤宁宫册立皇后。文武百官大都在皇极殿宴饮，现场仅有正副使等少数官员，程序大为省减。仪式正在进行中，太上皇帝宴讫归还养心殿，上皇圣驾虽不由坤宁宫近旁经过，帝后二人闻知，还是连忙奔趋驾前行礼。待典仪完成之后，也是先到养心门前复命。①

既然夫君是子皇帝，喜塔腊氏也只能是子皇后了。简单匆促的册立皇后仪，反映了二人的基本状态，即一切以父皇为核心，做孝顺儿子儿媳。此后的日子里，颙琰奔走于皇宫和圆明园之间，尽可能多地陪侍上皇，还要随侍往避暑山庄，皇后有时跟从，大多则居于宫中。

---

① 《清史稿校注》卷九五，礼七·册立中宫仪。

总觉得以后的岁月还久，岂知喜塔腊氏偶染小恙，遽然撒手人寰。当日子皇帝亲祭大社大稷，然后赶往圆明园向父皇请安，未及喘息，宫内飞报皇后于午后薨逝，待急匆匆还宫，大行皇后已被移至吉安所。颙琰极为意外，极是哀伤，悼诗有"举觞非酒浆，倾洒皆泪涕。诚无可奈何，节哀以礼制"句①，语出痛肠，真切感人。

太上皇帝闻听很是惋惜，即降敕旨，赐谥"孝淑皇后"，命辍朝五日，皇帝和所有王公大臣、官员兵民人等俱素服七日，并派怡亲王永琅、总管内务府大臣盛住等总理丧仪。颙琰考虑到父皇年高，不喜闻"病""死"之类不吉之语，若辍朝服丧，宫中望去皆黑白之色，必不惬意，下旨减或免，尤其是父皇所居的圆明园，所有人员一律常服，谕曰：

> 所有辍朝期内，各衙门章疏及引见等事，仍着照常呈递。王公大臣官员等虽有素服之例，但皇后册立甫及一年，母仪未久，且昕夕承欢，诸取吉祥，此七日内，圆明园值日奏事之王大臣等及引见人员俱着常服，惟不挂珠。此礼以义起，天下臣民等自当共喻朕崇奉皇父孝思，敬谨遵行，副朕专隆尊养至意。②

此谕中，"昕夕承欢，诸取吉祥""崇奉皇父""专隆尊养"，本是其夫妻二人在禅让期间确定的行为规范，现皇后已逝，子皇帝克制着悲痛，仍然是惟此为大。

未见史籍记载这位孝淑皇后到底多大岁数，推算应在三十五岁左右，诚属于福薄寿短。为了不致影响父皇的心情，颙琰特地降低丧仪和祭奠的规格，也埋下了深长的哀思。治丧的七日之内，子皇帝每天

---

① 《清仁宗御制诗初集》卷十，遣闷二十韵。
② 《嘉庆道光两朝上谕档》第 2 册，46 页，嘉庆元年正月初七日。

都要往殡宫陪伴发妻，写下了多篇情真意切的诗。此后的奉移梓宫、初祭大祭、年节祀日，他都会亲往或派绵宁前往，平日则月月致祭，直至七年后昌陵建成，移入地宫。

二、父子分离的日子

上皇多居住圆明园的九州清晏，颙琰常住长春仙馆，颇便于朝夕请安。至于皇后喜塔腊氏，记述无多，推测大多居于宫中，待子皇帝进宫时方得团聚。

这次颙琰进宫是在正月二十八日，早间先侍奉父皇往西黄寺和昭显庙行礼。西黄寺在安定门外，有乾隆四十七年敕建的"清净化城塔"及塔院，以纪念跋山涉水来为乾隆帝祝寿、最后在此寺圆寂的六世班禅。当年弘历与六世班禅相谈甚欢，在其逝后亲临凭吊，日后常来祭奠行礼。昭显庙在皇城内，又名雷神庙，距西黄寺颇有一段距离。上皇于行礼后仍回园居，子皇帝则在恭送父皇后，起驾进宫。每一次离开父皇都是有原因的，这次有两项大事：御门听政和经筵。

二月初二日卯刻，子皇帝御乾清门听政，部院各衙门面奏各事和带领引见，然后大学士及内阁学士以折本请旨。经过整整一年的历练，颙琰已然政务纯熟：较为重要的人事任免父皇已有了旨意，遵奉照办即可；品秩较低官员的任免及一些人命案件，即由他本人作出决断。

是日辰刻，颙琰赶至文华殿，参加一年一度的经筵。去年的讲官德明、金士松还在，换了的二人为刘墉和庆桂。先讲的是《中庸》"人道敏政，地道敏树"，再讲《尚书·洪范》"是彝是训，于帝其训"，都与治国理政相关。子皇帝在御论中强调了"人存政举"和勤政的道理，曰："是知人君欲戒丛脞之萌，而劭承平之迹，必以得人

161

勤政为本。"① 经筵的题目当由上皇圈定，寓意深切。从脞者，着眼细碎，胸无大略也。颙琰继位后堪称谨畏精勤，在此以"丛脞"自戒，亦称得宜。

由于还要在初七日诣社稷坛行礼，子皇帝没有赶回圆明园，而是留在宫中，处理一些政务，也与皇后妃嫔等团聚。喜塔腊氏是否已经病了，因未见记载，不得而知。以颙琰在社稷坛行礼后即行前往圆明园，可推想即使有病，也不会太严重。岂知子皇帝刚到长春仙馆，便接到皇后病危的急报，待火速赶回，已是天人两隔。

长春仙馆位于正大光明殿迤西，与九州清晏颇有间距，事出意外，子皇帝离园时来不及当面禀报父皇，且此类噩耗，似也不宜亲身前往。因之颙琰与父皇应未相见。接下来办理丧事，一下子又用了十天，两段相加差不多二十天，实为禅让以来父子分离最长的时光。上皇时加问询，关心焦灼之情，溢于言表。有两则档案，为和珅、福长安二人所上奏折，形象记录了子皇帝的谨慎克制与太上皇帝的殷殷牵念：

> 奴才和珅、福长安跪奏：窃奴才福长安于召见军机大臣方才赶到，随同进见，当将"此七日内皇上不过乾清宫中一路，如诣吉安所时，俱出入苍震门，不由花园门行走；在永思殿更换素服，凡随从人等俱在景山东门换服，于回宫时仍换常服，皇帝在宫时亦换常服。于十三日目送奉移后，皇帝回园时，不由出入贤良门行走，从西门竟至长春仙馆，于次日早晨方恭请圣安"，详悉面奏。太上皇圣意甚慰，以为皇帝心思周密，又恐皇帝过于哀悼，复蒙垂询，亦经奴才等具奏："皇帝总以孝奉为务，甚能以义制情，并不过于哀感。"

---

① 《嘉庆帝起居注》二，26页，嘉庆二年二月初二日。

诛除和珅和逮治福长安之后，当做过一番认真的宫中档案清理，该折能够幸存，又被录入私人笔记，弥足珍贵。细读此折，基本是逐日记载颙琰在皇后薨逝后的表现，也觉颇为繁复：本系和珅、福长安向子皇帝奏报上皇召见情况，说的又是颙琰在治丧时的做法。其时为子皇后大丧的头七，子皇帝居住大内，不仅明颁谕旨令丧事从简、圆明园侍从父皇各级官员人等不穿丧服，自己在皇宫中也处处注意，事事体现"崇奉皇父""专隆尊养"的孝思。

今天竟有人由此折，析读出上皇对子皇帝密切监视之义，应是求之过深，罔顾亲情。皇后之丧传递的信息是这样的：子皇帝以皇父年高，以礼抑情，尽量低调为皇后治丧；太上皇帝则充满关切怜惜，反复询问子皇帝的状况。福长安奏折中记述与上皇的一段问答，皆关乎子皇帝的精神和身体：

> 昨日奴才福长安于未刻回圆明园，当同军机大臣进见，奏称："皇帝遵奉敕旨，于十六日回园，即到长春仙馆，并以若照例请安，犹觉稍有未惬，拟于十七日在生秋亭恭请圣安，较为妥协。"太上皇以皇帝所思尤属周到，圣意甚悦，以为必应如此。又蒙垂询："皇帝日内尚不至过悲否？"当日即回奏："皇帝以礼抑情，并不过于感怆。今日因阅看景安、秦承恩奏到扑灭淅川、光头山教匪二折，转深慰悦。"太上皇以皇帝极尽孝道，斟酌事理，思虑详密，又以国事为重，圣意尤为欣喜。

查阅实录和起居注，留宫治丧的七天，颙琰每天都大量批阅奏折，办理国务。阅处景安、秦承恩剿办教军密折在初十日，自然是由上皇阅后转来，子皇帝对获胜恰当地表达了欣慰欣悦之情，并加奖励。

还可看出，不管是和珅，还是福长安，都在两头汇报，都极力维护上皇和皇上父慈子孝的温情，这是禅让期间二帝持久稳定的情感模式。此时的太上皇帝已出现健忘症候，难免问了再问：

> 再，本日进见时，太上皇又将昨日垂询一切详细询及，奴才等如前复奏。又问："皇帝今日面貌稍觉瘦否？"当即复奏："御容如常。"复问在宫内服色，又经复奏："皇帝因奉养太上皇，诸取吉祥，不独御用系属常服，即凡随从太监等皆蒙谕令穿天青褂子。"太上皇以皇上专隆尊养，纯孝若此，实为前代所未有，圣心愉悦之至。①

这些都是和珅、福长安向上皇奏报的原话，可证子皇帝在皇后大丧之后，极为小心谨慎，简省治丧程序，淡化悲伤色彩，尤其不愿因此影响到父皇的心情。就连出什么门，由哪里行走，何时请上皇安为妥，都煞费苦心。我们也看到，子皇后逝世，上皇对颙琰的表现很关切，经常问起。这能说是布置监视吗？怕不能。和珅、福长安所奏，亦丝毫未见有意挑拨之处，父慈子孝，也是二人的愿望和利益所在。

三、受宠与受责

嘉庆朝以降，尤其是近些年来，描写和珅的作品真是太多了。和珅能为乾隆帝始终倚信，传闻甚多，负面评述甚多；然形象体面，有股子伶俐劲儿，才华、忠心和办事能力均为一流，应属无疑。他是一个能臣，一个善于解决复杂问题的重臣，一个性格明爽、举止得体、反应敏捷、办事妥帖的宠臣。乾隆帝之于和珅，不是昏君与奸相的搭档，而主要是英主与能臣的关系，问题出现在乾隆晚期，尤其是在禅

---

① 和珅等奏折：福长安进见太上皇面奏及垂询情形，《和珅秘档》八。

让大典前后的几年间。

今所得见的相关史料，大都经过嘉庆君臣的仔细过滤，满篇皆见和珅罪过与丑行，不见有任何功绩。试想，以乾隆帝之英武聪察、杀伐决断，内阁首辅兼首席军机大臣讷亲倍受信任，一旦在金川失误军事，即断然诛杀于军前。乾隆帝身边侍从之官素知敬慎，和珅做事的基本面也应如此。其任军机大臣二十余年，入内阁约有十五年，有人论为"长期把持朝政"，怕不能，除了乾隆皇帝本人，有谁能把持得住朝政呢？更多的时候，内阁和军机处皆由阿桂领衔，既得皇上之信重，又打心眼儿里瞧不上和珅，加上王杰等人侧目而视，和大人过得并不轻松，更别说垄断朝纲了。

毫无疑问，和珅是乾隆帝的宠臣。多数宠臣，应先是帝王认定的能臣，又都有几分佞臣嘴脸，擅长揣摩上意、排挤同列。和珅正是长于揣测，长于逢迎和勇于紧跟，可满朝文武，哪个不想得到皇帝的爱宠呢？和珅之弄权，应在阿桂辞世、由他接掌军机处之后。史籍所记，说的也是这个时候：

> 嘉庆初元，珅势益张，外而封疆大吏、领兵大员，内而掌铨选、理财赋、决狱讼、主谏议、持文柄之大小臣工，顺其意则立荣显，稍露风采，折挫随之。太傅朱文正公，以德行文学受两朝知遇，杨历中外垂五十年，时以内禅礼成，例得进册，珅多方遏之。既上，珅又指摘之。纯皇帝谕曰："师傅之职，陈善纳诲，体制宜尔，非汝所知也。"①

品行不端，擅于搞些小动作，在和珅也是习惯成自然。而整到当今皇帝的师傅头上，挑剔资深翰林的文字毛病，便成为笑柄。嘲笑他的正

---

① 《郎潜纪闻二笔》卷六，董文恭不愧为社稷臣。

是太上皇本人，简简数语，不无亲切，不无轻蔑。

乾隆帝信赖和珅，自不待言，也喜欢听他讲讲段子，传播些小道消息，打几个小报告，但一旦话语不合意，轻者讥讽，重者批评教训，从不假辞色。《郎潜纪闻二笔》卷八，记和珅曾举报海兰察收受贿赂：

> 超勇公海兰察不检细行，和珅与之龃龉。一日，于纯圣前讦其在甘肃剿贼回京，收受皮张等物。纯圣谕云："海兰察能杀贼，皮张收以御寒，何必诘责。汝等既不能杀贼，亦岂能谢绝人情乎？"和珅语塞。

海兰察是乾隆时一员战将，东征西伐，建大功甚多。此类大员在得胜后聚敛宝货，回京后赠人或自用，也属大清军队的一个传统，诸帝通常加以宽容。乾隆帝心中有数，对和珅之贪应也不无耳闻，藉此对他一番敲打。据后来和珅被审讯之供单，可知他没少收受福康安等大帅的东西，海兰察送的也有许多。一面笑欣欣接受，甚至索要，一面又要到皇上那儿点眼药，这就是和珅。

阿桂病逝后，内阁和枢垣统归和珅掌管，这样的安排，当然是太上皇的意思，必也得到嗣皇帝的赞同。和珅志得意满，立刻通告各督抚奏报事件时，同时将一份副本报送军机处；由军机处发出的字寄，也只署自己的名字。后一项被太上皇发现，立刻降谕责斥：

> 军机处寄信直省将军、督抚，向例于恭录谕旨前一行，用满汉居首大臣挂衔。嘉庆二年，阿文成公卒。九月，太上皇召见枢臣于万寿山，谕和珅曰："阿桂宣力年久，且有功，汝随同列衔，事尚可行。今阿桂身故，单挂汝衔，外省无知，必疑事皆由汝，甚至称汝师相，汝自揣称否？"词色甚厉。嗣后遂止写军机大臣，不列姓名，着为例。可见高宗之于和珅，不过使贪使诈，如古之

俳优弄臣，远不逮文成诸公，真倚为股肱心腹也。①

解说的不无道理，然上皇对和珅始终信赖有加，"使贪使诈"怕是说过了。单衔发出军机大臣字寄，在和珅早有其事。阿桂多病请假，和珅以单衔交发，因系临时处置，上皇未加责备。待和珅成为首席军机，再用单衔，便被训诫。我们注意到，在阿桂逝后很短一段时间，军机处字寄的署名即被取消，改署"军机大臣字寄"。笔者倒觉得，太上皇的训斥是严厉的，宠信和保护亦在其间。

和珅是一个时代的产物，一个夸耀强盛、夸耀奢靡、贪腐潜行的时代产物。像他这样的重臣，出现在乾隆晚期最是自然。他如梦如幻的一生，他个人财富的暴涨与抄没，既是本人和家庭悲剧，也是一种时代与体制的必然。

第四节　枢阁的变局

册立皇太子的几日之后，乾隆帝就"预行降旨，将上尊号一事停止"，认为"太上皇帝称号已极尊崇"，堪称圣明。倚信宠用和珅，给予他极大的权力，历来被论为弘历晚年施政的短板之一。和珅对乾隆帝的忠诚、过人之明练勤勉、卓异的执行力，固然是一种必备的条件；而对于随侍身侧已二十余年的和珅，乾隆帝爱之深，知之亦深。在皇位上待了超过一个甲子太上皇帝，对和珅的一些小小把戏洞若观火，提醒敲打，乃至嘲讽责斥，时或有之；更多的则是为他，还有福

---

① 《郎潜纪闻二笔》卷三，谕旨前军机署名之例。

长安铺垫长远，欲使之成为嗣子皇帝的左膀右臂。

一、还是要用刘墉

朝廷的人事运作历来是微妙的。太上皇帝很少发出敕旨，却是枢阁乃至部院督抚人选的唯一决策者。嘉庆帝对刘墉的直接指斥，本是父皇评价的翻版，可一经嗣皇帝言出，上皇又觉不算什么大事。模棱，不肯实心任事，也可以解释为缺少野心、不争权夺利。和珅由此察知新帝对刘墉等人的不喜，警觉之心也大为减弱，无意多加狙击；且刘墉如果再进一步，吏部尚书的位子必须让出，于管理吏部的大学士和珅也有许多便利。

二年二月，入阁未久的董诰丁母忧回乡，内阁中再次空出位置。三月二十三日，颙琰至先农坛行耕耤礼，"驾还圆明园，请太上皇帝安"。与这类请安相连的是请旨，许多重要政务要在此时一一禀报，请父皇示下。大约就是在儿子请安时，上皇告知应补选刘墉为大学士。子皇帝自是不折不扣地遵行，当日即发布谕旨：

> 大学士缺出已届匝月，现在各尚书内刘墉资格较深，着补授大学士。但伊向来不肯实心任事，行走颇懒，兹以无人，擢升此任。朕既加恩，务当知过，倍加感激，勿自满足，勉除积习，以副恩眷。①

补选内阁大员的谕旨，一般都要例行夸奖几句，似这样严加指责、列出一大堆不是者，应属甚少。行走颇懒，指的是刘墉作为上书房总师

---

① 《嘉庆道光两朝上谕档》二，嘉庆二年三月二十三日。

傅，经常不见到场履职，曾因此被处罚，也无大的改变。整出这么多缺点，仍能升任阁老，一则上皇深念乃父刘统勋之品性劳绩，二则对刘墉也见其大节，三则朝中没有看到更合适之人。值得注意的是，刘墉并未进入军机处，也未宣布他管理哪个部，倒是他的吏部尚书，立马就有人接替了。

与此同时，部院随之做出调整：兵部尚书沈初调补吏部尚书，朱珪补授兵部尚书，广东巡抚张诚基调补安徽巡抚。命朱珪等张诚基接任后，即行来京供职。谕旨中的话和一系列人事变动，应是上皇的意思。引人瞩目的是朱珪，颙琰虽不会再提起，上皇与和珅却不能不考虑。朱珪任两广总督时兼兵部尚书衔，此番补授兵部，也是一种双重抚慰。

朱珪进京再次提上日程，又再次一天天拖下来：四月十七日，旨意下达，又有变化，张诚基不来安徽了，"调安徽巡抚张诚基为江西巡抚，以兵部尚书朱珪暂摄安徽巡抚"①。此事虽见于《清仁宗实录》，而子皇帝的起居注中并无记载，推想又是和珅奉上皇旨意，以军机大臣字寄发出。

到了八月，朝廷对高层人事又作出重大调整："调吏部尚书沈初为户部尚书，兵部尚书朱珪为吏部尚书，仍暂署安徽巡抚。礼部尚书金士松为兵部尚书，转都察院左都御史纪昀为礼部尚书，以吏部左侍郎胡高望为左都御史，调工部右侍郎吴省钦为吏部右侍郎……"②时颙琰正陪同老爹在热河避暑，此事虽见于《嘉庆帝起居注》，操盘手仍是和珅。朱珪看似改任更为权要的吏部，可迟迟不许接任；而该部一直归和珅管理，又将亲信吴省钦转任右侍郎，朱珪即便到任，也不会有大的作为。

① 《清仁宗实录》卷十六，嘉庆二年四月丁亥。
② 《清仁宗实录》卷二一，嘉庆二年八月丙辰。

二、又一个乌龙

太上皇帝一天天老了，几位老臣虽不如其年长，似乎老得更快：阿桂两耳重听，常时会请假养息；王杰因足疾久未入直，恳辞军机处及南书房、上书房等所管事务，御批给假；稍微年轻些的是董诰，可仅仅任职半年，即以丁母忧离去。真正得用的还是和珅，很快从丧子失弟的打击中恢复（有些政治人物，总这般具有超强的自制力和抗击打能力），上皇倚信日增，皇上处处给足面子，显得要风得风，要雨得雨。

二年闰六月二十四日，内阁奉谕旨：

> 大学士王杰因腿疾不能入直，着不必在军机处行走，即回京供职。汉军机大臣只有沈初一人，外廷汉大臣内年老者多，即有尚能办事之人，于机务究未谙悉。吴熊光、戴衢亨在军机章京上行走有年，自为熟习，念其职分较小，着加恩各赏三品卿衔，照松筠、台布之例，随同军机大臣学习行走。兵部右侍郎傅森亦着一体学习行走，庶可渐资造就。[1]

很明显，又是一份转发的太上皇帝敕旨。所有军机处的调整，只能是由上皇决定，以及和珅的谋划提议，子皇帝恪守父皇划定的红线，决不主动参与意见。

此时正处于一年一度的木兰秋狝，上皇和皇上都在热河，王杰虽有足疾，也坚持随扈前来。免去王杰的军机大臣，让他即刻回京，出自上皇旨意，而和珅的背后使坏也隐约可见。阿桂已有数年为病患折

---

[1] 《清仁宗实录》卷十九，嘉庆二年闰六月壬戌。

磨，夏日多留守京师，和珅纵横枢阁，敢与之公然抗衡的主要是王杰。因上皇对王杰一直信任欣赏，想要赶走他很难，可和珅擅长于把握时机，有这么一个夜晚，机会来了——

这件事的起因，是太上皇帝夜半欲召见军机大臣，可谁也找不着。不知和珅怎么说的，上皇将一腔怒气洒在王杰身上，责令其退出军机处，即刻返回京师。当夜军机大臣的缺直，也使上皇意外发现一个人才，他就是军机章京吴熊光。军机大臣不在，只好叫来章京，恰好轮直的吴熊光应对称旨，显得明练沉稳，上皇深为满意，即命加以擢升。《清史稿校注·吴熊光传》：

> 嘉庆二年，高宗幸热河，夜宣军机大臣，未至，命召军机章京，熊光入对称旨，欲擢任军机大臣。和珅称熊光官五品，不符体制，因荐学士戴衢亨，官四品，在军机久，用熊光不如用衢亨，诏同加三品卿衔入直。

终其一生，弘历都堪称爱惜人才，注意培育作养，随时发现，大胆任用，此事亦见一斑。吴熊光素受阿桂赏识，剿匪、治河、谳狱皆命随从。和珅早对他怀有嫌忌。因实在找不出吴熊光的劣迹，便提出其秩仅为五品，一下子超升数级，与体制不符，推荐另一位军机章京戴衢亨。上皇想办的事情，岂容别人多嘴？倒也给了和珅一些面子，令吴、戴二人同加三品卿衔，入参机务。

世上总有一些嫉贤妒能之辈，一旦占据高位，就想方设法狙击和压制人才。和珅机关算尽，逐出一个年迈多病的王杰，又上来一个年富力强的吴熊光，阻拦不住，只得再想办法。毕竟吴熊光为首席军机大臣所不喜，只待了半年，就被逐出枢垣，对品调任直隶布政使，也没讲是何原因。倒是和珅所荐的戴衢亨快速上升，先是内阁学士，然后礼部侍郎，接下来是吏部右侍郎。让吴熊光离开，必也要上皇发话，和珅私下里用了什么招数，不得而知。

此事关系到军机大员的任免，实属"大事"。和珅上下其手，用尽心机，与上皇有不一致之处，也敢于和善于表达，最后则由太上皇帝拍板决断，子皇帝似乎完全置身事外。其实对于王杰，颙琰有很深的敬重，对吴熊光、戴衢亨也颇多好感，却也一律不加评述，谨遵父皇敕谕，即行发布了这次重大人事变动。

军机处的大调整有些偶然，也不乏上皇的情绪化因素。一般说来，高层人事变化，上皇应不仅仅是告知子皇帝去发布谕旨，也会问询他的意见；颙琰均是遵从跟从，但偶然也会顺势表达一点想法。八月二十三日，阿桂于京中病逝的急报递到，上皇对内阁再作调整，子皇帝遵行发布谕旨：

> 和珅着管理刑部事务，但伊现管吏、户两部，兼辖各处事务过繁，所有户部事务不必兼理。现在刑部满尚书乏员，苏凌阿现署两江总督，所有刑部尚书事务着舒常暂行兼署。①

刑部为三法司之首，操生杀大权，重臣犯案虽钦命王大臣主审，具体办案的主要靠刑部堂官和司员，是以职司峻密，多年来一直是首辅阿桂直接管理。现阿桂病亡，当年秋审临近，迅速调整势在必然。由和珅兼管，可以肯定出自上皇之旨，至于老和是否先期做了铺垫，亦可推想。其时圣驾即将由热河返京，这日一早，嗣皇帝照例陪侍父皇往永佑寺行礼，太上皇应是在此期间作出交代。推测颙琰委婉说起和珅兼管过多，上皇深以为然，以故命和珅不再管理户部。

这个结果令和珅始料不及，力争兼管刑部时，他并没有想到会解除其对户部的管理。比较起来，户部的重要性远在刑部之上，军费和

---

① 《嘉庆道光两朝上谕档》二，嘉庆二年八月二十三日。

大工数额其巨，各省督抚和统兵将帅多竭力巴结，油水丰厚。和珅管理户部二十余年，已然当成自己的独立王国，凡事一竿子插到底。且一旦不管户部，所兼崇文门监督、户部三库也应连带解任。为了一个刑部，丢却这么多肥缺，岂不大为吃亏！

弘历素来一言九鼎，愈到晚年愈是如此。不知和珅怎样做的工作，反正是说动了太上皇帝，第二天又有圣谕，专为纠正昨日之旨：

> 和珅在户部二十余年，办理一切俱为熟谙。现在各省军需报销款项以及题奏紧要各件繁多，仍着和珅兼理。[①]

谕旨由子皇帝再作发布，自也是转述上皇敕谕，和大人刑部照管，户部仍兼，当今天子又吃了一记大乌龙（第一记乌龙，为上年的朱珪入阁之事）。对皇帝而言，此类事体当然极没面子；而作为嗣子皇帝，颙琰惟有平静接受，遵敕照办，一句话也不多说。

三、阿桂辞世

与弘历发现与快速擢升和珅约略同时，《红楼梦》抄本风行京师，至乾隆末，该书刻本即程甲本印行。君臣二人也都算是读书人，据说曾在一起探讨过书中主旨，似乎没能悟透读懂：十全老人弘历没读懂《好了歌》，总想着永远的烈火烹油，鲜花着锦；聪明一世的和大人也没读懂《红楼梦十二曲》，"机关算尽太聪明，反误了卿卿性命"。该曲当然不是曹雪芹专为和珅写的，对于他却显得分外贴切。

和珅是乾隆皇帝一手提拔、逾格任用的重臣，但若说深受倚信的

---

① 《嘉庆帝起居注》二，嘉庆二年八月二十四日。

只有其一人，那可就大错特错。举朝望去，哪一个重臣未得到圣上爱宠和倚信呢？官员的快速提升、越次使用是乾隆朝的用人特色，只要有才干、能办事和能成事，就会有上升的空间。乾隆帝爱才惜才、不拘一格的用人机制，成为国家鼎盛和开边拓土的强大推动力。福康安就是一个被迅速擢升的青年才俊，成为国家栋梁，未想到折在苗疆。二年夏月，朝廷的忧患在于鄂川教变，虽调集大军征剿，白莲教的势头仍有增无减，谕旨曰：

> 剿捕教匪事宜，本应有大员总统。但大臣中，福康安尚习军旅，威望素著，业经病逝，而阿桂又已年老，任使实无其人。是以上年因永保办理不善，特命惠龄总统军务，未尝不予以事权，乃惠龄任事以来，竟无运筹制胜之处。今经御史陈奏，伊等宁不自知愧励？①

此旨也是转述上皇敕谕，谴责将帅无能，感叹任使无人，无奈之情多于峻急。能克敌制胜的统军大员，在上皇看来，正当盛年的要推福康安，却被瘴疠夺去性命；还有一个资深大帅阿桂，现已衰迈不堪，就连秋狝木兰都难以扈从。

阿桂的仕宦生涯几乎与乾隆皇帝相始终，六十年间君臣相知，圣上爱重不移，臣下忠贞未减，诚为一段佳话。至嘉庆二年，太上皇帝对人生仍有着许多憧憬，已开始预备自己的九十大庆，预期着六世同堂，比他小六岁的首辅兼首枢阿桂，却已病入膏肓。洪亮吉《书文成阿桂公遗事》，记录了阿桂的一段心声：

> 我年八十，可死；位将相，恩遇无比，可死；子若孙皆以佐

---

① 《清仁宗实录》卷十六，嘉庆二年四月甲午。

部务，无所不足，可死；忍死以待者，实欲皇上亲政。①

阿桂长期任上书房总师傅，与颙琰也有师生之谊，语中内涵又远非泛泛的师生情可比。其间有对国家前途命运的忧虑，有对上皇老迈、和珅恃宠弄权无奈，也有对子皇帝能否顺利完成权力交接的担忧。惟这番话出自洪亮吉笔下，真实性颇有些可疑：老洪真性情，做事和写作均敢于率意而为，此话不知如何传来，加料渲染，也有可能。

然这段话，准确传达出朝中很多正直之士的心声。文人之词，何必尽实，何谓非真？

嘉庆二年八月二十一日，阿桂终于离开人世。其实阿桂在最后几年已是两耳重听，时常卧病告假，但弘历念旧，不允其致仕。当这位勋旧老臣病危的急奏递到，上皇正要从避暑山庄回銮，即派贝勒绵亿、御前侍卫丰绅济伦"驰往看视"，紧接着噩耗传来，老臣已逝。太上皇帝闻听很悲痛，当即颁发敕谕，回顾阿桂从征西陲、经理新疆、剿办两金川、平定撒拉尔及石峰堡的功绩，"加恩晋赠太保，入祀贤良祠"②，令其长孙那彦成承袭轻车都尉。太上皇帝对其早有留心，又发现了一位满洲杰出青年，那彦成精明果决，勇于任事，成为嘉道间的重臣。

总体论列，乾隆朝是一个英雄辈出的时代。阿桂是这个时代的国家栋梁，是一代名将，一世名臣。"开诚布公，谋定而后动，负士民司命之重，固无如阿桂者；还领枢密，决疑定计，瞻言百里，非同时诸大臣所能及"③。四天后，上皇在两间房行宫再发敕旨，述说对阿桂之死萦绕难去的悼思：

① 洪亮吉：《更生斋》甲集卷四。
② 《嘉庆道光两朝上谕档》二，243页，嘉庆二年八月二十三日。
③ 《清史稿校注》卷三二五，阿桂传。

今思阿桂宣力年久，前次平定金川勋绩茂著，朕本欲于回銮后亲行赐奠，但计算日期，彼时久已出殡，其茔地距城较远，难以亲临。若于到园后特行进城，大臣等均以朕年已望九，恐致过劳，再四奏恳，不得不俯从所请。因思皇帝在青宫时，阿桂即充总师傅谙达，皇帝可于九月十一日亲往赐奠，以示优礼勋耆、有加无已之意。①

回京之后，颙琰专门由圆明园进城，前往阿桂宅第祭奠。后来承袭礼亲王的昭梿曾往吊唁，"见其厅第湫隘，居然儒素，较之当时权贵广厦巍然者，薰莸自别"②。谁都知道昭梿所说"广厦巍然者"为谁，子皇帝自也心中明白，却没有多说，只是写了一首祭悼的诗：

帝念功勋旧，朝廷重上公。将星落霞表，箕尾见云中。
函丈仪曾侍，纶扉望最隆。路人知感泣。不愧世家风。③

函丈，讲学的讲席，亦是对老师的敬称。颙琰以此表达作为学生的怀念，对阿桂的一生勋业和清正家风，倍加称扬。全诗开首的"帝"字，指的当然是皇父太上皇帝。

对于阿桂的死，和珅表面上也是沉痛不已，但无疑私下欣喜。内阁出现的空缺，他推荐弟弟和琳的姻亲苏凌阿顶替，过了不长时间，又让其暂兼刑部尚书。上皇衰老更甚，对和珅的依赖也更为严重，而和珅借势为未来布局，一切都显得得心应手。子皇帝对和珅非常亲切，处处推尊倚重，对朝中重大人事不再提出意见，一经上皇敕谕，即颁旨遵行，无丝毫耽误。

---

① 《乾隆帝起居注》四二，六十二年八月二十七日。
② 《啸亭杂录》卷二，阿文成公用人。
③ 《阿文成公年谱》卷三十四，丁巳八十一岁条。

第五章

失宁的山河

乾清宫

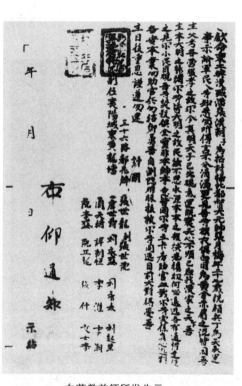

白莲教首领所发告示

举行内禅，训政嗣子皇帝，在弘历以为开创千古未有之先例，未想到天公不作美，数年间乱象丛起，家国失宁，面临着前所未有之快速蜕变。

先是苗民起事，尚未平复，白莲教又起，数省膏腴之地沦为战场，黎民百姓演为寇仇，或为攻城略地之教军，或为帮助官府之乡勇，骨肉相残，愈演愈烈。进入嘉庆二年，苗疆平而复乱，教军挫而再振，更兼外有洋盗流劫于海上，内有洪水横肆流淌……最为可怕的，是无处不在的官场贪腐，社会整体的道德下滑，士习与民风的颓败。上皇忧心国事，宴乐的兴致大受影响。子皇帝在平静外表下，更是忧心如焚，可既不能擅自主张，又不愿对父皇有丝毫违拗。

第一节　京城的水与火

嘉庆二年五月末，太上皇帝照常启銮往热河，嘉庆帝照常扈辇侍侧，而留守京城的照常是"怡亲王永琅、成亲王永瑆、大学士公阿桂、尚书庆桂"。皇帝出巡时留守京师，必须重臣和深受信任的能臣，但又不是最受倚重和最能办事之臣，大家都心知肚明。几年来，阿桂始终是留守，和珅始终是侍从，在禅让间几乎成为一个固定模式。阿桂去世后，留京大学士换成了苏凌阿。

留京办事责任甚重，故以双亲王领衔（或一亲王一郡王，皆与皇帝嫡亲），加上资深大学士和尚书，组成一个留守班子，处置各种突发事件。其时帝国的权力中心已移至热河，各地大员的奏折径直飞递避暑山庄，通常的召见引见也改在夏宫，留守班子的重要职责，就是稳定京师和及时向热河通报情况。这年七月，便因未能详悉奏报永定河决口，受到上皇严旨责斥。

一、永定河溃决

身在避暑山庄的清帝，从来都不是单纯的畋猎宴饮，整套国家机器随之迁徙，索伦、内外蒙古各部赶来觐见，所有大政军务皆在此办理。他们会时时牵系着京师，留京办事的王大臣也是信使往返，不断线地奏报请旨。

当年夏，热河多雨，进入七月更甚，"自上月二十九日即有阵雨，至初一初二势更滂沛，直至初三日午刻方止"。冀北京畿地区也是大雨连绵，上皇和皇上转喜为忧，京师传来的消息却是平安无事。留京王大臣奏称：七月初一日浓云密布，自辰刻下了一点小雨，时断时续，初二日辰刻停止，午后又有密雨一阵，旋即晴朗。顺天府尹及总管内务府大臣也都有奏报，内容基本相同。弘历父子以为京师雨势小于热河，略觉踏实。岂知接直督梁肯堂七月初四日急奏，报告永定河出现重大险情：

> 永定河入秋后水势时涨时消，闰六月二十九日亥时起大雨如注，七月初一日至初二日雨势更急，平地水深二尺，卢沟桥底水深至一丈五尺二寸，南北两岸在在出险。初三日子时，又复风狂浪涌，水高堤顶二尺余寸，风浪愈急，人力莫敌，致北岸二工共塌去堤身二百六十余丈，北三工又塌去堤身五十丈，南岸头工塌去堤身一百五十余丈，将金门闸龙骨冲去二十余丈，全河大溜悉由漫口下注。①

---

① 《续行水金鉴》卷一四二，永定河。

永定河，原名无定河，系桑干河下游，"汇边外诸水，挟泥沙建瓴而下……至京西四十里石景山而南，径卢沟桥，地势陡而土性疏，纵横荡漾，迁徙弗常，为害颇巨"①。该河切近京师，自康熙朝始，为治理此河花费很大气力，不断兴工修筑堤埝，专设永定河道衙门，驻扎固安，而仍是几乎每年都出状况。梁肯堂自请处分，并说初四日雨停天晴，水势渐平，正调集夫役赶紧堵筑。

梁肯堂举人出身，四十岁始入仕，在知县任上蹉跎甚久，终以做事认真、官声清佳被发现，踏上快车道，七十四岁升任直隶总督。太上皇帝对梁肯堂比较信任，告以"不复另派大员前往帮办"，要他率员"上紧堵筑，迅速合龙"，将功补过。同时发出严谕，谴责留京办事大臣未能及时奏报：

> 永定河头二工段，即在卢沟桥附近，距京不过二三十里，断无与京城雨势大小如此悬殊之理。况本报屡次为泥水耽阻，即询之赍送果报及由京前来热河之人，皆云是日京城之雨甚大，平地水深二三尺不等，何以留京王大臣折内尚称断续相间、初二日旋即开霁？即或因此时庄稼俱已长成，高阜之处晴霁后水势全消，尚无妨碍，其低洼地方被淹甚少，不致成灾，亦应将此种情形详晰奏闻，何得意存粉饰？

水患和暴雨已使直隶数县受灾，京师被大水漫灌，平地水深二三尺。为何奏报时轻描淡写？谕旨在连续追问之后，也自行作出判断。正是这一段记载，可证这番话，且请细读：

---

① 《清史稿校注》卷一三五，河渠三·永定河。

在伊等之意，以朕现在盼望捷音，经理军报，早夜焦劳，不复以此再烦朕念耳。不知望捷、理军务，乃朕分内之事，而朕廑念雨旸民瘼，更重于此也。留京王大臣等俱系朝廷大臣，宁尚不能仰体朕意乎！若似此互相隐饰，则封疆大吏从而效尤，民隐无由上达。是伊等欲慰朕怀，其事小；而讳灾捏饰之渐，更重朕过，所关甚巨，不可不示以惩创。①

所论甚是，对留京王大臣隐瞒水灾的心理分析亦称精到。他们觉得上皇年岁太高，又牵挂着南方军情，既不愿增添烦恼，也期望几日后天晴水消，便有所隐瞒。上皇明察秋毫，即加处分：所有奏报不实之留京王大臣、顺天府尹、总管内务府大臣皆被交部议处；在京科道有稽察之责，并无一字奏闻，也被通谕申饬。颙琰遵父皇之命发出这份谕旨，其中自也有他的意思。

梁肯堂办事认真，在永定河漫溢决堤后迅速部署，札调方受畴等能员，征集充足物料，趁着雨停抓紧补修东西两坝，并将工程方案"绘图贴说"，飞报避暑山庄。岂知人算不如天算，"本月十五日大雨竟夜，水势顿长，东坝临水埽工塌去二十余丈"。合龙之期未免又要推迟，上皇也没有过分责备，叮嘱"惟有加倍慎重，赶紧镶做，不可再有草率"②。大雨过后，梁肯堂再次抓紧兴工，挑挖引河，分段赶办，口门缩小至三丈，并于八月初六日一举合龙。圣心嘉悦，命发去大藏香二十枝，祭祀永定河河神。

永定河的决口堵住了，香烟缭绕，敬祀河神的仪式隆重举行，然隐患并未祛除。嘉庆三年春，梁肯堂改调刑部尚书，直隶总督换了胡季堂，查勘永定河堤工后，认为残缺甚多，应行补筑，并拟出分别缓

---

① 《嘉庆道光两朝上谕档》二，嘉庆二年七月初八日。
② 《清仁宗实录》卷二〇，嘉庆二年七月乙酉。

急的治理方案。谕旨肯定了他的思路，同时也指出："近日河员往往拟将河堤增高，以御汛涨。殊不知河底淤垫，不思设法疏浚，徒将堤顶日益加高，则河底岂不益高，于事仍属无济。"[①]这番话极有见地，直指当时河工之弊，应也是出自上皇，只有他才能对治河如此了解。至于子皇帝，则遵父皇之命传谕胡季堂："只须将应修应筑事宜分别酌办，不可辄事增高，以致徒费无益。"胡季堂亦属干员，奉旨后自有大量举措，而永定河的问题并未解决，终于在几年后来了一次大发作，那可真是水淹金銮殿了。

二、火起乾清宫

这年十月二十一日，刚入夜，大内的乾清宫突然起火，火势甚为猛烈，乾清宫、交泰殿很快被烈焰吞没，浓烟熏蒸，坤宁宫前檐也被引燃。所幸刮起一阵西北风，火焰随之转向，加上内务府大臣统率官兵太监等竭力扑救，总算保住了坤宁宫，可乾清宫已被整个烧塌了架，后面的交泰殿、左右两侧的昭仁殿和弘德殿皆被引燃。交泰殿存贮有二十五枚经乾隆皇帝亲自选定的御宝，最是国家重器，幸得几个太监拼死抢出；而乾清宫中大量文献和珍宝，昭仁殿所藏"天禄琳琅"善本书籍等，大多化为灰烬。

这时刚刚度过颙琰的万寿节，上皇和子皇帝皆在宫中。就在前一天的早上，子皇帝御乾清门听政，各衙门官员面奏事件，然后大学士和珅、王杰、刘墉及内阁学士将近期折本请旨，敲定吏部提出的一些任免事宜。事件不多，又多为詹事府、光禄寺之类冷衙的中层员缺，毋须请示上皇，颙琰对此已得心应手，咨询裁决，很快处理妥当。此

---

① 《续行水金鉴》卷一四二，永定河，嘉庆三年三月十二日。

时已届秋审的勾决环节，人命关天，子皇帝要亲自率同大学士、刑部堂官及内阁学士，集中一段时间，将各省招册逐一"详勘审定"。二十一日一大早，子皇帝素服出御懋勤殿，捧本内阁学士将各犯罪过一一唱报，所报为山东、山西情实罪犯一百五十二名，皇上拣情节稍轻者停勾几名，余皆准勾。秋审勾决程序严谨，持续时间也长，而颙琰还要批阅一些章奏，并引见了好几拨新选任的官员。没成想到了夜间，距懋勤殿甚近的乾清宫突然起火燃烧，火光冲天。

从明朝到清朝，北京紫禁城都是一个火灾频发的地方，乾清宫尤甚，起火原因复杂，而多数出于管理者的不慎，这次大火亦然。此时凉意渐浓，地暖虽未燃火，乾清宫大殿中已放置了大铜炭盆。宫规对火情防范甚严，要求值班太监在晚间必须将未烧尽的炭存放坛中，移贮炕洞内，可管理炭火的太监郝世通偷懒，以为炭火已被闷灭，便将坛子放在东暖阁楠木隔扇近旁，遂铸成大祸。待发现木炭引燃隔扇，殿内已是火焰熊熊，难以扑救。

太上皇帝住在养心殿，距乾清宫仅隔一条窄巷，火起后应即移驾躲避；嘉庆帝居住的毓庆宫在东侧稍远，当会在第一时间赶至父皇身边。因未见详细记载，不能清晰了解上皇和皇上当时情形，推想必也仓皇狼狈、心情郁闷。次日晨，太上皇帝照常早起，先阅读前朝实录，然后颁布长篇敕谕：

兹于本月二十一日乾清宫、交泰殿灾，朕心悚惕，寝食靡宁。恭读《圣祖仁皇帝实录》，内载康熙十八年十二月初三日太和殿灾，圣祖谕曰："殿廷告灾，所关止属临御之所。但得海宇清晏，置斯民于衽席之上，则今所居较诸前代茅茨土阶，尚或过矣。"大哉训言，垂教至为深切！

阅读前朝实录为清帝的晨课，而读哪一卷，似乎又有一定针对性。这

184

次弘历所读当为《清圣祖实录》卷八七，传本仅记"甲子，太和殿灾"，不知后来为何省记。而上皇所引录的康熙帝谕旨，则是真切感人，展示了一个杰出君王在灾难面前的镇定与反省意识。

对于乾清宫灾，上皇也有深刻反省，认为乃上天示警，并主动承担责任：

> 今上天于默佑之中，示以儆戒，正是天心仁爱，启迪朕躬及皇帝。我父子祇惧之余，尤深钦感。且朕仍居养心殿，皇帝则居毓庆宫，而乾清宫系接见臣工听政之所，相距俱远。只因承值太监等不戒于火，致有此事。现在朕虽已传位，为太上皇帝，而一切政务仍亲理训示。政事有缺，皆朕之过，非皇帝之过。即太监人等不能加意小心，大臣等将伊等按例治罪，朕引为己过，尚从宽典。①

到了这种时候，上皇的慈父情怀彰显无遗。他虔告上天：自己虽已传位，却仍然亲理朝政，仍住在养心殿，故一切政务之失均由自身承担，非子皇帝之过。上皇命对救火出力之官员、步军及太监人等，均分别表彰赏赐；庆幸大风转向，"大臣等统率官员兵役竭力汲水救护"，保住了坤宁宫；也未忘自誉两句："朕不肯诿过于下，深自刻责于衷之意，或此一念修省，冀蒙上苍默鉴。"

至于颙琰，当夜至父皇前问安后，即指挥和调度全力扑救，内大臣和护军官兵、太监杂役拼命向前，从交泰殿抢出御宝等，所幸老天刮起西北风，总算保住了近在咫尺的坤宁宫。读了父皇的"罪己诏"，子皇帝内心不安，题诗殷殷自责：

---

① 《乾隆帝起居注》四二,六十二年十月二十二日。

德薄而位尊，盈满斯招损。内省积罪多，天灾降宫壶。

战惊少主持，呼吁抒诚恳。神殿幸保全，泥首谢恩悯。

皇父益慎修，下诏过自引。臣心愈难安，子职愧未尽。

从兹勉去愆，戒警百事准。纪实时凛看，咎殃庶可泯。①

全诗四节十六句，全是自责自警，全是惶恐愧疚，写自己未能尽子皇帝之职，竟至于让父皇发诏罪己，内心难安。颙琰在诗中还有长注："十月二十一日酉刻，乾清宫失火，延及交泰殿。上天示警，祗惧弗遑，以坤宁宫为祀神之所，地势相连，竭诚叩天佑护，幸获保全。火亦随熄，感悚倍深。"记录了当时的真实感受。

乾清宫平日管理甚严，有七品首领太监一人、八品副首领太监一人、太监二十五人，"专司供奉列祖实录、圣训、江山社稷殿香烛收贮、赏用器物，本处陈设洒扫及御前坐更等事"②。太上皇帝既将失火视为上天示警，自引错失，便要求不必过分惩治肇事太监。然则出了这么大的事，岂可素放轻饶，内务府迅速将责任查清，提出分别治罪的方案。子皇帝次日早聆听父皇训示后，专发谕旨：

宫禁重地，该太监等不能小心看守，以致失火延烧，获罪甚重。本应照拟严办……朕仰体上天好生之德，量予从宽：所有原拟绞决之太监郝士通，着改为应绞监候秋后处决；原拟绞候之首领太监张士太、刘顺、王进禄，着免死，发往黑龙江给索伦达呼尔为奴；原拟发遣之散众太监二十二名，均着免其发遣……至专管之总管太监顾进朝，着革去总管，仍回瀛台，在太监上当差，并罚钱粮六年；总管太监萧得禄、张进喜、刘芳、佟安、佟

---

① 《清仁宗御制诗》初集，卷十五，十月二十一日夜纪事。
② 章乃炜：《清宫述闻》五，乾清门迄顺贞门。

玉明，虽均系总管，究非专司，俱免其革去顶带，仍各罚钱粮四年，以示薄惩。①

这样的处分，可谓轻之又轻，皆在上皇一念之慈。不久后，他又命和珅传谕刑部，将郝士通免去死罪，发往黑龙江打牲乌拉为奴。

年节渐近，乾清宫为举行大典之处，上皇在被称为"罪己诏"的敕谕中，以冬月施工不易，命明春再进行恢复重建，并对有关典礼作出安排：

目下已将届仲冬，天气冱寒，庀材鸠工不易，明年元旦朕仍御太和殿，受皇帝率领王公大小臣工庆贺，于重华宫前殿受皇子皇孙等庆贺，后殿受妃嫔公主福晋等庆贺，与往岁举行无异，亦足以备典礼而迓春祺。自是之后，朕益励懋修戒满之念，勉思补救，庶几消弭灾眚，敬迓祥和，以期上答天恩，钦承祖训。此尤朕所朝夕乾惕，不敢稍自暇逸者。②

此一敕谕，既表达了弘历在大事之前的担当，又从容务实，可称心诚意笃。这时的太上皇帝，头脑还有着一份特别的清醒，心底也有着一份特别的柔情，要维护国家和朝廷的稳定，更要保护亲自选定的嗣子皇帝。

三、翰詹大考

转眼到了禅让的第三年，二月二十七日，圆明园春寒料峭，数年

---

① 《嘉庆道光两朝上谕档》二，嘉庆二年十月二十二日。
② 《乾隆朝起居注》四二，乾隆六十二年十月二十二日。

一度的"大考翰詹"在正大光明殿举行。所谓大考翰詹，应是清廷想出来的一个治懒治庸的主意，针对的是翰林院和詹事府中下级官员。此一院一府，职责主要在于文学侍从，为皇帝之近臣。历代清帝都很重视翰詹，注意从这里选拔人才，又深知文人集中的地方容易诗酒流连、议论遄飞，是以过几年就会有一次考试。翰詹大考有诗有论，策论题目多与时政紧密相关。

朝廷对翰詹大考监管甚严。在数日之前，先开载上三届大考题目，由皇帝亲自参酌命题。为防止大臣通关节，试卷要密封，六名阅卷大臣皆于当日早晨钦定。考试按成绩列为四等：一等极少，通常会越级升用；二等的前几名，可升职或奖励；三等者就很麻烦，多数会被罚俸或降职；至于四等以及彻底搞砸的不入等者，大多被撤职，至少会被赶出翰林清贵之地。于是，大考被戏称为"翰林出痘"，即一道鬼门关也。

翰詹大考的试题，例为一赋一诗一论。这次的论题"征邪教疏"，立意明显，是要提出应对教变之策。以敢言著称的洪亮吉，早就有满腹的话要说，遂将所见所思认真撰写。亮吉洞察积弊，尖锐指出，"教众起事，一因邪教蛊惑，一因官府压迫"，并开列出解决问题的建议：

一曰贷胁从，对被裹挟的教众开通招抚之路。"邪教滋扰数省，首尾三年，无身家衣食者多所附丽，此非真贼也。倘能予以宽贷，则既开愚民之自新，又离邪教之党羽。党羽一散，真贼乃出，从此官兵刀箭所伤乃真贼也。"

二曰肃吏治，重点在于整治那些贪酷的州县之官。"今日州县之恶，百倍于十年、二十年以前，上敢蠹天子之法，下敢竭百姓之资。以臣所闻，其罪有三：凡朝廷捐赈抚恤之项，中饱于有司，皆声言填补亏空，是上恩不下逮，一也；无事则蚀粮冒饷，有事则避罪就功，州县以蒙其府道，道府以蒙其督抚，甚至督抚即以蒙皇上，是使下情不上达，二也；有功则长随幕友皆得冒之，失事则掩取迁流颠踣于道之良民以塞责，然此实不止于州县，封疆之大吏、统率之将弁皆公然行之，安怪州县之效尤乎？三也。"

三曰专责成，分清责任，赏罚严明，尤其是及时作出惩罚。"楚抚守楚，豫府守豫，战虽不足，守必有余。军行数年，花翎之赐至千百，而贼势愈炽，蹂躏之地方愈多，盖因责成未专，赏罚未明。朝廷果能赏必当、罚必行，亲民之吏则各矢天良，封疆之臣则各守地界，削上下欺蒙之弊，除彼此推诿之情，如是而邪教不平，臣不信也。"①

洪亮吉的《征邪教疏》精警犀利，能言他人所不敢言，述说生民之艰，分析其从教之无奈，提出解决教变的思路，颇多可取。更为可贵的，是其借论兵事痛斥时政，锋芒所向，直指封疆大吏、统兵将帅乃至当朝大佬，指向和珅。

洪亮吉的文人气质还是太浓了，不知他的策论很难到达御案，而即使皇上看了也不一定就会欣赏（不久后即有惨痛教训）。大考揭晓，亮吉名列三等，殊觉愤愤。此时的内阁和军机处，都是和珅一人说了算。大考的阅卷人虽由子皇帝圈定，大名单则是和珅提供，所定六人中戴衢亨、吴省兰都与和珅关系密切。没将洪亮吉的试卷打入四等，没有把他赶出翰林院，已然是有人惜才，或有力争，和大人也给面子了。列于三等的试卷，当然不会呈送上皇和皇上御览。洪亮吉对判卷结果很不服气，将这份答卷公诸友人，都中一时争相传诵。

三月初四日，和珅等奏报考试人员清单并拟呈处理意见：共有七十四人参加考试，考在第一等为陈琪和潘世恩；二等前列的有曹振镛、英和等。除陈琪因病卒于学政职位上，潘、曹皆做到内阁首辅和

---

① 洪亮吉：《卷施阁集》甲集卷一〇，作者于题下自注："戊午二月二十七大考题"。《清代诗文集汇编》第413册，478—480页。

首席军机大臣，英和也曾为军机大臣。嘉庆帝发布谕旨，对两位满族翰林和考列四等最后一名的万承风略加宽容。洪亮吉刚由贵州学政任满回京，以诗文称誉京师，为上书房师傅，考列三等第二名，谕旨特特在他之后予以降调，也值得玩味。尽管如此，亮吉已知势头不对，借口弟弟之丧，很快就请假归乡。

第二节　从粤洋到浙洋

十八世纪末的欧洲，由于近海远洋争战不息，军舰的制造和火器装备竞相改进，排水量可至千吨，安设炮位多达百余门。蒸汽机在航海上的应用，亦在积极研制和实验中。而大清水师，仍是以濒海岸防为主，所属镇协船小炮少，训练不够，不要说与英法等国海军作战，就连往日见了就逃的海盗，渐渐也镇不住了。从乾隆末年始，一直贯穿禅让的三年，东南沿海乃至外洋的盗匪，由劫掠商船到袭杀班兵，攻击营汛，截断台厦航道，成为朝廷的心腹大患。弘历极为重视，直接降敕，或命子皇帝下达谕旨，严令各督抚迅速缉拿，以靖海洋。

出没于闽浙与两广洋面上的海盗，又称洋盗，其间有重合，也有区别：沿海或内地民人出海为抢劫，称为海盗、海匪；外来武装集团到中国海上劫掠杀戮，称为洋盗、洋匪。实际上划分原也很难，海盗团伙中不乏外籍之人，洋盗中华人的比例也不小，蔡牵、朱渍所部后来也被称为洋盗，其目标先是劫取钱财，渐而至在台湾强攻府城，所谋已大。

一、海盗袭杀班兵

嘉庆元年七月二十九日，台湾提督哈当阿的奏折缓慢送达京师，称接据水师参将何定江报告，搭载赴大陆办事官兵及换回班兵的商船，四月初十日在台厦航线接近厦门外洋猝遇海盗，死难将弁达四十七名之多，奏曰：

> 台湾镇标右营守备林国升、南路营把总罗于红带同兵丁钟正魁、巫绍其赍文赴口外买马，又督标左营外委邱振声带回班兵林明龙等四十四名，同配吴长春商船，于四月初十日驶至将近厦门清水墘外洋，陡遇匪船十一只围劫。守备林国升督率弁兵放枪打死贼匪多名，及至天明，药铅放尽，守备林国升被贼炮打毙，贼匪乘势登舟，语言俱系粤省口音，所穿衣服亦有外夷式样。贼匪忿官兵伤其伙党，声言俱要杀害，把总罗于红，外委邱振声，兵丁钟正魁、巫绍其及换回督标班兵林明龙等四十二名俱被戕害，共毙官兵四十七员名。①

真是一场血腥杀戮！报告事件经过和屠杀情形的两名士兵，由于跳海才得幸免；而那些被集体处死的官兵，显然是在海盗登船后未加抵抗。如果说早期海盗只是劫掠商船，躲避水师舰船，此际已拥有枪炮，主动攻击官兵，手段极其残忍。清水墘离厦门不远，海上持续交火一夜有余，始终不见福建水师前来救援，所谓海上巡防形同虚设。

如此重大案情，哈当阿竟以三百里驿递，加以台厦海路邮传时被

---

① 《清仁宗实录》卷七，嘉庆元年七月壬申。

阻隔，是以五月十九日拜发，两个多月后才得到京。实则五月二十九日朝廷就得知此事，魁伦奏报洋盗巨魁濑窟舵投首的大好消息，在附片中说到此事，轻描淡写，并指明是粤省匪艇所为。因叙写不细，上皇没太注意，责备了两广总督朱珪几句，要他"务须严饬粤省镇将督率兵丁，在洋会合闽省，实力四面兜擒"①。这次接哈当阿详奏，上皇始知事态之严重，首先斥责哈当阿奏报太迟缓："此等外洋盗匪戕害官兵多名重案，自应由六百里驰奏，乃哈当阿仅用三百里奏报，殊属迟缓！"接下来将矛头指向报喜不报忧、推责透过的魁伦。这之前已有长芦盐政方维甸奏称：四十多只台湾商船运送官谷往福建，在厦门洋面被大批海盗船围攻，所幸骤起大风，一部分粮船乘风突出，驶至天津。上皇对曾经夸奖过的魁伦产生了怀疑，责令他据实复奏，接哈当阿此奏，更为不满：

> 魁伦自应将此案盗犯速行擒获，何以洋盗如此肆劫，戕害官兵至四十七员名之多？迄今尚未据该督将如何督率搜捕、曾否就获之处具奏。魁伦前在署总督任内于缉捕盗匪尚属认真，是以实授总督，乃近日所拿洋盗不如从前之多，且皆系并无紧要之犯，以致盗匪肆无忌惮，将官兵杀害多名，甚至台厦两口海道不通，台湾带送官谷商船遇盗驶至天津多船。是该处洋面盗风不但并未敛戢，更觉较多于前。看来魁伦自实授总督后竟志得意满，心存懈玩，不能承受朕恩。

海盗频频攻击带有官府性质的商船，与官军枪炮相对，悍然屠杀被俘官兵，干扰甚至截断台湾与福建的联系，身为闽浙总督的魁伦视若无闻，隐瞒不报，或大事化小，殊为失职。由是可知一肚皮阴损的人，

---

① 《嘉庆道光两朝上谕档》一，嘉庆元年五月二十九日。

历来当不得大事，难负委任。

对于哈当阿所提到的广东口音和外夷服色，谕旨也予以批评，指出其转嫁责任的意图，诘责"岂以外夷盗匪，即任其在洋围劫"，谕令迅速督率兜捕。但他的这一说法显然为上皇相信，谕旨结尾处，话头又扯到朱珪的书生气和不称职上：

> 朱珪近日所拿洋盗尚不如魁伦之多，即间有拿获，亦非紧要重犯，以致粤省洋盗乘风驶入闽洋，肆行劫掠。看来朱珪本系书生，于缉拿盗匪竟不能认真督缉，粤东水师营伍亟须大加整顿，方足以靖海疆。①

此谕旨以军机处字寄发出，六百里急递，签发者为和珅。这一时期的字寄皆和珅单衔发递，当是阿桂因病休养，难以入军机处理事。

哈当阿原奏附有一片，说"厦门一带四月内复有艇匪肆劫，因此台厦两口均无船只来往，又查嘉义、彰化二县据报俱有盗船在洋行劫"；奏称五月初三日有四艘匪船进入八里坌港口，被守军用炮打跑；并说正会同台湾道督率员弁，分为南北两路，严加堵截缉捕。海盗对官军似乎毫无惧怕，就在这次大搜剿行动中，官军雇用十三只商船出洋巡哨，在淡水外洋发现四艘盗船，向前追赶，护理游击曾攀鹤竟然船毁人亡。

此事发生在当月二十一日，哈当阿奏称：

> 五月二十一日午刻，在淡水所辖石门打鞭洋面瞭见盗船四只在洋游奕，曾护游击即率领各兵船向前追捕，正在开炮打仗之际，忽转西北暴风，势甚猛烈，又加骤雨，兵船贼船同时遭风

---

① 《嘉庆道光两朝上谕档》一，嘉庆元年七月二十九日。

吹散，兵船陆续回港。随后有外委陈邦桂兵船收口，回称在洋遭风，自睹曾游击所坐金源发商船被风拔起大桅，船身压侧，不能行动，伊将兵船竭力驶拢救护，当有兵丁蔡正升……等八名先行过船，曾游击赴舱取印，伊船即被风浪冲开。

同时十余兵船出洋巡哨，一遇风浪，即放弃敌船，管自逃回港口，官兵的军纪士气于此可见。比较起来，这位外委就算好的了，救起几人，见风浪险恶，即命属下驾船归港。于是，追缉海盗的兵船反为所制，一艘盗船驶近——

　　曾游击因船身倒歪，不能打仗，随将炮位药铅军械等项抛丢入海，贼匪上船，曾游击力难抵敌，恐被贼辱，携带印信，同兵丁舵水等跳海……①

此类奏报往往多加粉饰，以掩败绩。既便如此，一个清楚的事实是：盗船驶来时，曾游击兵船并未沉没，船上还有十三人，枪炮俱在，可只是忙着将枪炮扔进海里（哈提督以为这也算有功，特书一笔），没有人开火抵抗。此处距港口不远，其他兵船相隔亦近，也没有一艘前来支援。

　　哈当阿本为福建水师提督，兼任台湾提督，可水战不灵，陆地常也难保。朝廷还在等待缉拿杀害官兵盗匪的消息，可迟迟未见奏报，奏来的是一个接一个的失利，令人沮丧。进入嘉庆二年，洋盗居然在北台湾登岸，攻入大鸡笼汛，将炮台上的火炮抢去。依照失陷城寨律，千总邓龙光应拟斩监候，哈当阿也没忘记给属下讲情："洋匪百余人，携带枪械，猝然登岸，邓龙光只有跟兵七名，势难抵御。"谕

---

① 录副奏折：哈当阿，奏报护理游击出洋捕盗遭风遇盗跳海淹毙事，嘉庆元年。

旨居然准了，只说了句下不为例。①

二、来自安南的洋盗

纵横于两广和闽浙洋面的海盗船中，有些远大于清朝水师的舰船，来自安南。就在禅让大典后的几日里，署两广总督朱珪、署闽浙总督魁伦和浙江巡抚吉庆分别奏报拿获洋盗情形，谕旨给以鼓励，并指出：

> 但未获各犯，该督抚等皆称远窜外洋，往来出没，是根株仍未能净尽。盗匪在洋面行劫，被官兵追拿紧急，窜入外洋，固属情事所有，但盗匪逃窜之后，势不能日久停留洋面，其淡水及食米等物均须上岸取用。捕盗将弁等仍当于岛坞处所往来巡缉，设法擒拿，庶盗匪无从得有食米淡水，自易就擒，洋面渐就肃清。断不可以盗匪一经窜入外洋，即任其远飏潜匿，置之不办。②

该旨很长，部署交待甚细。魁伦在奏折提到剿匪兵船"遭风搁汕，中炮失火"，引起上皇关注；所称捕获一百三十名盗匪中夹杂出海贩卖咸鱼的无照商贩，则被斥"殊属牵混"。上皇的"训政"大略如此，即针对重大事体，根据地方大员的秉性和能为，告诉子皇帝该怎样分剖处置。

与魁伦的隐饰相对应，在福建家乡养老的前任大学士蔡新的奏片也传到京师。鉴于在伍拉纳案未有举报被切责，蔡新决意将洋盗情形

---

① 《清仁宗实录》卷一三，嘉庆二年正月乙巳。
② 《嘉庆道光两朝上谕档》一，嘉庆元年正月初十日。

奏报朝廷，复又觉禅让大典间不便以此事让圣上烦虑，没有写入谢恩折。蔡新在致儿子信中附录奏片底稿，并带来口信："现在福建洋匪出没无常，肆行抢劫，地方事务办理亦未认真。我系大臣，受恩深重，目击情形不敢隐匿。此时正届年节，不可以上烦圣心，将来遇有奏谢之事，再将此片誊真，附入具奏。"① 御史宋澍辗转闻知，即加奏报。上皇命向蔡新之子询问详情，并传谕魁伦查明复奏。

二月，魁伦上奏办理洋面情形，并对蔡新所言作出回复，尽量轻描淡写：

> 御史宋澍陈奏蔡新家信内，述及闽省洋盗充斥，并勾结安南夷船等因。查闽省近来洋盗充斥，兼漳泉被水后，失业贫民不无出洋为匪，但此等匪徒随聚随散。而粤省匪船，遂有假装服饰，称为安南夷人，乘风入闽。臣以海洋为闽省最要之事，不敢稍有疏懈，亦不敢过于张皇。现添派水师，扮作商船，严密缉获。至蔡新家信内称"盗匪脱逃者，责其家长村众共擒，不获亦并治罪，能获者赏之"一节，现在村众有将逃回洋匪纷纷缚送，臣俱赏给银牌奖励，如不获即予治罪，恐其心存疑惧，反多隐匿；又"战船无风亦动，船动则放炮不准"一节，向来系用哨船，船身笨重，现饬官兵驾坐商船，诱令贼船较近，施放枪炮，更可使洋匪遇见商船疑系官兵，不敢肆行剽劫。②

答得似是而非，极力说明海盗属小打小闹，自己既主动出击，又有很多有效招数。上皇读后夸赞："汝所办尚属实力实为，毋懈！"后来的事实证明洋匪甚为猖獗，绝非魁伦所言。

---

① 《嘉庆道光两朝上谕档》一，嘉庆元年二月初一日。
② 《清仁宗实录》卷二，嘉庆元年二月丙午。

乾隆末年，洋盗有安南官方背景的密报即传入京师。那时安南久经离乱，阮光平父子夺取政权，但内部不稳，对宗主国清朝也是离心离德、疑惧重重。他们在经济上极为窘迫，纵容所属到海上劫掠，资以师船，授以官职，发给印信旗牌。由于安南舰艇高大坚固，又称艇盗或艇匪，由粤海渐渐深入闽浙，与内地土盗凤尾帮、水澳帮勾结为害。

嘉庆元年八月，朝廷决定以新任两广总督吉庆和闽浙总督魁伦的名义，向安南国主发出照会，挑明拿获洋盗中各船都有人穿安南服饰，持有安南地方印票，并说尚未上奏，严词要求安南官方尽快实力查禁。这是上皇的主意，照会也由有以下一段妙文：

> 贵国王备位藩封，蒙大皇帝优加恩眷，与天朝封疆大臣并无区别，是贵国百姓亦即系天朝子民。凡遇此等匪徒，皆当无分畛域，一律惩办。设或内地盗匪有在贵国洋劫掠者，亦不妨拿获正法，转不必解送内地，致有疏纵。如此互相稽查，庶海洋可就宁谧，贵国王庶得永承恩眷。[1]

此照会必经和珅亲自定稿，模拟二督臣声口，倒也煞有介事。文中还提到朱珪由于办理洋盗不力，已被召回惩治；说新任二总督皆系满洲大臣，如不遵照查拿，"毋谓本部堂等言之不豫也"。

十一月，魁伦奏称缉捕洋匪的经费不敷，呈请于藩库借银八万两。谕旨批复"照该督所请，于藩库项下照数借给"，但对于折内称"营船笨重不能得力"，觉得莫名其妙。其时洋盗舰只高大坚厚，水师军舰往往不能抵敌，呼吁制造巨舰以反制。魁伦不知听谁胡说了一通，居然将追剿不力推到船体笨重上，要求改为短小轻便的船只，真

---

[1] 《嘉庆道光两朝上谕档》一，嘉庆元年八月初三日。

是匪夷所思。

上皇一边责斥魁伦，一边命吉庆驰赴广州，"将艇匪起自何时、粤省督抚及地方文武如何疏纵，严行详查，秉公参奏"。吉庆做事认真，很快查出洋盗的老巢在安南境内，受到该国供应和庇护，着手部署水师三路剿捕，并建议朝廷不必行文安南，以免打草惊蛇，奏曰：

> 粤省十府三州之内，八郡皆系滨海。自惠、潮以迄雷、琼袤延二千余里，处处毗接外洋。今拟将海防分为三路：西路高、雷、廉、琼所属洋面，每有盗匪伺劫商旅，琼州孤悬海外，雷州近接夷洋，查盗船俱在江坪白龙尾一带藏躲，而雷属之海安与琼属之海口二营隔洋对峙，中间水面仅八十余里，向来盗船俱由此处潜驶来粤，现于二营各派兵船三十号，分作两帮，遴委将弁往来巡缉，轮赴龙门、硇洲、涠州等处搜拿；自惠州平海以东，至潮州闽粤交界，是为东路，饬南澳镇总兵林国良领兵船二十只，上紧堵拿，并咨会闽浙总督魁伦札饬铜山营，配兵船二十号协缉；至广州、肇庆所属之虎门、大鹏、广海寨、老万山等处洋面，是为中路，派参将黄标领兵船三十只，实力追捕。总期将盗首擒获，悉绝根株。至洋匪所需硝黄、米谷、淡水，自系图利奸徒接济，现派员密赴各口岸访拿严究。再兵丁月饷无多，出洋捕盗力难裹带，每名每日应请给盐菜口粮银五分，在藩库杂款项下作正开销。[①]

当日满大臣中，吉庆算是做事认真的一位，得旨嘉奖，所请对剿匪兵丁每日的补贴也被批准。不久后，魁伦奏报拿获盗犯，"内有安南总兵及该国兵丁"，吉庆奏拿获盗船"票照内有宝玉侯字样，自系前在

---

① 《清仁宗实录》卷一一，嘉庆元年十一月壬戌。

浙洋陈阿宝匪夥"。经审讯，洋盗的组织结构也随之浮出水面："安南乌艚有总兵十二人，船一百余号，并据起获印记。是此项乌艚夷匪，皆得受该国王封号，其出洋行劫，似该国王非不知情。"① 对于要不要勒令安南国王缉拿，上皇与子皇帝及一众大臣反复斟酌，决定还是不必点破，以免再兴无把握之兵，谕令吉庆等在东南洋面会剿："遇有外洋驶入夷匪，无论安南何官，即行严办。再此后拿获安南盗匪，审明后当即正法，毋庸解京，以省驿站解送之烦。"其实不光是节省押送的费用，也有意回避与藩属国的正面冲突。上皇晚年心态，已是多一事不如少一事。

是时大清水师不为无人，福建李长庚，广东黄标、林国良等皆称水师良将。惟弁兵待遇甚低，兵船又多是低矮单薄，海上搏击常常不利。虽然如此，还是抓捕了不少洋盗，证实有些来自安南，并有安南总兵等印信。数年前安南内乱，孙士毅受命出师，成功进占其都城东京，复以轻敌溃败，丧师挫威，损失惨重，使清廷不敢轻易兴兵。经过计议，朝廷决定不再出兵追究，不再通报安南，而是加大会剿，擒拿后即行正法。安南方面知事情败露，上表辩解说并不知情，也抓了六十多名零散洋盗解送广东。二年五月，嘉庆帝奉上皇之命，降谕予以褒奖：

> 皇帝敬遵太上皇帝圣谕，敕谕安南国王阮光缵：近因洋面地方时有匪徒劫掠之事，曾经闽粤总督照会该国王一体协拿。今据两广总督臣奏称，该国王差委官弁丁公雪等带领兵船，前赴夷洋巡查剿捕，拿获盗匪黄柱、陈乐等六十余名，将所获人犯船械解送内地办理，并于贼匪屯聚处所派委妥干员弁留兵设守，太上皇帝甚嘉。该国王小心敬事，恭顺矢诚，用是特沛渥恩，加以

---

① 《清仁宗实录》卷一三，嘉庆二年正月庚戌。

优赉。兹颁去如意、玉山、蟒锦、纱器等件，委员赍往宣赐，以昭优奖。该国王仰承宠眷，益当饬令所属员弁悉力巡防，随时搜捕。如有盗匪仍前在洋滋扰，即行擒拿，解交内地究办。若能拿获盗首，更为奋勉可嘉。务使奸匪肃清，根株净尽，以安商旅而靖海洋。该国王尚其恪恭效顺，弥深感励，以期倍沐恩施。①

如此两端夹击，许多海盗失去依托，在大洋难以存留，只好选择回国投首。六月间，吴大相、庄得利、李大安等率同伙党及家属一百余人从安南投回，缴纳船只器械，并表示愿随同兵役搜捕洋匪，即赏给吴大相等外委金顶。谕旨肯定了这种"以匪攻匪"的做法，谕曰："此等投首之人，既经赏给顶带，即与营弁无异，何必心存歧视？惟当随时留心查察，不独随同官兵捕盗之人应妥为驾驭，恩威并用；即回籍安插人等，亦不可不密为防范，以期化顽为良。"② 安南洋匪之患，随之渐渐消歇。

三、海盗的帮伙

海盗出没洋面，踪迹无定，每以"帮"相称，官方文书也称为"首伙"。早期的海盗帮派以乡里宗族为纽带，或父子兄弟相从，或妻子儿女同在，开始时在原籍和据点多有亲友接应，后来官军巡察渐密，只好一起出海。严旨督催之下，两广和闽浙水师不断到近海乃至远洋围逼兜剿，沿海地方巡查追缉加严，一些海寇开始投降归顺，称"投首"或"自行投首"，起初零零星星，后来常也是一帮一伙的，由

---

① 《嘉庆道光两朝上谕档》二，嘉庆二年五月初一日。
② 《清仁宗实录》卷十八，嘉庆二年六月壬辰。

头目带领。

嘉庆元年四月，魁伦等奏道：洋盗庄麟杀死帮伙盗首骆什，带领同伙与船只炮械，自行投首。赏给庄麟大缎一匹，以千总拨补。上皇见奏，降谕予以肯定。此事很快传入海盗团伙，洋面凶险，既有水师追击，又时遇狂风巨浪，诚可谓朝不保夕，见投首可以免罪，为首之人又有官可做，于是仿效者渐众。不久后，海洋盗首獭窟舵（即张表）带领帮众四百七十三名，自行投首，并呈缴船只炮械等物。是时海盗以王流盖、獭窟舵、林发枝三帮较大，屡在洋面肆劫，为害甚巨。王流盖已被官军用炮击毙，獭窟舵带领同伙全行投出，只剩下林发枝一支。魁伦奏称獭窟舵等报效心切，请求出洋缉捕海盗，"择其强壮勇往者，令跟随官兵缉捕"。以盗制盗，似乎开辟了一条绥靖海域的新途径。

此折奏到之日，恰福康安在苗疆军中病逝的噩耗传来，上皇对海上剿匪的进展稍觉宽慰，赞扬魁伦"所办尚属可嘉"，命赏给獭窟舵守备职衔，并赏戴蓝翎，赏大缎二匹，谕曰：

> 着传谕魁伦等面向獭窟舵宣示恩谕，责以捕盗之事。如能将林发枝擒获献功，固当格外优赏。否则或林发枝听闻此信，亦思投首免罪，其余伙盗自皆闻风解散，庶可永久绥靖海疆。①

督抚奏报的是一时一地之得失，皇帝的目光总是着眼于全局。由獭窟舵的全伙归降，上皇即刻想到林发枝帮伙，启发臣下去招降。而对于让投首盗伙随水师出哨，则颇为审慎，"现在此或一法，但宜倍加慎重，不可稍存大意"。怎么能够保证野性难驯的海盗不再反噬，成为出洋巡缉的生力军？上皇也在思考斟量，重要的还是优待和信任，指

---

① 《清仁宗实录》卷五，嘉庆元年五月癸酉。

示对獭窟舵"即照守备分例赏给","其船内存贮米粮，应尽数先给伊等食用，俟此项米石食竣，即照兵丁之例一体赏给盐菜口粮"。等到海洋静谧以后，则用分化之策，"或令其散归本籍，各谋生业，或令其当兵，以免伊等乏食，又致故智复萌。总之宜散不宜聚，方为妥善"。疑虑亦多，强调的是戒备防范。魁伦回奏称："闽洋土盗，惟林发枝一犯踪迹无定，倘闻风投首，海洋即可绥靖。"说得轻巧，实则多属忽悠。上皇有些相信，降谕对林发枝这等有名盗首，必须实力捕获，即使其自行投出，也应当送京师量加安插。

七月间，吉庆也奏报洋匪悔罪投首，谕曰：

> 此等盗犯，一时畏罪自投，未必真心改悔。其伙匪人数较多，既能率伙而来，岂不能纠约而去？虽所乘船只现已入官，亦岂不能抢夺别船，乘间远逸？当严饬地方官随时查察，不可仅以取保了事。①

所虑甚是。之后浙江巡抚玉德等奏报"盗首张落、黄孜、黄阿满三名悔罪投首，业经照张表等例免罪，赏给把总顶带，送回闽省，随同张表等出洋捕盗"。张表，就是曾经的盗首獭窟舵，现在是官军的守备了。稍后又有洋盗梁得光率众投首，呈缴船只枪械，玉德不再授予军职，将其押解回原籍，交地方官管束。上皇认为办理得体，下旨"嗣后闽浙洋面，有似此投出盗匪，即照玉德所奏办理"。实话说来，投首的海盗太多，已经难以一一安排。

从来都有些脑瓜灵的人，会钻政策的空子。于是，出海为盗——投首领赏——再做盗匪——事急再降，成为海盗的一个生存模式。多地都在拿获洋盗中发现曾经投首之人，上皇下旨严办，其家属缘坐。

---

① 《清仁宗实录》卷七，嘉庆元年七月庚戌。

但此类反复之犯多系下层人，为衣食所迫，只能予以遣发边远，以示炯戒。

二年夏，唯一剩余的盗首林发枝为情势所迫，率领属下一百五十三名向官府投首。上皇以为：林发枝非寻常盗匪可比，如果真心投顺，虽应贷其前罪，但不可留在福建，降旨"赏投首洋盗林发枝七品衔，来京安置。伙盗一百五十三名，分别安插如例"。所谓如例，说的是清廷在对待大批降卒上的行之有效的办法，即化整为零，分别押送至不同地方，以免日后勾结呼应。在将林发枝派人送往京师后，他的部下也被分散解至内地各省，其中蔡阿四等十人不服，思谋有所异动，即被锁拿入狱。上皇命将这些人严行锁禁，加意防范，并说如在囹圄仍不安静，即改发黑龙江，给索伦达呼尔为奴。

曾经横行洋面的三大帮相继亡散，来自海上的威胁并未完全消失，朝廷仍注意选拔水师将领。三年六月，广东澄海协副将黄标升为左翼镇总兵。黄标出身行武，"能于海洋中出没月余，视波中之鱼鳖，历历可数"①，曾被福康安识拔，擢升参副，后与李长庚同为水师名将，在进剿洋盗中数建大功。就在当月，又接哈当阿奏报，折差李喜赍送章奏过海，在金门洋面猝遇洋盗抢劫，慌忙跳海，遗失奏折公文。一股更为强悍的海盗正在崛起，为首者名蔡牵，又称蔡牵帮。该帮聚集多艘大舰，在台湾一带袭击劫掠，并公然停泊港口。哈当阿分遣将弁前往兜剿，安平协副将李锟因已升任苏松镇总兵，有些延挨观望，未能即时冲前围堵，以致蔡牵率船突出，远飏而去。一怒之下，哈当阿上疏参奏李锟遇盗畏葸，并以蔡牵脱逃自请处分。

八月初三日，魁伦与哈当阿的章奏同日递到，内称蔡牵帮舰船除拿获及被风浪击碎之外，所余仅十余只，不难克期剿灭，并说哈当阿在参奏李锟时所说，似觉张皇。上皇的头脑清晰，授意连发三道谕

---

① 《啸亭杂录》卷七，黄标。

旨：谕哈当阿"所参甚是"，谕魁伦"殊属非是"，在给福建三大员的谕旨中，措词甚严：

> 李铦系魁伦保奏，已擢任苏松镇总兵，显有回护之意。水师镇将出洋捕盗，全在跟踪盗踪，上紧赶拿。乃此次调催商哨各船五十余只，派拨兵勇一千四百余名，正应鼓勇直前，将盗船悉数拿获，乃李铦有意延挨，一味畏葸，任催罔应，以致盗船远逃东北外洋，非寻常贻误可比！……现在李铦已解内地，着魁伦等即将李铦派委妥干员弁解京，交军机大臣会同刑部，严行审讯。①

谕旨还特别交待，要哈当阿找几个现场人证，另起解京，途中不许与李铦见面，避免通同串供。通过此事，上皇对魁伦的印象更差，不光在明谕中严厉谴责，还专发严谕给他本人，一开篇就揭其老底：

> 魁伦本属营员出身，因系查弼纳之孙，加恩不次擢用。又因其在福州任内参奏伍拉纳等贪婪亏空一案，尚属持正，即用为闽浙总督。魁伦身受重恩，遇有地方事件，理应秉公办理。乃于哈当阿参奏李铦出洋捕盗玩误延挨一事，魁伦以李铦系其所保，转以哈当阿所奏为张皇，显以心存回护，大属非是。岂伊志得自满，顿忘本来面目？②

魁伦应为一个浅薄之人，难当总督大任，此前因伍拉纳案受到上谕奖赞，兴兴头头，的确有些志得意满，此际被当头一瓢冷水，不知是否清醒了一些。

---

① 《嘉庆道光两朝上谕档》三，嘉庆三年八月初三日。
② 《嘉庆道光两朝上谕档》三，嘉庆三年八月初三日，同日所发谕旨第三道。

东南海疆乃至台湾的形势是严峻的：原来被打散的海盗重新聚集，蔡牵帮、朱濆帮等新的更大的海盗团伙正在崛起。蔡牵，福建同安人，自幼父母双亡，亦无亲族可依，与人佣工为生，大约做的也是领船运货出洋之类，故又有"大老板""大出海"等称号。乾隆五十九年遭遇天灾，难以为生，遂铤而走险。蔡牵颇有英豪之气，危难时挺身担当，待同伙平易友善，不数年便聚集了一帮死士。时蔡牵正值壮年 ①，志向远大，不甘于总在洋面漂泊，希望在台湾或其他岛屿找到一块根据地，是以多处攻掠袭扰，所谋与一般海匪不同。

魁伦之流总愿意奏报一些盗匪投首的好消息，对于蔡牵的情形很少提及。三年十一月，再奏盗首沈振元、沈弗桃等"率伙投出，并呈缴船只器械"，"业经赏给顶带"。此时阅批奏折者已为嘉庆帝，谕令照从前张表、林发枝之例，将沈振元、沈弗桃委员押送赴京安插。同时也提到出没于浙洋的蔡牵，命尽快缉拿归案。

上皇驾崩后，嘉庆帝终于可发泄对海防疏漏的不满，命各督抚训练水师、整饬营伍，在浙江巡抚玉德奏折上批谕，痛斥军中之恬戏：

> 朕于甲辰年随驾南巡至杭，营伍骑射，皆所目睹，射箭箭虚发，驰马人堕地。当时以为笑谈，此数年来果能精练乎？至于洋盗尤宜严缉，总当力禁海口出洋贩船内如米豆铁器等项。洋盗无所接济，自然涣散矣。②

军营中腐败滋蔓，官有官腐，兵有兵贪，营伍训练科目不知改进，本来是水师，练的仍是射箭骑马，且连大清赖以起家的骑射也不成个样子了。谕旨中所谓严禁粮食铁器出海，亦多属纸上空谈。

---

① 据闽浙总督阿林保嘉庆十三年五月初九日奏折内蔡二来（蔡牵义子）供，该年蔡牵 47 岁，则可推知此年约 37 岁。

② 《清仁宗实录》卷三八，嘉庆四年正月戊子。

第三节　杀戮之痛

　　禅让期间，内乱频发，兵火相连，苗疆之乱未平，白莲教变又起：先是湖北，接下来是四川，后来又是陕西，包括河南等数省遍地烽烟，田庐残破，生民涂炭，历久不得平息。这场内乱不仅仅是官军与教军的对垒，还有大批乡勇参与其中，诛戮连着诛戮，仇杀接着仇杀，动辄是成百上千人头落地，严重撕裂了地域、族群及整个社会，军费支出和经济损失更是难以计算。一直到太上皇帝辞世，白莲教起事仍方兴未艾，成为大清帝国由盛而衰的标志性事件。

一、桃花马上看重来

　　嘉庆二年夏天，襄阳教军突出重重围困，于四川东乡与白莲教各部大会合。在朝廷和领兵大员眼中，齐王氏（即王聪儿）、姚之富为白莲教最重要的首领，他们率领的襄阳教军也最为强大，"尤为众恶渠魁"，"同教匪犯妄称为总教师，到处蜂起附和"[1]，是以对其转移往川东颇为紧张，调动大批部队，尾追而至。

　　四川教军虽然后起，然多地同时并举，一上来就击毙袁国璜和兴安镇总兵何元卿。袁何二人皆称骁将，居然抵敌不住一帮草民，官兵大震。但白莲教实际缺少一个众望所归的领袖，也缺少统一的指挥协

---

[1]　《钦定剿平三省邪匪方略》正编卷六七，9页。

调。各路教军自成山头，自画区域，虽有一些协同行动，更多的则是单打独斗。襄阳教军转战川东，数万人拥挤在一处，加上川地教军，吃住用度都要取之于当地，很快便出现种种问题，只有辗转杀回湖北。

不清楚各路教军在会合期间商讨了些什么，所能得知的变化是，襄阳教军也开始以青、黄、蓝、白分号：王聪儿、姚之富等统领襄阳黄号，高均德、张天轮统领襄阳白号，张汉潮统领襄阳蓝号。王聪儿作为总教师齐林遗孀，虽未被推举为大首领，但在教众中较有号召力。她年轻貌美，却悍勇善战，"每临阵，戴雉尾，衣红锦战袍，于马上运双刀，矫健如飞，所向无敌"①，是整个襄阳教军的一面旗帜。至于制订攻掠策略，则有心机缜密的姚之富，变诈迭出，忽东忽西，搞得清军防不胜防。

重回楚地，襄阳教军兵分两路，势头甚锐。八月初旬，首队王聪儿两万余人挺进竹山和竹溪，逼近陕南，西安副都统丰绅布率满兵堵截，教军强力突击，虽未能冲过去，交战中格杀满洲悍将丰绅布，也使清军震恐。后队首领为王廷诏，率万余人奔袭宜城，虽再次失利败走，也吸引了官军主力。王聪儿所部直趋襄阳，分三路北进，每路相隔百余里，遇官军拼命阻击，转而攻击郧西，"旗帜蔽野，分五路以行"，攻势勇猛。清军精锐亦较多集结于此：明亮、德楞泰皆属身经百战的大将，经过无数厮杀，已熟知教军作战的路数；阿哈保本为头等侍卫，在苗疆以骁勇升副都统，此时率木兰进哨弁兵赶到；惠伦为头等侍卫兼护军统领，受命率三千索伦兵参战，也是建功心切。德楞泰部署诸将分路迎击，双方反复绞杀整整一天，血流成河，教军不敌败溃，惠伦却在长坪中枪身亡。这位公爵衔武大臣盛气初来，不太了

---

① 朱翊清：《埋忧集》卷六，见《清中期五省白莲教起义史料》第 5 册，315 页，江苏人民出版社 1981 年版。

解教军的悍勇，亲手射中一头目落马，飞骑赶前擒拿，忽被斜刺里突出一枪刺中。后来颇有几位军中猛将，都这般因大意而亡。

朝廷对襄阳教军最为重视，将王聪儿所领黄号定为首逆（"姚之富、齐王氏尤为贼首中紧要之犯"），谕旨叠颁，要求统兵大员明亮和德楞泰集中兵力，探明王、姚"现在何路，即专向此路并力围拿，肃清一路，再以次递剿"①。对四川教军各号人马，也明确责成，严令各路大员分别擒拿，"彼此各办各贼，不拘何路擒获贼首，即属该处带兵大员之功；何路任贼首纵逸，即系该处带兵大员之罪"②。又是几个月过去了，襄阳黄号不仅未被歼灭，连去向哪里也不甚清晰，朝廷降谕切责明亮，督令迅速擒获王姚等巨魁。

转眼又是元旦。嘉庆三年的元日，上皇仍是苦苦等待前线的捷报，"恩威并用不余力，擒获首凶尚待他"③，"知予望捷衷均苦，剿逆同筹不尽谈"④，传递出对平定教变的内心焦灼，也写了子皇帝的理解和积极参与。就在此时，高均德所率一支襄阳教军，突然出现在陕西汉中，此地距湖北数百里之遥，大批教军怎么来的，诸大员全然不知。高均德率部猛力攻向汉中，见官兵在襄城拼命阻击，便向东北部的秦岭一带运动。翻过秦岭就是重镇西安，驻军经多次抽调往前线，导致西安城甚为空虚。陕西巡抚秦承恩紧急驰奏，明亮与德楞泰也不敢轻忽，火速率军赶往。初八日，上皇接明亮等章奏，大为恼怒，斥曰：

> 朕方冀明亮等在川境将齐王氏、姚之富、李全等大股贼匪先行歼获，则高均德一股人数无多，无难一鼓扫荡。乃本日明亮等递到之折，转舍大股贼匪，辄带全队劲兵追剿高均德，仅留乌尔

---

① 《清仁宗实录》卷二一，嘉庆二年八月丁未。
② 《清仁宗实录》卷二二，嘉庆二年九月甲午。
③ 《清高宗御制诗余集》卷一七，元旦试笔二首。
④ 《清高宗御制诗余集》卷一七，戊午元旦。

> 图纳逊带兵在宁羌防堵，实属大错！况贼匪诡诈，或令高均德折窜汉中，希图牵掣官兵尽赴东北，而齐王氏等乘间渡江，赴陕滋扰，岂不正堕贼计乎？明亮、德楞泰茫无主见，调度失宜，本应革职拿问，治以贻误军机之罪。姑念一时带兵乏人，暂留立功赎罪，着将花翎拔去，以示薄惩。

弘历素喜遥控前线军务，节节布置，至晚年尤甚。怎知白莲教教众聚则为兵，散则为民，随处裹挟当地百姓，亦随处有教民加入，战无常规，行无定踪，在第一线的将帅尚难判断，罔论数千里外的上皇。至于说明亮和德楞泰缺少主见，倒是不差，二人皆称猛将勇将，又皆非帅才。

上皇也想到可能别有实情，即襄阳黄号也在陕南：

> 看来姚之富、齐王氏、李全等大股贼匪，或已同高均德折窜汉中，而明亮等不敢据实具奏。若果如此，则正应趁此首逆等聚集陕境之时，速行围剿，犹可稍赎重愆。再高均德北窜过江，爱星阿在彼防守，不能截住，实属疏玩，着革去花翎，以观后效。勒保现在垫江、大竹一带剿办贼匪，接奉此旨后，着迅赴汉中督办一切，并查明明亮等发折时，如大股贼匪已渡汉江，而明亮等畏干重罪不奏，则欺罔之罪尤重，勒保竟当参奏。至豫省相距较远，景安当镇静防范，勿涉张皇也。①

以后几日间，上皇怒气不解，命革去明亮、德楞泰所有世职及优赏紫缰。得知在高均德部之后，"又有一股贼匪接踵过江，并有骑马女贼数百人"，上皇判定必是王聪儿率部已至陕西境内，督令各督抚和统兵大员截击围剿，严令不得让其进入河南地方。

---

① 《清仁宗实录》卷二六，嘉庆三年正月癸酉。

各路军报也是真真假假，凌乱且互相矛盾。不久接乌尔图纳逊奏报，拿获白莲教奸细，供称王姚主力现在广元东北一带，其他教首王廷诏、李全、张汉潮、阮学名等不知下落。上皇又生担忧和疑惑：广元军事地位险要，并无重兵守御，"齐王氏、姚之富如果尚在广元，则该处并无官兵堵截，岂任听贼匪往来滋扰耶？且齐王氏既在广元，前次景安所奏骑马女贼又系何人"①，降旨迅速查明复奏。实则王聪儿的确已率部进入陕境，分路滋扰，只是势头减弱，已属强弩之末。德楞泰、明亮等正加紧追击，秦承恩与提督王文雄奔赴截剿，额勒登保也带兵前抵夔州，战场大势正在改变。只是上皇既担心西安之安危，又痛惜陕南富庶之地受劫掠，不再相信明亮的奏报，将其革职，命宜绵代替他统兵。以防堵不力，陕西提督柯藩被革职留任，原理藩院尚书、副都统乌尔图纳逊则被一撸到底，"作为兵丁，交宜绵、德楞泰差遣"。上皇心绪之烦乱焦虑，由此可见。

三月初六日，姚王教军由山阳趋向东南，意图重进湖北。德楞泰督兵紧紧咬住不放，昼夜缠斗追杀，连续一百余里，将教军大队冲得七零八落。赛冲阿、温春受命在漫川关堵截，以防其冲入河南，终于在郧西三岔口围住襄阳黄号。此时清军各路云集，得知王聪儿、姚之富等俱在左侧山梁，德楞泰、明亮、赛冲阿、阿哈保等督率官兵四面围定，不顾枪炮滚石，蜂拥而上。王聪儿等且战且退，弃马奔至险峻山顶，清军亦下马攀登追击，意图活捉。最后时刻，王聪儿率亲卫女兵十余人奋身跳下悬崖，姚之富也英勇跳崖，襄阳黄号被剿灭。

上皇得报欣喜，挥笔赋诗，在诗间小注中详细叙述作战经过：

齐王氏、姚之富大股贼匪由陕省山阳石河铺一带东窜，先经派令赛冲阿、温春等分带官兵在高坝店漫川关堵截，明亮、德楞

---

① 《清仁宗实录》卷二六，嘉庆三年正月辛卯。

泰督兵由黄陇铺、宽坪等处兜剿。贼匪分三路窜逸，德楞泰、明亮等亦分三路并进。贼众排列左右两山，分投抗拒；我兵抢上山梁，奋勇击杀，歼毙千余。贼匪力不能支，纷纷逃窜，德楞泰、明亮等乘胜追击。贼匪复分两股，欲窜往东北，俱被官兵截杀折回，向西南甘沟一路逃遁。该处路通楚北郧西地界，官兵昼夜追击一百七十余里，杀贼两千有余，贼势披靡，惟首逆尚在逃窜。德楞泰、明亮等带领满汉屯土官兵由郧西县上津堡一带兜剿，随剿随进，逼至三岔河地方，擒获贼犯，询知齐王氏、姚之富俱在左首山梁。德楞泰、明亮、赛冲阿、阿哈保、温春、达音泰、阿穆勒塔、德宁等督率奋勇官兵将山梁四面围住，逆匪等犹滚石放枪，抵死抗拒，官兵一涌直上。齐王氏、姚之富二犯逃至险峻处所，弃马奔越。吉林、黑龙江官兵亦皆下马，同步兵上紧擒拿。齐王氏率妇女十余人投堕陡崖，姚之富亦向悬崖跳落，官兵飞驰擒捕。姚之富已经跌毙，齐王氏尚存余喘，均即脔割斩枭，传首示众。①

这样的生动描述，当录自德楞泰的奏折，虽不无粉饰自夸，追奔斯杀之场景应大半真实。当日清军仍有相当强的战斗力，姚王二人及众多教军，亦可谓抗争到最后一息。清军对二人恨之入骨，寻到奄奄待毙的王聪儿，验明正身之后，仍行凌迟割裂，极为残暴。

官兵的作战得到了当地土司民勇的协助，其与流动劫掠的教军也是死敌，战争的场景格外惨烈。德楞泰奏曰：

> 臣同明亮亲督官兵将伙党三千余众尽行歼毙，其各山梁沟内贼匪分派镇将率兵剿捕，歼毙四千余名，生擒一千三百余名。内大头

① 《清高宗御制诗余集》卷一八，618页，鉴远堂得句，附注。

目王如美讯系自襄阳与姚之富帮同齐王氏起事之人，伪称大丞相，又获小头目朱正声等二十三名，均即凌迟枭首，余贼概予骈诛。①

仅此一战下来，官军的杀戮就约有一万人，至第二天黎明才算"剿杀净尽"。所谓"骈诛"，即不分男女老幼，不加审讯辨别，一概格杀勿论。接此捷报时，上皇刚在广润祠祈雨毕事，正于一侧的鉴远堂小憩，览奏大快，挥笔成诗，对杀戮之惨烈不独毫无悯惜，反而有几分畅快。未能将二人生擒解京，对他虽是一种遗憾，仍大加赏赐，明亮也赏给副都统衔。

二、换帅如走马灯

白莲教之役，太上皇始终密切关注，由宠臣和珅掌管军机，指挥调度那些前线统兵大员。子皇帝参与其间，历练见习，听从父皇训诲，也随时遵从上皇之意发布谕旨。说到用兵，太上皇帝可谓经验丰富，既明快峻急，又不乏宽厚耐心，对统兵大员多有信赖鼓励。然久战不下，教乱由一地引燃数省，上皇也渐渐失去沉静，频频走马换帅，接连撤办大员。颙琰深知军营之弊，对前线将领，尤其对战事失利的将领，也显露出缺少定见和躁急刻薄。

嘉庆早期的清军，整体上仍有较强的求胜欲望，仍是猛将如云，仍有夜战近战血战之勇，然已缺少统兵的帅才。福康安死了，和琳与孙士毅也死了，苗疆之变损折惨重，已由此见出。平定白莲教之役，调集了数省之兵，特别需要总统军务之人的调度协调，而这样的大帅，真的不好找了。

---

① 《钦定剿平三省邪匪方略》正编卷六七，14 页。

先是枝江事起，当阳城陷，湖广总督毕沅统军前往。毕沅是乾隆二十五年状元，久负文名，幕府中也延揽了不少知名文士，却是素不知兵，帐下亦无大将。大军围困小小一个当阳县城数月，就是攻打不下来，又不能不向朝廷奏报军事进展，便尔胡编乱造。四月末，毕沅奏称教军在当阳城墙上挖有沟壕，官军开炮猛击，轰死四百多人。上皇本来就不同意用炮轰城，认为轰毁城垣，还要再修，徒费钱财，见奏顿时大怒，逐条批驳：一个小县的城墙，宽厚不过一二丈，怎么能挖出深沟？挖了沟的城墙，土质疏松，岂不是一轰即塌？如果说城墙上壕沟里埋设刀矛竹签，敌军士兵站在什么地方？官兵没能上城，敌人如何蜂拥而来？城上被炮轰死者必向后仰，怎么知道炸死多少？这些问题，有的属于毕沅奏本夸大虚饰，有的应是实情，教军守城之招诡异百端，非亲临者不可想象。远在京师的太上皇帝，加上一个爱卖弄聪明的和珅，一味横加挑剔谴责。

同一天，谕旨还严厉批评负责进剿灌湾脑的惠龄，也是对奏本逐项批驳，且将前后所奏结合起来分析痛斥，指为撒谎、畏缩、不思进取。这些谕旨当然是上皇之意，有些口气也只能是老皇帝所发，但用的是嘉庆帝名义，也反映了他本人的态度。自此揭开了训斥二人的序幕，毕沅乃六十六岁老臣，谕旨竟有"深为伊等羞之"，惠龄更是常常被斥，措辞更不客气。

上皇曾坚定明快，至暮年则性格多变，已见出犹疑反复。湖北教乱刚起之时，就有人建言用"坚壁清野"之法，使乡民结寨自卫，不被裹挟，被他一口否定；后来勒保再提出此说，始行采纳，数省民众已惨遭荼毒。对于各地动乱，先令分片剿灭，责成各领兵大员；见教军流动数省，复又设总统军务；既以大臣总统军事，又在京师事事遥制，不断传谕，直接指挥领兵大员。

任免总统军务一职，虽以上谕名义，实则与皇上关系不大，必定是先经过上皇的俞允，再由军机处操作。元年五月，以"当阳久围未下，令永保总统督办，恒瑞、景安等亦恳留永保于襄阳统率军务"①。时永保应召回京，途中转往湖北前线，驰赴襄阳，率军直击姚、王大营，歼敌两千多，教军气势大损。永保曾随其父定边将军温福参加金川之战，在木果木冒着枪林弹雨抢回父亲尸首，也算是一员悍将。然让他总统湖北军事，不管是资历还是谋略，都显得不够。仅仅过了半年，就以教军渡河逃逸被免职，还要押解进京审讯，抄没家产，连做侍卫的两个儿子也被遣发。

接替永保的是湖北巡抚、早就被骂了个狗血喷头的惠龄。他曾以四川总督参赞廓尔喀军务，与和琳同为福康安助手，功成后图形紫光阁，但其长处应是办理粮饷，在西藏、苗疆之役中均如此。本来已调户部侍郎，亦算知人善任，改令其总统军务，可就太难为他了。仅仅过了半年，跟着教军的屁股追来追去，绰号"迎送伯"的惠龄，就被震怒的上皇免掉，"革去宫衔、世职、双眼花翎，暂留本任顶戴"②，降为领队大臣。比之永保的处理，应说轻多了。

第三任总统，是陕甘总督宜绵，出身军机章京，历吐鲁番领队大臣、喀什噶尔办事大臣、乌鲁木齐都统、陕甘总督，颇得上皇欣赏。二年五月，将近七十岁的宜绵受命总统军务，兼摄四川总督。各路领兵大员如明亮、额勒登保、德楞泰等，哪一个的资历勋绩都不在他之下，故指挥调度不灵。总算挨到十月间，宜绵以年老请辞，推荐勒保总统军事。又换人了，对宜绵倒没有处分，仍回去当陕甘总督。

下面换的是永保的哥哥勒保。勒保在廓尔喀之役以治西路驼马装粮有功，加太子太保，历云贵总督，参加平定苗变，教乱发生后调湖广总督。勒保对付教党算是老手，当年在甘肃抓捕刘松，办得干脆利落，在贵州进剿王囊仙之乱，也是一举荡平。这次总算找对了人。勒

---

① 《满汉大臣列传》卷二八，62—66 页，永保。
② 《清史列传》卷三〇，大臣传次编五·惠龄。

保先破石坝山,斩杀头领曾柳;再进击王三槐,逼迫其投降。九战九捷,晋封为公爵。可也就是一年多时间,战绩累累、在军中享有极高威望的勒保,居然被逮送京师,"论大辟"。

从嘉庆改元到三年岁末,军国大事由太上皇说了算,主要的辅臣是和珅。阿桂病重去世,和珅掌控军机处,几乎成为惟一的承宣书旨之人。当然,这些昏招不能全记在他们身上,联系到子皇帝亲政后所为,其中也应有他的因素。

三、官逼民反

不管是先前的苗疆暴动,还是接踵而至的鄂川陕等省教众造反,主要是官场腐败和各种社会矛盾激化的反映。乾隆末年全国追缉白莲教,一些地方官无限扩大查找审讯范围,手段极其残酷,有的借机勒索,搞得民不聊生。对此,清朝的最高统治者不无了解,意识到地方官府出了问题。太上皇在苗民起事时的早期谕旨,以及有关追捕教首的谕旨,都显示了政治上的清醒,显示了对失职官员的愤怒。

而一旦民众揭竿而起,攻掠州县,打出反满的旗号,朝廷立刻改变态度,部署强力镇压。到了这种时候,大清王朝的残暴基因便会充分展现,教首或头领一经抓获,包括那些主动来降者(如聂杰人),皆处以极刑——凌迟枭首。这是一种极其血腥、极尽折磨的酷刑。开始时,还要将人犯解京审讯,皇帝有时还会听听他们说些什么,最后仍是诛戮;后来觉得麻烦,多在出事地点公开行刑,是所谓"以儆效尤"。首犯凌迟,加上大批从犯的砍头,当然有很强的震慑作用,如刘之协就是被血腥场面吓破了胆;但也有限,也会激起更大的反弹,会使其家人亲族殊死相搏。白莲教暴动此起彼伏,前后持续九个年头,亦证明了恐怖政策的失效。

民不畏死，奈何以死惧之？

朝廷和各领兵大员也有反思，有反间劝降之举，剿抚并行。但这场大动荡的残酷性，让当政者和造反者都难以平和。试想：数千上万教军呼啸而过，所有村墟财粮一空，百姓祖产田庐皆毁；而裹挟民众、逼令入教当是所有教变的特征之一，动辄连营数十里，其中有多少无辜百姓？以故，外来教军与当地民众之间常也产生大冲突。四川和湖北都出现大批乡勇，先是结社自卫，渐渐与官军协同作战。他们既熟悉地形，又有着深仇大恨，手段狠毒，对教军形成很大威胁，也使社会裂痕更为扩大。

即便如此，残酷现实之中，仍存在一种跨越敌我立场的信任与温情，存在一些充满职务责任感和人性善意、力图挽回社会安定的基层官员，百姓和教首都称之为"青天"。最著名的是刘青天——四川东乡知县刘清。

刘清先任南充知县，素有政声，深得民心。嘉庆元年四川教乱起，东乡王三槐、冷天禄、张子聪等在莲池沟举事，聚集教众七八千人，浩浩荡荡前往达州与徐天德所部会合。刘清临危受命，调署东乡知县，随即招募五百名乡勇，维护治安，堵御教众。教军早闻其清廉之名，不与为敌，处于动乱中心的东乡，居然一境安然。作为朝廷命官，刘清恪尽职守，在危机时也不妄加抓捕刑讯。清廷法律强调犯法连坐，对教首家属逮治诛杀，甚至连普通教民的家人也不放过。刘清则心存悲悯，尽量宽容。募集乡勇时，他也不计较以往经历。如罗思举和桂涵，少年时皆曾犯法，为保护家园参加乡勇，刘清推心置腹，激励其为家国效力。后来二人冲锋陷阵，建立大功，清朝借重乡勇平复反叛，亦由此开端。

大战恶战相连，刘清率乡勇积极参战，但主张招抚，多次单骑深入教军大营，与教首如王三槐等人对话。三槐听其邀约下山，被勒保诱捕，押往京师处死。教军没有把账记到刘清身上，不忍加害；刘清也不以王三槐之事而废招抚之心，仍是诚恳劝解。正因为有了刘清等清官，四川战况未见扩大，"战血未干，训语倏至，出入虎穴，坦若门庭。见罗其清等则大哭，贼亦大哭，盖不待战而其心已为公夺矣"①。试想如果州县多有这样的官员，大面积动乱还会发生么？

官逼民反，是白莲教造反的口号之一。广大百姓当深有同感，故行之甚远，连朝廷也有所闻。请看王三槐京中受审一段记载：

> 三槐被俘至京，廷讯时，言"官逼民反"。帝诘之曰："四川一省，官皆不善耶？"对曰："惟有刘青天一人。"刘青天者，川民以呼刘清也。帝深嘉许之，特谕："朕闻刘清官声甚好，每率众御敌，贼以其廉吏，往往退避引去。如果始终奋勇，民情爱戴，著勒保据实保奏。"寻以清治绩战功奏上，晋秩同知直隶州。于是刘青天之名闻天下。嘉庆十年，教事平，清入觐，帝赐诗首有"循吏清名远迩传，蜀民何幸见青天"之句。②

写下此类诗句，自是对廉吏的奖赞，却不见作为最高统治者的愧疚和反思。

同样被称作"青天"的，还有南部知县王赞武。巴州白号教首罗其清与通江蓝号教首冉文俦盘踞仪陇深山之中，剿灭甚难，惠龄等合围后不敢进击，令王赞武前往招抚。罗其清是一个织布匠，虽然一家子都入教，开始时倒也没想造反。织业凋敝，无奈开了一个小酒店，开张之日众人来贺，燃放鞭炮，官府闻知后前来查禁，遂激成事变。王赞武素有民望，单骑入营，与其清有这样一段对话：

> （赞武）遂单骑入教营，呼曰："我来矣。"其清仁视良久曰：

① 《续碑传集》卷四八，刘青天传。
② 《清通鉴》卷一五五，七月二十四日。

"王青天也，何为至是？"赞武曰："圣朝赦汝，汝知之乎？"曰："知之。"曰："何不就抚？"其清曰："无可奈何耳。某等本以一时愤激，为官役等所逼，败坏至此。抗拒以来，戕官杀吏，罪大恶极，自知不免。朝廷纵有好生之心，其如我辈疑阻不敢向前何？且某等室家败毁，父母妻子相继灭亡，祖人庐墓为之一空，归将焉依？与其漂泊孤身，骈首就戮，以快仇雠之心，毋宁啸聚奔逃，求缓须臾之死，听其结局耳。"因泣下。赞武曰："无惧，我能丐汝死。"曰："呜呼！等死耳。为囚为贼，其罪一也。愿公无再来营。公在此，某等决不敢以一骑一矢相加。"赞武曰："何故伤百姓？"曰："毋我梗，则免耳。"①

此一对话当为王赞武追述，或有所加减。赞武虽有爱民之誉，所说的话实乃哄骗之词。清廷虽几次下旨免盲从教民之罪，对教首从无宽贷，聂杰人、王三槐都是例子。罗其清不是不知，却给赞武保留面子，他的话句句发之肺腑，真切可信，读来令人震撼。王聪儿、姚之富宁可跳崖，也不愿被俘虏，亦在于此。

第四节　黄水滔滔

被视为中华民族母亲河的黄河，由于携带大量泥沙，进入中原后左冲右突，迁徙无定，虽有堤防，常也无法约束。自南宋建炎间黄河夺淮南行，至明代已成朝廷大患，入清后更是不断决口。玄烨和弘历

---

① 道光《南部县志》卷二八，邑令王公堵贼遇害列传。

祖孙的南巡，周视和勘察水道、解决水患也是目标之一。康熙帝信用河臣靳辅，批准两岸水闸和减水坝的修建，力图在洪峰期分解正河流量，变水患为水利；乾隆帝亦多次亲临河工，阅视堰圩堤坝，商酌议定治理方案，数十年下来，对黄河水性知之亦深。

弘历对治黄多有规划，建设枢纽工程，批准植柳护堤，挑挖通往洪泽湖的引河，修筑太行长堤，黄河决口有所减少，但远没有根绝。禅让期间，更是水患相连，一波未平，一波又起。

一、丰汛六堡大决口

嘉庆元年六月二十九日，南河总督兰第锡紧急上奏：黄河丰汛段在十八日河水陡涨，从内堤漫上河滩；十九日夜间狂风骤雨，主流涌高数尺，漫滩之水在六堡溃堰而出；二十日寅刻，黄河北大堤被冲决，洪水在苏北平原分两路呼啸下泄……

经过百余年与河患的反复较量，国家也积累了一批治水人才，形成了几支治水队伍，尤以南河河道最为集中，总督兰第锡就是一位资深专家。举人出身的他，由县学教谕做起，在知县位置上盘桓十余年，以明练务实被荐为永定河北岸同知，历永定河道员，乾隆四十八年署东河总督，三年后实授，五十四年转任南河总督，靠的就是实心任事。第锡素性清廉，具有很强的责任心，强调河员应以河为家，抵近值守观察，防患于未然，由是也深得皇帝倚信。闻讯之后，兰第锡星夜赶往查勘，见黄水滔滔，"由废堰普漫而入，刷成沟槽三道，水势涌注，大堤漫塌，口门宽五十丈"[①]，赶紧部署抢办堵御。

所谓沟槽，是指大溜（即黄河主流）掣动，在河滩上冲刷成的深

---

① 《续行水金鉴》卷二六，1页，河水·章牍二十三。

沟，大股河水正是由此奔涌往口门，将大堤缺口不断刷宽。兰第锡奏称：有两道沟槽业经淮徐道述德带领堵塞，只剩下高家庄附近较深的一道，宽约六十余丈，掣动大溜，拟在水势稍缓、新秸登场后，即于临河之处盘坝兴堵。由是也可知，此处（也包括近处）河段对决口毫无预备，连秸料都要等待秋后高粱成熟再收购。在此之前，只好任由洪水奔涌而出。第锡老于河务，所奏附图贴黄，一目了然。他也知圣上关注什么，特地说明泄出洪水由丰县清水河、沛县食城河流下，虽淹了一些低洼之地，并未淹没大片农田，也未淹死人。七月初六日谕旨下达，命抓紧在高家庄口门盘头筑坝，迅速进占堵闭。同时命署任两江总督苏凌阿赶往河工，督办一切，并对抚恤灾民作出安排。河患之累不亚于用兵，自是朝廷大事，所颁旨意皆上皇亲自决定。

上皇对河患极为重视，谕旨发寄后，仍仔细研究丰汛漫口图，指出一些疑点："何不于高家庄坐湾处所向东开挖引河，引水东注，归入正河？"殊不知决口处水情瞬息万变，所呈图样与实情早已不同。老皇帝不辞辛苦，于千余里之外运筹帷幄，用朱笔在高家庄标示引河与坝工，令飞送丰汛工地。到了这种时候，上皇的涵养人才和知人善任便得以展现，山东布政使康基田对河务较为熟练，谕令"即着前赴工所，所有谕旨及图样，亦交阅看是否可行，即迅速复奏"①。他还为此暂停了一系列地方大员的调整：山东巡抚玉德本已调任浙江，以黄河水患下游为山东地面，命玉德仍驻扎省城，与前来接任的伊江阿"筹办一切"；浙江巡抚吉庆本已调任两广总督，因玉德未到，只能缓行；原两广总督朱珪有旨"来京另候简用"，也须再留一阵子，只是由实任改为署理。这类任免取决于太上皇帝，子皇帝沉静缄默，倒是和珅颇能掺乎，苏北的一场洪水，再次挡住了朱珪的返京之路。表面看是一环套着一环，就中也能看到和大人操弄的影子。

---

① 《清仁宗实录》卷七，嘉庆元年七月己酉。

康基田也是一位治河能员，乾隆二十二年中进士后长期任知县，历淮徐道、江苏按察使、江宁布政使，署南河总督，后因事革遣。五十九年丰汛曲家庄堤告急，康基田（时再任淮徐道）坚守在抗洪最危险的埽工上，跌落激流中，幸得救回，由是激励士气，力捍大堤不失。乾隆帝闻知欣喜，再擢为江苏按察使，转山东藩司。水患危迫，上皇立刻想到这位老臣，然洪水北注，下游黄泛区四处吃紧，又想要他回山东"与玉德妥办疏消漫水"，得知丰汛事态严峻，再次命其留工。

诸大员奉旨赶来之前，兰第锡于七月初三日奏报：大堤口门经漏夜抢护已见平稳，正河大溜已被掣动四五分，拟在靠近内堤处选址筑坝，并在上首添建挑水坝。初九日再报，称水位又涨三尺多，"溜势涌急，全归漫口"。事已至此，上皇无可奈何，只是对照新旧图样，再次要求尽快挑挖引河，并追问因何不见在高家庄标识。兰第锡只好回奏：该庄原为河滩一个小村子，仅有草房十余间，大水一来，早已没了踪影。① 在筑挑水坝、开挖引河以及堵筑等决策上，上皇都有指令，试举二例：

今阅此图，则黄河南岸原有河溜本身坐湾，向北并有旧河形一道，且比滩面低三四尺。自应于该处挑挖，引溜径直东趋，以合正流。再阅此次图内所绘引河，若依旧河形开挑，恐未能得势，何不取直向南而东，展宽挑挖，俾河溜直注正河，岂不更为得力？着苏凌阿等会同筹酌，亦不必拘泥遵旨也。②

又据奏：原定坝基，离引河头较远，今移上二百丈。所办尚是。惟图内所绘挑水坝，形势径直，恐未能挑溜东注，似应斜向

---

① 《续行水金鉴》卷二六，8页，河水·章牍二十三。
② 《清仁宗实录》卷七，嘉庆元年七月庚申。

东南筑做，较为得力。再现挑引河，河尾亦觉尚窄，应酌量展宽，庶可引溜畅注。此时苏凌阿、康基田早已抵工，务须会同商办，斟酌尽善。亦不必拘泥迁就。①

虽也命在事者不必拘泥，实际上带给兰第锡等很多困扰，要在河患严峻时抽出时间，赞扬太上皇的英明洞察，也要不停地对各种问询解释说明。此等处也可以证明，上皇对河患极为关切，对于治理堵御倾集心血，且视野开阔，始终兼顾运河漕粮的通畅，考虑到受灾地区的抚恤和恢复重建。

苏凌阿是在七月下旬赶到丰汛河工的，抵达后即成为大工的主持人。此翁因与和琳有姻亲得到和珅关照，两耳重听，心中倒还明白，自知不懂河务，便处处倚重兰、康二人，河工进展亦速。九月底，苏凌阿、兰第锡、康基田联衔奏报：东西两坝进占稳实，口门已缩小为四十丈，各项物料皆备齐，约计在十月初五日之前合龙。岂知挖开引河头、大溜顺引河下注后，口门处水性仍复狂悍，刷深至六七丈，进占极为艰难。十月十六日，苏凌阿等再次飞奏，称十四日至十五日奋力合龙之际，"大风鼓浪，东坝陡然蛰裂四丈余尺"②，两名兵丁随埽落水，幸得救出，并说堤坝蛰失不多，赶办十余日即可合龙。上皇批谕："不必心存畏惧，以致中无把握，惟当督率员弁奋勉详慎，赶紧进镶堵筑"，并说期望在月底能听到喜音③。等待"喜音""喜信"之说，此前已讲过多次，颇能映照出弘历父子共同的急切焦灼。

在工大员何曾不知圣上的心情，怎奈水势湍急，土性疏松，进填压实极为困难。经昼夜督催抢工，终于在十一月十日堵合口门。苏凌阿飞奏朝廷，百忙中不忘自夸，更未忘拍马屁：

---

① 《清仁宗实录》卷七，嘉庆元年七月丁卯。
② 《续行水金鉴》卷二六，20—21页。
③ 《嘉庆道光两朝上谕档》一，嘉庆元年十月二十一日。

　　　　查本年水势最大，漫口较宽，筑坝之初实深惴悚。幸蒙圣主
　　洞烛机宜，多方训示，俾一切工程获有遵循。更荷至诚感格，日
　　久晴明，得以施工集事。合龙之日，四野欢呼鼓舞，同声顶颂皇
　　仁。臣等目击情形，尤深欣忭。①

这里的"圣主"，指的应是上皇，却又故意含糊，含糊中将皇上也包
括在内，一体称颂。当是时也，各地督抚将军，都晓得这个路数。上
皇十分高兴，奖励苏凌阿三人大小荷包，谕令在合龙处建盖河神庙，
还要亲书扁对。

　　谁知仅仅过了两天，大坝又复蛰失，再次形成二十余丈的大口
子。苏凌阿等将原因归于天气晴和，上游冰凌激撞而下，实则还在于
赶工太急，坝基不实，引河又不通畅，以致将新筑大堤冲垮。此时秸
料所存无几、银两亦缺，三大员不免惊惶，一面飞咨玉德速运秸麻物
料，一面从江苏藩司提解六十万两银子支用，并表示将来核算后由三
人赔补。三大员皆属老年：苏凌阿八十一岁；康基田七十岁；兰第锡
六十二岁，虽属年龄略轻，因身任河督，属直接责任，压力最大。应
其要求，折尾特别加了一句："臣兰第锡专司河务，获罪滋深，惟有
仰恳天恩，将臣等交部从重治罪。"这个"臣等"，应指兰第锡以下南
河员弁，不包括苏与康。

　　上皇没有给予任何人处分，包括自请严办的兰第锡。他虽大为失
望，仍能客观总结反思，认为"堵合后镶压不能坚实，埽底未经闭
气"是合龙失败的根子，然上游日暖开冻，冰凌乘风冲撞亦重要原
因。谕曰："人力难施，事出不期，何忍治伊等之罪！"真让在工大小
员弁感激涕零。上皇及时作出人员调整，苏凌阿受命驰往江西审办要

---

① 《续行水金鉴》卷二六，22 页。

案，东河总督李奉翰被调来。奉翰资历在康、兰之上，亦精通河务，乾隆四十四年署南河总督，次年即为东河总督，故于十一月底抵达后即主持丰汛大工。时天寒地冻，新的三大员分别盯在东西两坝，大工现场紧张繁忙，至十二月二十四日再次打算合龙，又遭遇失败。

二年元旦到了，太上皇帝照例子夜开笔，照例由颙琰陪侍往奉先殿和堂子行礼，照例要出御太和殿，接受子皇帝率王公大臣、蒙古王公台吉等上表行庆贺礼。次日，即有一连串谕旨颁发：

对江苏徐、淮、海所属丰县、沛县、铜山、砀山四县展赈两个月，受灾略轻的与邳州、萧县、宿迁、桃源等展赈一个月；

对安徽凤阳、宿州、灵璧、泗州、五河等借给两个月口粮，稍轻的另外七县借给一个月口粮；

对山东单县、鱼台、济宁三州县，分别极贫次贫，于正赈后展赈两或三个月，"银谷兼放"，金乡、滕县、峄县给赈一两个月；

对淮北海州分司所属盐场"被灾灶丁"展赈一月，借给维修盐池的本钱。

皇恩浩荡，而受灾面积之广、灾民之众亦于此可见。就在当日，李奉翰等奏折递到，丰汛大工的情形并不乐观，腊月下旬再一次打算合龙，又被冲决。上皇未多责备，谕曰："于初十日内合龙稳固，尚可将功抵过，过此时亦不即将伊等治罪也。"读来颇觉逻辑混乱，当是上皇内心矛盾的反映。之后东西两坝又有多次溃塌，得兵夫人等死命堵筑，终于在当月二十七日合龙。

二、"又有漫溢之事"

丰汛漫口前后七个月才堵上，滚滚黄水在鲁南苏北淮北的广大地域横肆奔流，所过田庐如洗，生民维艰。朝廷虽有赈灾举措，然几个月的赈济过后，还要有漫长的恢复期。上皇担心建在沙滩上的堤坝不稳，汛期再出事故，敦促苏凌阿等多次查勘，得知金门前已经挂淤，形成嫩滩，这才略觉放心。

大水挽归正河，新的汛期不久就会来临，要办的急务还很多：沿河堤防的检查加固，大工过后的经费核销，受灾地区淤塞河道的疏通清理、灾民的抚恤和恢复重建……一干河臣与相关督抚正忙得焦头烂额，紧急谕旨又到：

> 昨因景安奏桐柏山分股贼匪窜入叶县地方，该处与襄城、许州毗连，距省城甚近，恐民人不免稍有惊惶，是以降旨令吴璥酌调河标兵丁防堵，并令李奉翰于查勘丰汛各工完竣后，即速赴开封、襄许一带，以资督率镇抚。但窜入叶县之贼，不过零星溃散余匪，业经景安由鲁山赶回截剿，自无难克日歼除。着李奉翰即于途次探听，如叶县贼匪已经扑灭，或又折回南窜，则已；若贼匪尚在叶县嵩县一带，欲往北窜，此时开封省城只有吴璥一人，而景安相距较远，又不能兼顾，李奉翰即调河兵，迅赴开封、襄许一带，以资防范。①

这边河患刚刚停息，那边"匪患"又来，直接威胁到河南省城。李奉翰作为东河总督，标下也有军队，故此命他速调河兵，赶赴开封附近防堵。鄂川白莲教接连而起，所在攻城掠地，并有开进中原之势。白莲教在河南根基深厚，教首刘松、刘之协等多为河南人，上皇很警觉，急调大军防范。

李奉翰显然是上皇眼中的干员，本为东河总督，却被调到南河所属的丰汛主持大工，以至于军机大臣寄发谕旨时，将他误称作南河

---

① 《清仁宗实录》卷一五，嘉庆二年三月庚申。

总督 ①。桐柏山与湖北山势连绵，教军多次欲沿山路入豫，清军重重
布防，围追堵截，总算将其进攻的态势消解。而仅仅几个月过后，黄
河河南段再次大决口，且是连环决堤，李奉翰及一干河员又绷紧了
神经。

二年七月，黄河水又到汛期，大水连续盛涨，沿岸多处吃紧。最
先出现险情的是南河所属砀山河段，"二十日夜间，水势加长，风力
勇猛，将杨家坝无工之处漫溢七十余丈，溜势掣至河南虞城交界不
远"②。其时两江总督苏凌阿、南河总督兰第锡、江苏巡抚康基田俱在
下游抢办工程，奉命紧急驰往，负责堵筑。对于此处决口，太上皇帝
别有分析：溃堤之水南行，无妨运道，不远又有洪泽湖接着，造成的
灾害会远小于上年的丰汛；下游既经宣泄，上游的水位自然降低，便
不会再出事。岂知东河所属地段也是险象环生，仅仅一日后，曹县
二十五堡即出现漫堤，"因河水积长，高于堤顶，更兼风狂雨骤，随
抢随漫，于七月二十四日堤工漫溢三十余丈"。一个时段南北岸出现
两处决口，让上皇颇为不解，在谕旨中说：

> 前因江南砀山杨家坝一带有漫溢之事，曾降旨令苏凌阿等驰
> 往查办。杨家坝系属南岸，且在曹县下游。该处既有漫溢之事，
> 则上游水势自应轻减，何以曹县复有漫口？黄河性不两行，其故
> 殊不可解！③

所谓"殊不可解"，是因为弘历自以为对黄河水性知之甚深。就在这
一年，类似情形一再发生，上皇对黄河水性的认识更上层楼，不再说

① 《嘉庆道光两朝上谕档》二，嘉庆二年三月二十日，曰："大学士公阿、大学士
伯和字寄：江南河道总督李……"其时阿桂在病中，误在主持军机处的和珅。
② 《嘉庆道光两朝上谕档》二，嘉庆二年八月初一日。
③ 《续行水金鉴》卷二七，13 页。

"黄河性不两行"之类的话了。

实际情况是：黄河下游决口，上游仍有可能决口；然一旦上游出现漫溢溃堤，下游决口的压力便告减轻或消解。曹县漫口后，杨家坝口门之水随即大量减少。朝廷的注意力转移到曹县，这里临近大运河，事关漕粮输送京师，一旦被洪水阻断，非同小可。上皇权衡轻重，命先将黄河北岸的曹县漫工赶紧堵筑，而令砀山杨家坝工程将两坝头裹住，暂缓进占，使漫水归入洪泽湖。"如此酌办，则南岸下游既有宣泄去路，北岸上游施工自易为力。此时惟当将曹县漫工克期镶筑，勿令妨碍运道，俟此处工程办竣，再将杨家坝工程并力堵合，庶于运道全河两有裨益"。上皇总是亲自阅批这些折奏，再以谕旨发出，言传身教，向子皇帝具体解说堵御河患的方略。此议既具有全局视野，又区别轻重，次第分明，的是最佳方案。

岂知臣下自有小九九，杨家坝属于南河，见东河所辖河段出事，来水大减，喜出望外，急忙忙下埽堵合，待谕旨送达，大堤已然合龙。苏凌阿等具折奏报，并说知道东河缺少熟手，已经"令河营参将韩胜带领熟练备弁兵丁驰赴东省，随同进埽抢办，以期及时堵闭"；同时奏称已布置挑挖引河，先从江苏藩库运去三十万两库银，以供工程开销。户、工两部对河工各项均有确定的经费标准，苏凌阿等称"例价实有不敷"，表示将带头捐出廉俸，对资金使用也会认真审核。事已至此，上皇也是无奈，只好命诸大员协商办理，在伊家河、荆家桥两处疏泄洪水，保护运道。

九月初，曹县决口已达九十余丈，洪水在河滩上刷出十余道漕沟，汇聚口门，呼啸而下。经过和珅一番运作，苏凌阿接替已逝的阿桂为大学士，赴京上任，总算可脱离苦海。李奉翰调任两江总督兼管南河事，康基田再为河东河道总督。每一次河工，都会有巨大的资金支出，也许为了分解花费，也许是以为河臣油水较多，朝廷在最后核销时常令责任人赔补一部分。当年十二月，兰第锡卒于任上，身后留下一笔巨额欠债（"漫工赔费"二十万两有余），应由其子代缴。兰第锡一生廉正，据山西巡抚查明，家产仅值一百四十余两。上皇闻讯叹息，命继任者和下属道厅代赔，就是不从户部大库中再拨钱。

继任南河总督的是康基田，山东布政使司马骕接任东河总督，曹工主要由二人负责。基田等奏称"十一月内可以合龙"，上皇切切督催，"传谕康基田等督率赶紧堵筑竣事，不得藉词延宕"①。回奏虽说严冬冰冻，满河淌凌，但还是极力赶工。十二月二十三日，康基田等奏报十九日开放引河，急溜奔腾，畅注无阻；三天后挂缆合龙，"大坝计长一百九十七丈，周身稳固，毫无渗漏"。实际上，江督李奉翰、鲁抚伊江阿常也盯在工地上，尤其在合龙之际，能来的相关大员都尽量赶来，合龙成功后皆大欢喜。未想仅过了不到一个月，凌汛到来，西大坝陡然出现垮塌。众兵夫赶紧抢护，无奈水急浪高，裹挟大块坚冰激撞而来，大坝随镶随塌，至三年正月二十八日，已被撕开十余丈缺口，冰溜湍急，人力难施。

李奉翰在奏报时自然要查找原因，认为合龙时"嗣值天气凝寒，水凌拥挤，坝根有渗水之处"②，天暖开冻，坝基松动，再遇激流冲撞，便生蛰失。上皇大为失望，不去反思自个急急如律的遥制催逼，降谕责斥，将李奉翰等交部严加议处。此时已届春汛，口门被淘深至十余丈，兴堵大是不易。奉翰等考察后，以为应在大坝向里河势坐湾处所，另行选址筑坝，等待秋收后兴工。一场折腾了半年多的大工，又要重新来过。

上皇钦派大学士刘墉、尚书庆桂前来视工，传谕对诸大员再次谴责：

---

① 《续行水金鉴》卷二七，22页。
② 录副奏折：康基田、伊江阿奏报曹汛大工合龙情形事，嘉庆二年十二月二十三日。

此次曹汛漫工，总由该督等筑坝进埽未能坚实，以致上年甫堵旋开，及复经镶筑后，又不能督率在工人员赶紧施工，旷日持久，水性就下，致口门日刷日深。昨有旨令刘墉、庆桂前往查勘。即以口门跌成深塘，转瞬大汛经临，办理费手为虑。今据所奏情形，果不出朕所料，是李奉翰等疏玩迟延之咎，实无可辞。除伊江阿系属巡抚，有本任应办事务，非专办河工之员，姑暂从宽免外，李奉翰、康基田原系河东总河，司马骒系现任总河，厥罪均属甚重。本应革职治罪，姑念伊等向于河工尚为熟习，姑先革去翎顶，图功自赎，以示薄惩。

兰第锡已经死去，满朝文武中熟悉河工的大员，也就这老几位了，撤了又能换谁？

上皇不得已批复暂缓兴堵的方案，同意奉翰所奏另立新坝，并谆谆叮嘱做好灾民的安置抚恤。老皇帝又开始认真研究河臣呈来的图说，又开始新一轮的指点部署。他更为关心的，是漕粮运道是否畅通，对此作了一系列布置，大多数切实可行：

至现在粮艘正当北上之时，漫工既未能依时堵合，运河连成一片，粮船行走，挽运稍艰。该督等亦应照前旨，于河内插立标识，导用纤船，务须慎重办理，俾粮运得以衔尾前进。如再有途次脱空，致迟逾限期之事，必当一并从重治罪，断不能幸邀曲贷也。①

刘墉和庆桂抵达后，也奏请缓至七月后兴工。两位钦差大臣，一个比

---

① 《清仁宗实录》卷二九，嘉庆三年四月乙卯。

一个圆滑，只是前来检查，查大工现场，也查下游引河的挑挖情形，不参与河工的指挥和管理。上皇批准了缓期兴堵，命"务为鸠工集料，俟霜降后一举集事"，比李奉翰所请七月开工，还要晚两个月。

岂知人算不如天算，当年多雨，黄河来水极盛，下游虽已决口，上游和中游仍复吃紧。刚入九月，河南睢州上汛由漫溢而成大决口，曹汛段的河水只有往年十之一二，堵口之事由千难万难，变得易易可为。

三、河决睢州大堤

进入嘉庆三年汛期，尽管下游的曹汛已近一年敞开口子横流，上中游河段仍是多处吃紧，险情不断。六月十九日，东河总督司马騊奏：沁河、洛河水势同时暴涨，汇入黄河下注，睢州下汛等段连续出现堤坝坍塌，经昼夜抢镶，并于坝后攒筑土戗，稍为安稳。

七月十七日，司马騊再奏：沁河长水二尺八寸，黄河万锦滩长水二尺，加上连续大雨，河水增长。但尽量给圣上吃一颗定心丸，说是"各工俱属平稳"。

待到九月初二日，河南巡抚倭什布急奏到来，睢州上汛已由漫溢形成大决口。据奏：八月下旬，睢州上汛水势汹涌，出槽漫滩，加上数日来大雨如注，"二十八日河水复陡长三尺六寸，连前共长水八十九寸，大溜全注五堡以上。时值黑夜，雨势甚紧，北风愈猛，河溜全拥，高于堤顶。该处本无埽工，竭力抢护，赶办不及，以致二十九日丑时，漫溢十余丈"。倭什布迅即赶赴查勘，"其过水之处，已经汇宽约一百五六十丈，探量水势约深四五丈不等，大河之溜已分注漫工者八分，仍入正河者仅止二分"。他还详细报告了决堤洪水的去向：

其漫水出堤，据差探报称向南分流，一入睢州城东之十八里河旧河槽，向东南过睢州之东宁陵之西，南至鹿邑县境，归亳州入洪泽湖；一股出堤向西南流，自仪封厅地方入杞县、睢州交界之惠济河，绕至睢州城南，仍归十八里河，入柘城交界，南至鹿邑、亳州统会一处……①

刚刚决堤，即行查报出堤之洪水的流向，是知其为皇上历来所关心，各地在决口后必须迅速奏报。仓促间虽不会太准确，但流向洪泽湖则属可信。

上皇已进入"训政"的第三个年头，仍然头脑清晰，览奏即有一番分析，认为上游正河掣溜，下游很快就会断流，给堵筑曹汛漫口带来了好机会。而睢州五堡漫水可泄往洪泽湖，较之曹汛工程必须考虑到运河粮道，反而容易办理。对黄河南北两岸的决口，两害相权，上皇发布了一段精彩之论：

> 向来北岸漫溢，漫水下注，势如建瓴，施工较为费手。南岸地势较高，且多平衍，分泄湖河去路较宽，易于堵筑。是以从前办理北岸漫工，曾有旨令于南岸或酌行开放缺口，分泄水势。今北岸曹工未堵，而睢州南岸漫溢夺流，未必非天神佑助，转为不幸中之幸。②

这种得之于实践的大胆的治河理论，资深河臣方可总结，而上皇能熟知，运用于一心，亦令人钦敬。曹汛工程极为难缠，几次合龙均告失

---

① 朱批奏折：倭什布奏，为行抵祥符县查勘睢州地方漫水情形事，嘉庆三年九月初二日。
② 《嘉庆道光两朝上谕档》三，嘉庆三年九月初六日。

败，在决口上游分洪减压，不是想不到，是很难下决心。河臣不敢自决，皇帝必也极为慎重，现河水自行冲决，便可因势利导。

上皇结合曹汛实情，即行部署分派：命司马騊驰抵睢工，会同倭什布，督率工员，先将漫口两端赶紧盘裹结实，勿令塌宽；命倭什布和新任安徽巡抚朱珪查清当地和下游受损情形，妥为抚恤；命伊江阿等抓紧堵闭曹汛口门，务使堤工坚固；命李奉翰等实力督办引河的分段挑挖，普律深通，以期堵口后正河畅行无阻。这是上皇自避暑山庄返回圆明园的第四天，不顾路途劳顿，谆谆叮嘱告诫，力图变坏事为好事。谕旨还称已派人送去大藏香四十枝，各以一半分交倭什布和伊江阿，在当地河神庙"敬谨祀谢"。通常说来，往河神庙进香是在大坝合龙、工程告竣后所为，现在是先要谢谢了。

上皇定下这么个调子，河臣与督抚自然顺着竿子爬。数日后，江督李奉翰上奏："水由宁陵等处下注涡河，经临安省之亳州、蒙城一带转入洪泽湖。"还说到涡河河槽甚深，洪水顺流而下，溢出无多。至于入湖后的行水情况，会不会影响漕粮运道？又有司马騊补奏："复查睢工事在南岸，漫下之水由洪泽湖出清口归海，其北岸运河据道厅禀报，水势日见消落，纤道渐次涸出。"[1] 所有这些，都尽量往有利方面去说，避免给皇帝（不管是上皇还是皇上）添堵。

但一个不容忽视的事实为：一处大工变为两处，都要堵塞口门，都要挑挖引河，都是大量要人要钱要料。最急的是东河总督司马騊，两处都归他管，必须有一个统筹。九月十一日，司马騊在奏折中说睢州漫口两坝"坝工盘头业经裹住"，西坝上首已开建挑水坝，开始算经济账，先说物料：

> 将所需料物钱粮通盘筹计，撙节办理，约估用秸料三千垛、

---

[1] 录副奏折：司马騊，奏报督率文武实力赶办堵御睢汛漫口事，嘉庆三年九月十五日。

> 麻八百万斤、谷草四百垛……曹工原拟自备秸二千垛、麻三百万斤，又江南协济秸三百垛。今曹工断流，堵筑较易，无须多用秸麻，应请于此内酌拨秸一千五百垛、麻二百万斤来豫。

除去这主要的三项，工程需用各种正杂料物品种甚多，要选址开设料厂，委员购买和管理。关于大工所需银两，户部订有章程，通例为在朝廷批复前，先在本省藩库垫支，或向临近省份借拨。司马骝写道：

> 此时远处借拨一时未能即为解到，以应急需。查有两淮现今解交户部银五十六万五千两，已经在途，行文山东省拨护，尚未入境，合无仰恳圣恩俯准，将此项银两由东解豫，先为济用。又曹工所拨银两除挑挖引河外，坝工无须多费，应请分拨银三十万两，并于附近之浙江、山西二省各拨银三十万、苏州藩库拨银二十万两，陆续解到，以资接济。①

物料各项不算，光银两就有一百六十五万余两，睢工开销之巨，于此可见。司马骝思虑周详，亦处处预留地步，对曹工原预算和料物及时作出调整。上皇只泛泛说了句"务当撙节办理，不可稍任工员稽延浮冒"，交部核准。

连续三年，一个接一个的黄河大决口，堵筑的最高决策者为上皇，主要助手当为和珅，还有一个重要人物是子皇帝。绝多御批以谕旨下发，颙琰的参与理所当然，且越来越占分量。进入三年秋冬之际，太上皇帝的龙体出现状况，各地折奏渐而多由子皇帝阅批，颙琰的风格有了较多显露。迟暮之际的上皇，尽管时有批评，但更多的是涵容宽缓，如曹工一年多没有堵闭，也未见处分一个大员。这时谕旨

---

① 录副奏折：司马骝、倭什布，嘉庆三年九月十一日。

中口风渐觉峻厉：李奉翰等在折奏中将睢工与曹工连同论列，被传旨申饬，斥为"措词殊属不合，全不解事"；伊江阿奏报赶办曹工大坝，未免多说一些困难，御批"此系易办之事，又何必张大其词"①。谕旨对受灾民众的生活、灾区来年的耕种很关心，不断要求抚臣查实抚恤，并降旨对一年前被淹州县追加救助，"加赈江苏丰、沛、铜山、邳、睢宁、宿迁、安东、桃源、海、沭阳十州县本年被水灾民，并蠲缓额赋有差"。而当李奉翰等奏请暂留丁忧知府李逢春，帮办淮徐等地放赈，又以"开在任守制之例"，被严行申饬，交部议处。

十二月八日，司马騊奏睢工大坝已做成二百一十五丈，口门仅留十八丈，原拟趁晴和时冰凌开化，择吉合龙，可连日大雪严寒，"大河冰凌益甚，引河头积凌渐高"，请求暂缓合龙。恰伊江阿也奏称："时当三九，天气冱寒，曹工一带河底通身坚冻，恐放河后冰凌拥塞，不能畅流，致有漫漾，与曹工大坝颇有关系。"② 其时太上皇帝已不再阅批奏章，子皇帝当即批谕，没有加以催促，同意待日暖开冻后堵筑，曰：

> 堵合坝工，全仗引河掣溜，藉其冲刷，复归故道，合龙方可稳固。今既为冰凌所阻，且曹工一带，河底坚冻，恐致冰凌壅挤，坝工着重，此时自不便遽行开放引河。不妨稍缓时日，以期一举成功。③

权衡利弊，也只能这样了，上皇如加过问，应也没有什么高招。

---

① 《嘉庆道光两朝上谕档》三，嘉庆三年十月初一日。
② 《续行水金鉴》卷二八，25页。
③ 《嘉庆道光两朝上谕档》三，嘉庆三年十二月二十三日。

第六章

弘历的最后一个冬天

衣带诗，见于《正宗大王实录》卷五十一

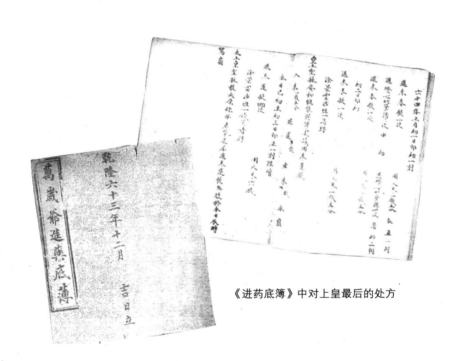

《进药底簿》中对上皇最后的处方

嘉庆三年，虽然已进入八十八岁的高龄，弘历似乎并未做好离开尘世的准备。他还有那么多操心的事儿：南方数省的战争，白莲教一些大首领尚未捕获；黄河水患未消，睢州口门仍在恣肆流淌；儿子颙琰的施政还不成熟，要不断予以训谕指点；枢相和珅办事尚有缺欠，也需提醒敲打……可就在这年冬月，他的身体开始出现严重状况。

第一节　衰老是不可抗拒的

　　当年夏天，太上皇帝还是信心满满。

　　他选择在五月十一日启程往避暑山庄，坚持实施一年一度的木兰秋狝，依旧是乘舆前往、子皇帝掖辇而行，依旧要检阅骑射、省察民情，依旧有无数的召见和饮宴。他将此视为对大清传统和祖宗家法的坚守，也当作身心强健的证明。不知是何等心绪，这几年上皇从不作生日诗，却一直在叙写举枪射猎的豪壮："何期八十八龄者，目力依然天佑钦。"最末三字的组合生硬别扭，却是典型的乾隆诗风，大家也都知道要表达的是什么意思。

一、安眠的喜悦

　　进入人生的老年阶段未久，弘历即染上失眠之症，每夜常常只睡两个时辰，"若历廿四刻，得三时整睡，则为幸"[1]。禅让之后，毕竟

---

[1]　《清高宗御制诗余集》卷八，安眠口号。

一大堆杂事交给了儿子，他的睡眠情况开始好转，而且是年年好转。嘉庆元年秋，有一晚睡了二十九刻（七个多小时），醒来龙心大悦，有诗纪之。到了二年夏天，乘着连宵喜雨，居然睡足三十二刻钟，整整八个小时，再赋《安眠》诗，注曰："向每有失眠之虞，迩年来却得安睡，常逾二十四刻至二十七八刻之久。昨沐昊贶，霖雨应时，心慰安眠至三十二刻，已足四时。"[1] 至嘉庆三年，这样的好睡眠已经成了常态，"年龄幸致八旬八，夜刻每眠三十三"[2]。他将此视为"老年难得之佳境"，视为身心健康的表征。他的诗中不断出现"望九"字样，自称"望九训政之人"，对迎接自己的九十大寿充满信心。

但三省教乱仍是上皇的心中块垒，郁结难挥，好觉醒来，立刻就会想到这件烦心事：

迩来每喜饱安眠，一夜四八卅二刻。
似此高眠岂不佳，心劳仍念捷消息。
官军无数歼群贼，而何贼首未一得？[3]

迟暮老人总喜欢夸说健康，弘历亦不能例外，睡上一个好觉便要写诗。而仅仅写了六句，不知是编者丢了一联，还是年老文思涩滞，到此便尔打住。

二、有这么一个传说

太上皇毕竟老了。

① 《清高宗御制诗余集》卷十三，安眠。
② 《清高宗御制诗余集》卷十七，口号二首。
③ 《清高宗御制诗余集》卷十七，安眠。

衰老，到来的时间或因人而异，然所有的年长者都必然要遭遇，无可避免。举行禅让大典之时，太上皇帝虽已见老态，头脑仍清晰，精神还十分健旺。如正月初四那天，先在皇极殿开千叟宴，将满蒙王公、一品大臣，及九十岁以上与宴者"召至御座前，亲赐卮酒"；又在重华宫召大学士及翰林等茶宴，赋诗联句，兴致勃勃。那一年，苗疆战事了犹未了，湖北教乱则方兴未艾，他密切关注着前方的战况，在福康安、和琳灵柩返京后，坚持要亲临祭悼，根本不听子皇帝及臣下的劝谏。

应该说，弘历是一个格外强健也格外自信的人。晚年视力减弱，自有人献呈产于西洋的眼镜，他大为忌讳，宁可小字看不清楚，也不愿"借物为明"。禅让第三年夏，作《戏题眼镜》：

古希过十还增八，眼镜人人献百方。
借物为明非善策，蝇头弗见究何妨？①

诗后附记："今且将望九矣，虽目力较逊于前，然批阅章奏及一切文字，未尝稍懈。有以眼镜献者，究嫌其借物为明，仍屏而弗用。"争胜逞强，竟然到了这种地步。

三年春，他还亲自往黑龙潭祈雨，自平地往龙神殿有三组台阶，各数十级，自八十岁以后皆乘轻舆直至碑亭，仅登十余级阶梯，就可以到大殿行礼，这次突发豪情，要步登第三组阶梯，结果气力不足，只好再乘舆而上。

就在这个春天，外人眼中的上皇已经是衰老不堪，突出表现为记忆力的减退：

---

① 《清高宗御制诗余集》卷十八，戏题眼镜。

太上皇容貌气力，不甚衰耄，而但善忘比剧。昨日之事，今日辄忘；早间所行，晚或不省。故侍御左右，眩于举行。而和珅之专擅，甚于前日，人皆侧目，莫敢谁何云。①

这段话为朝鲜在京使臣所记，既有觐见时的直接观察，也有搜罗到的传闻，包括和珅的飞扬跋扈，应是大体不虚。

比较起来，国内关于太上皇晚年情状的描写较少，起居注此三年皆省记，简略的程度，也是曾经大加删除的证明。一众起居注官，留下的著作中也几乎绝口不谈。这是一个政治禁区，是一段烟云模糊处。然还是有知情人会讲说转述。有一段记载，恰可与《李朝实录》相印证：

高宗纯皇帝之训政也，一日早朝已罢，单传和珅入见。珅至则高宗南面坐，仁宗西向坐一小机（每日召见臣工皆如此）。珅跪良久，上皇闭目若熟寐，然口中喃喃有所语，上极力谛听，终不能解一字。久之，忽启目曰："其人何姓名？"珅应声对曰："高天德，苟文明。"上皇复闭目诵不辍。移时，始麾之出，不更问讯一语。上大骇愕，他日密召珅问曰："汝前日召对，上皇作何语？汝所对六字又作何解？"珅对曰："上皇所诵者，西域秘密咒也，诵此咒，则所恶之人虽在数千里外，亦当无疾而死，或有奇祸。奴才闻上皇持此，知所欲咒者必教匪悍首，故竟以二人名对也。"②

写来亦是场面鲜活。太上皇之昏耄执迷和关切时事，嘉庆帝之恭谨与警觉，以及和珅的政务纯熟、敏锐和抖机灵，都来眼前。高天德、苟

① 《朝鲜李朝实录中的中国史料》下编卷一二，4953 页。
② 《艺风堂杂钞》卷三，153 页，和致斋相国事辑。

文明皆晚起于四川，并非教首中主要头目，故嘉庆帝感觉有些生疏，岂知和珅只管随口应答，不追求信息的准确无误。那时和珅的感觉必然好得出奇，全不知杀机已伏。

数千年专制史中，儿皇帝的日子大都不好过，颙琰也不例外。但他无疑是一个结果甚好的儿皇帝。通过实录和起居注，可知三年训政期间，颙琰认真扮演着嗣皇帝、子皇帝的角色，终日侍奉父皇。父皇到哪里都尽量跟随身后，陪着他祭祀天地神灵和列祖列宗，陪着他接见臣下和外藩使臣，陪着他打围观光和看戏吃茶……在太上皇和近侍大臣（包括和珅）的眼中，颙琰是一个孝子，也是一个仁厚平和、严谨迟重、做事认真，没有太大本事和魄力的人。

太上皇帝需要的，是一个仁孝平正、亦步亦趋的接班人；和珅需要的，则是一个可亲可控的皇帝。颙琰深藏起真实的感受，在令阿桂、王杰等人担忧的同时，做到了让上皇与和珅心中踏实。

三、憧憬"林下"？

林下，林木之下，浓荫之下，引申为山林田野退隐之处。如果说读书做官、科举入仕是无数学子的梦想，而在历经宦海沉浮之后，不少人的梦又变为归隐林下。"采菊东篱下，悠然见南山"，陶渊明就是一个典范、一种境界。由此衍生的语词甚多，如林下人、林下士、林下风、林下意，皆与廊庙官场相映照。钱谦益有句"林下有人君侧少，知公未忍说投簪"[1]，亦不识是夸人，还是贬人。

林下，通例不属于帝王。对于君王（包括太上皇）而言，虽有"倦勤"一说，虽也可退至深宫别院，享受清幽闲适，却没有思想上

---

[1]　钱谦益《吴门送福清公还闽》诗之一。

的自由自在，难以放旷形骸，无法呼吸到林下的清新之风。至于退而不休的弘历，连养心殿都不搬离，每天召见军机大臣，要看奏章发敕谕，春天祈雨，夏月望晴，牵挂多多，与林下相距甚远。可弘历饱读诗书，也向往那种胸襟披洒的感觉，向往林下清趣，早在乾隆四十年就赋诗《林下戏题》，禅让后更是多次吟咏及之。如嘉庆元年夏所作《林下一首四叠乙未韵》：

> 乙未曾斯憩，遥期授位便。天恩符获巳，子政训犹肩。
> 察吏贤及否，勤民吃与穿。设惟自图逸，志敢负初年。①

述说的是一种矛盾心态：二十年前就期望禅让授位，而今终获实现，又要担负起训政的责任，不敢自图安逸。诗间有两段小注，很能说明上皇的心迹流变，其一曰："朝臣致仕者向有林下之称，予践祚之初，立愿至乾隆六十年归政，可以比之致仕者优游林下。是以乙未憩此戏题有'拟号个中者，还当二十年'之句，彼时距归政之期尚远，而今竟仰荷天恩，幸符初愿，感何可言！"是啊，人生往往如此，先是有一番美好预期，及至到了跟前，又不免变化。第二条小注，便是解释改变初衷的原因："予既上邀眷睐，以今岁月正元日传位子皇帝。虽去冬子皇帝率内外王公大臣奏请予于期颐后再行归政，情词甚为恳挚，予以昔奏上帝之语，岂可自违，是以弗允所请。然自揣精神强固，又曷敢自耽逸豫，遂即自谓闲人？是以至今每日披览奏章，于察吏勤民之事，随时训示子皇帝，俾得勤加练习，予庶不致有负昊苍鸿佑之恩耳。"此类话语他已反复说过多次，所不同的，这里加上了不敢也不甘"自谓闲人"的说法。由是也知，此前说的林下之思，纯属随心随口，一说而已。

---

① 《清高宗御制诗余集》卷六，林下一首四叠乙未韵。

三年禅让的多数日子，上皇仍是乾纲独断，呼风唤雨，子皇帝恭谨虔敬，处处顺承。可是他过得并不愉快，精神上常处于焦灼烦躁之中。国家已到了多事之秋，叛乱难平，将士疲惫，日夜望捷而捷音不至，使之时而又生归隐之念。嘉庆三年夏月，上皇在避暑山庄，一日闲坐嘉木之下，山谷松风，林间幽趣，情随境长，不由得文思喷发，再赋林下之诗：

> 符愿坐林下，嘉阴披爽便。虽然归政子，仍励辟邪肩。
> 二竖获日指，一章捷望穿。促吟乘飒籁，睫眼廿三年。①

此诗也有自注，又说起乙未年的林下诗："其时拟于二十年后归政嗣子，或得遂林泉之乐。自丙辰元旦授玺，心愿符初，迄今已阅三年，而训政敉几，仍未敢一日稍懈。兼以筹剿教匪，切盼捷章，驰谕督催，殆无虚日。以视优游林下者，殊难比拟。兹偶来憩坐，回溯前吟，倏忽已二十三年矣。"不管是避暑山庄还是圆明园，以及他所精心设计建造的宁寿宫，都不缺少葱郁的林木，不缺少奇果异卉，然与陶渊明的境界有天壤之别。诗中的太上皇帝坐于林下，却是一脑子的烦乱，无以静享林下之福。

第二节　未能举办的九十大寿

禅让的第三年，尽管在外人看来上皇已明显衰老，但没有人会告

---

① 《清高宗御制诗余集》卷十九，林下一首五叠乙未韵。

诉他，听到的都是气色好、声音好、精神好之类。太上皇帝自觉身体依然强健，国家大事刻刻萦绕心头，有诗为证：

> 元之三更六之三，嘉庆乾隆父子覃。
> 训政心仍昼宵笃，承欢膝下清温谙……①

元之三，即嘉庆改元的第三年；六之三，指的是宫内时宪书所示乾隆六十三年。覃，有悠长、绵延之义，见于《诗经·大雅·生民》。弘历的诗多有类此生拼硬接之处，但意思很明白，就是希望这种双日照临、父子执政的状态延续下去。

虽说未曾居住过，上皇总想着那长期空置的宁寿宫，总要在元旦这天去兜上一圈，留下一组诗作，"洵沐天恩尚身健，仍勤政理训儿谙"②。这是上皇的自我感觉，所有人对他说的也是这类话语。

一、重建乾清宫

乾清宫是紫禁城最具有标志意义的建筑，上年冬失火后，上皇嘴上说不急，实则内心难以忍受。嘉庆帝，包括和珅等人心知肚明，对重建的筹备和施工抓得很紧。负责工程的为总管内务府大臣缊布和盛住，也很卖力，至本年十月大工告成，乾清宫、交泰殿及附属建筑整修一新。

十月初六日是子皇帝的万寿节，照例是一切从简：先到圆明园上皇所居的奉三无私殿行礼，虔敬侍奉父皇临御正大光明殿，率皇子诸王

---

① 《清高宗御制诗余集》卷一七，戊午元旦。
② 《清高宗御制诗余集》卷一七，新正宁寿宫即事。

贝勒与文武大臣行礼如仪，然后至同乐园，以太上皇帝的名义赐宴和观剧。同乐园在圆明园福海西岸，据《嘉庆帝起居注》，自本月初四日起，每天都是"上侍太上皇帝御同乐园"，一直到初八日，连续五天。

万寿节次日，王三槐押解至圆明园，太上皇帝即令军机大臣审讯，主审者自为和珅领衔，详报上皇之后，颁布谕旨：

> 本日王三槐解到，经军机大臣审讯，据供闻徐添德已被大炮轰毙，罗其清、冉文俦心生懊悔，因畏惧王法，不敢出来。若知伊投顺得生，必皆投出。并称从前知县刘清曾经前往晓谕出降，王三槐当即亲自投赴宜绵军营，其时被营内官员挡住，不准谒见宜绵，以致徐添德怀疑，不肯投出。如果所供属实，则王三槐、徐添德早有投顺之事，彼时宜绵等何以任听属官阻止，竟无闻见，亦未奏闻，以致办理需时。着勒保查明具奏，不得代为回护。至罗其清、冉文俦等果被官兵剿急，或探听王三槐信息，希图免死，竟行投出，亦未可定。着勒保、惠龄等察看贼情，一面仍鼓励兵勇，上紧进剿，总以擒获首犯为正办。设各首犯等有真心弃械，自缚投诚者，亦不妨酌量宽其一线，予以生路。亦可藉此解散余党，稍省兵力。然只可带兵大员数人存之于心，密为酌办，不但不可令兵弁等闻知，即将领等亦不可稍有宣露，以致心生懈弛，此为最要。①

此谕应为和珅等拟写，军机大臣云云，自是以和珅、福长安为主。此时的王三槐显示出强烈的求生欲望，所供也是真真假假，以假为主。太上皇帝头脑仍然清晰，见出一些教首的不坚定性，有意拆裂和招抚，密嘱领兵大员心中有数，视情形而定，期望能分化瓦解，早日平

---

① 《清仁宗实录》卷三五，嘉庆三年十月丁酉。

定教变。

初十日，太上皇帝在子皇帝陪侍下起驾还宫，阅视修复后的乾清宫等。不光是殿宇一新，就连昭仁殿被焚毁的"天禄琳琅"善本，也都配置齐全，宋本书的品质和数量甚至还超过往日。上皇深为满意，即降敕旨，奖誉在事出力各大臣，又是和珅排在最前面：

> 本日朕同皇帝进宫，阅视乾清宫、交泰殿工程，规模宏整，悉复旧观，朕心深为嘉悦。自上年腊月底择吉安梁，今岁春融兴工，秋仲即已告成，并不废采购之繁。办理妥速，允宜甄叙示奖。除总理工程事务和珅、福长安业因军功从优加恩毋庸议叙外，其监修之总管内务府大臣绵布、盛住交部议叙。①

需要说明的是：盛住是已逝子皇后的亲哥哥，先任总管内务府大臣，不久前又兼镶蓝旗汉军副都统。和珅把他当作讨好皇帝的一枚棋子，抬举拉拢不遗余力。这位国舅爷也顺着杆儿爬，与和大人走得很近乎。颙琰全看在眼里，亲政后不到一年，便将大舅子的许多职务一把撸掉，降谕说早就知其"器小贪利"。

上皇对乾清宫的快速修复很愉悦，题诗志喜，又写到去年降诏自责的事：

> 昨岁乾清值祝融，纪年嘉庆匪乾隆。
> 从来有应必有故，不以责储惟责躬……②

在任何时候，上皇都不忘自我表扬，讲说自己的丰功伟绩、高风亮节。既揽下了责任，又要说火灾实是发生于嘉庆朝；既已说明是嘉庆

---

① 《清高宗起居注》，乾隆六十三年十月十二日。
② 《清高宗御制诗余集》卷二十，孟冬还宫敬因重建乾清宫成有作。

朝，仍称颙琰为"储"，即储君。乾清宫失火后的罪己诏如此，乾清宫修复后亦如此。诗间小注曰："昨年孟冬二十一日，乾清宫弗戒于火，此事记载应入于嘉庆二年，惟予自丙辰授玺后并未退居宁寿宫，仍在养心殿日勤训政，事无巨细，皆予自任之。敬思上天垂戒，诚以予仰邀洪贶，践祚六十二年，寿跻望九，康强逢吉，诸福备膺，较之皇祖受眷尤为优厚，未免欣喜过望，是以昊慈于笃祜之中示以戒满之意。予惟抚躬自责，不以诿之子皇帝。"弘历再次从自身上找原因，认为根本原因在于自己福大寿长，"欣喜过望"。

十九日辰时，子皇帝御乾清门听政。那场火灾幸未延及乾清门，是以颙琰在宫中听政地点一直未变。这次听政，部院各衙门面奏引见后，仍是和珅、王杰、苏凌阿、刘墉与一班内阁学士以折本请旨，发布的谕旨似有大幅增多，应看作子皇帝事权的扩充。有一道旨意与湖北军务相关，系湖广总督景安参奏属下侵占军费，"安襄郧道胡齐仑在任声名狼藉，办理军需事务，种种虚捏，任意侵欺，与候补府经历朱谟狼狈为奸。又候补道员刘锡嘏，平日官声操守亦甚平常"。颙琰即令革职拿问：

> 胡齐仑身任监司，现在军需事务款项繁多，岂容狡诈劣员侵欺冒滥。胡齐仑、朱谟俱着革职拿问，交该督秉公彻底查究，勿任狡展，即行从重定拟具奏。刘锡嘏着勒令休致，速饬回籍，不许在楚逗遛，以示惩创。①

这一类的事，上皇已放手让颙琰去管了。景安乃和珅亲族，刚刚担任总督不久，举劾下属用不着顾虑连带责任。而颙琰对军费开支浩大、各级官员侵占早有了解，于此果断出手。

---

① 《嘉庆道光两朝上谕档》三，嘉庆三年十月十九日。

二、子皇帝领衔的吁请

进入三年十一月，太上皇帝的身体出现一些不祥之兆，常常剧痛来袭，"朝或苦剧，夕又差减；夜又呻吟，昼又和平。日日如是，渐不如前"[1]。这是朝鲜来华使臣的描述，清朝官方文献中几乎全无记载，只有在上皇驾崩之后，追记了一句两句。

就在该月十八日，颙琰率诸王贝勒及文武大臣隆重上表，吁请上皇批准，要在明年万万寿节，为父皇庆祝九十大寿，重开千叟宴。表文骈四俪六，华美秾丽，可称古今中外马屁文字之代表作，又最能对上太上皇帝的脾胃，读懂甚难，照抄一遍也大不易，却值得一读：

> 子皇帝臣率诸王贝勒内外文武大臣等谨奏，为九秩延禧敷天洽庆敬陈吁悃愿睹隆仪事：
>
> 钦惟皇父太上皇帝陛下健协乾行，吉彰颐庆。缉熙纯嘏，久道化成；保合太和，康强逢吉。授政而仍勤训政，犹日孜孜；延年而不事迎年，惟天荡荡……

健协乾行，康强逢吉，是在禅让期间出现频率甚高的套话，形容太上皇帝身心康泰，寿高福大，又特别突出了其"训政"和"延年"。有这种状态，不独会"九秩延禧"，百岁当也不成问题啊！而接下来，便说自己与天下臣民对上皇的感恩戴德：

> 于父母敢言施报，夙钦圣训宣昭；而臣民莫不尊亲，洵觉群

---

[1] 《朝鲜李朝实录中的中国史料》下编卷十二，4978 页。

情倍切。寅念绍天峻极，率祖洪宁，敷酞化而布懿纲，亘绵区而弥匝宇。浸仁沐义，久畅沂于垓埏；腾实蜚声，咸轩鼚于鼓舞。善政善教，甄陶者咸五登三；宜民宜人，泛濩乎上蟠下际。惟宵衣而盱食，愈增纯固之精神；斯里忭而途歌，益启舒长之岁月。凡兹天下国家之在宥，钦承提命于有加，以暨庶民卿士之大同，胥念感通于无间。盖自世跻曼寿，人乐熙春，七旬推行庆之恩，八秩举介釐之典。镌瑶篆于古稀耄念，国图早迈夫帝期；志奎章于符望景祺，家庆偕申夫王会。

一段大唱颂歌，描绘盛世景象，"浸仁沐义""善政善教"，"世跻曼寿，人乐熙春"，哪里还能见出三省之地的厮杀、鲁豫河道的漫溢、闽浙洋面的劫掠呢？

表文的核心是两年后的贺寿大典：

欣惟庚申之岁，恭逢九旬万万寿辰。仰懋龄之锡美，符用九而数衍乾元；欢畫算之延洪，筴函三而象昭泰一。福禄来同之盛际，云汉为章；光华复旦之昌期，日星以纪。四时通正岁，支逢协洽之庥；六气钧调天，运荟亨嘉之会。三千叟叠施耆耇，圣犹孩之；九万里竞舞阶墀，皇乎备矣……乐以天下，颂幬载于率土之滨；亨宜日中，积京垓而自今以始。赓扬展拜，虔合万国之欢心；舞蹈擒词，敬率百官而请命。子臣实深踊跃欢忭之至，谨缮折合词吁恳，伏祈慈鉴施行。①

炮制这么一篇文字，莫说今日，即在当时亦大不易。但不论当时和今日，任何时候都会有此类文章高手。合朝大吁请的领衔者是自称子臣

———————
① 《乾隆帝起居注》，乾隆六十三年十一月十八日。

249

的颙琰，发起人应也是他，还有一个积极支持和具体操作者是和珅，二人皆有文采，却也写不了这个东东。可朝中文星闪耀，王杰、纪昀、刘墉、董诰、彭元瑞，甚至那吴省钦、吴省兰兄弟，哪一个都可以胜任，倒也不烦猜测了。

太上皇帝的九十大寿在后年八月，此时提出，一来表示郑重，留出充分的筹办时间；二来也是让老爹高兴，让明显衰弱的上皇振奋和期待。是啊，那会是怎样盛大荣耀的场景！典礼是统治者的兴奋剂，晚年的弘历乐此不疲，光是想象一番那种盛况就令其神往。上皇当即照准，却说本来因教变未平不想举办，考虑到皇帝（注意，敕谕中不再称子皇帝或嗣皇帝，且已有一段时间了）孝心之诚，考虑到天下臣民的心愿，"不得已姑允所请，于庚申年举行庆典"。上皇敕谕比照康熙六十年和乾隆五十五年规格，相应增加乡试和会试恩科，并亲自任命了大典筹备班子，"专派大臣董理"，自然又是以和珅为首。

由于上皇的离世，这是一场没能举办的庆典。有意思的是，嘉庆帝亲政后，在自己的起居注中抹去了此事，不光不见吁请的表文，甚至连这件事提也不提，似乎压根没有发生过。《清仁宗实录》只简简记了一笔，那篇精心撰作的表文全然删剪，同样被删去的内容当还有很多，应都与和珅相关，以至于这两个月的实录记事寥寥，只能合为一卷。

三、"望九"与"来孙"

生命的最后一年，上皇龙体衰惫，而豪兴未褪，激情未减，胸中还涌腾着许多期冀和希望。他盼望早日剿平三省教乱，盼望睢工大坝早日合龙，盼望风调雨顺、国泰民安，还盼望六世同堂……

望九，意为接近、期待九十岁寿辰。上皇在敕谕及诗文中频频使用：

然望九之人不可奢言，若果至耄昏，则当全付嗣子，一切弗问矣。①

园中获鹿亦其常，望九精神喜尚强。手熟发机酌迟疾，眼明星斗辨毫芒。②

自上年元旦授玺初愿幸符……迄今又阅二年，仰赖天祖眷贻，年跻望九，精神强固，训政如常，实为从古太上皇未有之盛事。③

予春秋八十有八，望九之年，精神纯固，眠食佳安……④

今予年跻望九，尚欲循旧例步登，勉陟殿阶一成，觉筋力未逮，始易以轻舆……⑤

弘历在禅让期间的"望九"，一如早先的六十年"归政"，开始时犹留有余地，有些谦逊低调，越到后来越显得信心满满。最后一例，写的是当年三月至黑龙潭祈雨，看似说自个筋力不足，难以循长阶而登，真实用意在于夸耀，"然至殿行礼，仍步行登阶叩祷，以昭虔敬"。

这个春天，上皇的第五代长孙载锡已经成婚，依照常理来推测，弘历九十大寿之前应能诞育，是为第六代。在八十八岁生日前四天，弘历想起此日为清太宗忌辰，作为太宗元孙，赋诗明志：

仰望如霄上，俯临欣目前。一身亲七代，百岁待旬年。
顾谓元兮勉，喜瞻来者连。自知不知足，又愿庶应然。⑥

① 《清高宗御制诗余集》卷四，回跸至御园即事有作。
② 《清高宗御制诗余集》卷七，获鹿。
③ 《清高宗御制诗余集》卷十六，嘉平月朔开笔再叠辛亥诗韵。
④ 《清高宗御制诗余集》卷十七，新正宁寿宫即事。
⑤ 《清高宗御制诗余集》卷十八，诣黑龙潭祈雨再用丙辰诗韵。
⑥ 《清高宗御制诗余集》卷二十，八月初九日作。

他在诗中抒发家族兴旺、瓜瓞连绵的期盼，同时已不满足九十之数，畅想能够长命百岁。一身亲七代，是说自个福报深厚，上得见父祖，下有四世子孙，典型的乾隆式夸耀；百岁待旬年，则是一种切切预期，觉得再活十二年似乎也不成问题。第三联要求载锡努力，早得子嗣。最后自我调侃，说也知有些不知足，仍愿能一一应验。

元孙，此处即玄孙。顾谓元兮勉，这个"元"，便是指玄孙载锡，小注曰："元孙载锡于今春已成婚礼，即可冀得来孙之喜，若能仰邀鸿佑，得遂此愿，更为亘古希有佳话，欣跂实深。"载锡出于弘历长子永璜一系。永璜素为皇父不喜，连带长孙绵德也不受待见，本来承袭定亲王，又被降为郡王，再被革去爵位。降至曾孙奕纯，勉强赏了一个贝子，再一辈的载锡，更是等而下之。但作为元孙中年龄最大的载锡，自有一种特殊的存在价值。早在八年前，乾隆帝就希望七八岁的载锡随围，即参加木兰秋狝，命和珅询问情况，如何能不能骑马？认不认生？行围时会不会害怕啼哭？和珅在致六阿哥的信函中转达了皇帝的口谕：

> ……若皆能前来，所有夹棉皮衣皆向刘秉忠要，令其宽为官做。应用之架子鞍、小撒袋、弓箭皆用十公主从前小时进哨者，更省另做。如此，则朕带元孙一同乘马行围，不但各部落外藩□□盛事，且见之题咏，又可为千古佳话。①

文献匮乏，不知这年载锡是否随驾行围，但即使当年未成行，次年或再一年也会去的，也是"千古佳话"。又是几年过去，载锡长大成婚，更成为上皇心中传宗接代的宝贝，肩负着诞育来孙的重任。载锡未能

---

① 和珅亲笔信函，存第一历史档案馆。

完成高祖的心愿，延至嘉庆八年冬始得一子，赐名奉庆，距弘历崩逝已然四年有余。①

第三节 世上已无太上皇

太上皇帝从不忌讳说老，也从不自言衰迈。老，已被他作为一种资历和骄傲，而衰迈萎顿便成了悲哀。他喜欢在诗文中数说自己的年龄，从八十六岁写到八十八岁，年年都说，反复地说，可接下来就要写上"精神强固""犹日孜孜"，要显摆还能够骑马、登山和狩猎。的确，同时代的各国君主或统治者，没有一个能够与之相比。

然生老病死是一个普遍规律，不知觉间，上皇已到了生命的最后时刻。像许许多多的普通人一样，死神来得有些突兀，上皇似乎并未做好准备。

一、望　捷

辞世前两天的大年初一，太上皇帝仍是子夜早起，至东暖阁明窗下开笔。这幅元旦祝辞今存第一历史档案馆，虽笔画凌乱，字句不全，依旧是朱、墨二色，能见出上皇对仪制的郑重持守；亦觉在迷蒙缭乱之中，其强大的自信心已有些飘忽。

泰山其颓乎？

---

① 《清仁宗实录》卷一二三，嘉庆八年十一月丙申，"赐贝子载锡子名奉庆"。

哲人其萎乎？

在最后日子里，太上皇帝一会儿清醒，一会儿糊涂，但清醒的时候居多。只要头脑稍微清晰，他就会想到三省的白莲教之变，"依然渴捷敕几忙"。渴捷敕几，传递的是一种内心焦劳，一个耄耋老人对平复战乱的渴望，读来令人感慨。

元旦这天，太上皇帝的活动已大幅省减，仍觉头绪甚多：上午，由子皇帝奉迎至乾清宫，接受皇子皇孙、诸王贝勒、文武大臣、蒙古王公及外藩使臣行庆贺礼；然后在乾清宫"赐皇子亲藩等宴"。虽有暖轿，可上上下下、进进出出，对一个耄耋老人诚大不易。我们曾说他喜欢这类盛大仪式，喜欢君临天下、众臣簇拥的感觉，可这时已成为一种负担，一种必须履行的职责，即使觉得有些累，也要咬牙支撑。应也是出于他的敕旨，当日分别对河患造成的灾民加赈，涉及江苏八州县、安徽七州县、山东十二州县（卫）。每年朝廷都会在元旦这样做，但今年的受灾地域明显增多。

早在乾隆二十年元旦，弘历开始写诗志贺，并作《元旦试笔》两首，以后相沿成例，已然持续了四十三年。今年上皇时常感觉疲惫，减去"试笔"，但坚持写了一首元旦诗：

> 乾隆六十又企四，初祉占丰滋味参。
> 八十九龄兹望九，乾爻三惕敢忘三。
> 虽云谢政仍训政，是不知惭实可惭。
> 试笔多言今可罢，高年静养荷旻覃。①

病中的上皇仍未意识到死亡的临近，仍在操心明年的九十大寿，却也有了较多的反思省察。诗人在写作时是头脑清醒的。"滋味参"的

---

① 《清高宗御制诗余集》卷二十，己未元旦。

"参"字，既指纷纭繁杂，五味杂陈；又有领悟、琢磨和反省之解。诗中将归政称为谢政，对自个的训政也不无自嘲，一句"是不知惭实可惭"，包蕴甚多。可以想象，上皇心中又有了新的人生设计：不光是减去两首试笔诗，训政方式也会有很大调整，可能要以静养为主了。

初二日，上皇浮想联翩，最关心的还是前线战事，挥笔写下一首诗，题名《望捷》：

> 三年师旅开，实数不应猜。邪教轻由误，官军剿复该。
> 领兵数观望，残赤不胜灾。执讯迅获丑，都同逆首来。①

禅让的三年，"望捷"是上皇许多诗作的主题，先是盼望苗疆之捷，后来盼望湖北等三省之捷。前线也不断有捷报传来，小胜大胜，真真假假，虚虚实实，却总是难以彻底平定，此伏彼起，战火蔓延。在这首最后的御制诗中，上皇总结三年镇压白莲教的战争，对教变的兴起、将帅的推诿观望，以及生民离乱之悲惨都有反思。他希望早日结束这场浩大持久的战争，满纸急切焦灼，满纸郁结烦乱。

二、参莲饮

晚年的上皇喜欢服用人参，将上好的老山参切片含服，大见滋补之效。自腊月开始，对于气虚体弱的他，太医也选择以人参为主，徐徐调理。初一日御殿受贺及赐宴间隙，上皇多次服用参麦饮和灯心竹叶汤，皆有滋养和清凉退火功能。这应该不算什么病，年节事繁，老人家有些上火而已。

---

① 《清高宗御制诗余集》卷二十，望捷。

大年初二，应是在写完《望捷》诗后，太医涂景云、沙惟一来为上皇请脉，认为脉象安舒平和，但有些气虚，提议服用参莲饮。这之后，情况便急转直下，据《万岁爷进药底簿》：

> 初二日卯初，进参麦饮一次，用人参一钱五分。
>
> 涂景云、沙惟一请得皇上圣脉安和，惟气弱脾虚，议用参莲饮：人参一钱五分　建莲三钱　老米一钱　水煎
>
> 本日巳初至初三日卯正一刻，陆续进参莲饮四次，用人参六钱。①
>
> 涂景云、沙惟一、钱景请得太上皇圣脉散大，原系年老气虚，屡进参莲饮无效，于本日辰时驾崩。②

所记为太上皇帝的最后治疗过程。没有抢救，也谈不上什么治疗，不管是参麦饮还是参莲饮，都更像一种补品，而非急救之药。太医的诊断是正确的，即"年老气虚"；其做法也得当，那就是用人参等补气提神，不做无意义的抢救。

整整一个昼夜，颙琰在养心殿寝宫照看和陪伴父皇，"吁天虔祷，问视弥谨"。《清高宗实录》记载略详，也只有几句："皇帝侍疾寝宫，问视弥谨，太上皇帝握手，眷爱拳拳，弗忍释。"③和珅与福长安会在吗？会的，但二帝说话时必须要避开，也不会有人再记及他们。至晚间，上皇开始昏迷。次日清晨，冬天的太阳刚刚升起，死神翩然而至，强行拥抱了这位老人。

对于父皇的崩逝，颙琰表现得极为悲痛，做了一个孝子皇帝能做的一切：

---

① 《万岁爷进药底簿》，封面题"乾隆六十三年十二月吉日立"，今存第一历史档案馆。
② 《万岁爷进药底簿》，乾隆六十四年正月初三日。
③ 《清高宗实录》卷一五〇〇，嘉庆四年正月辛酉。

　　壬戌辰刻，太上皇帝崩。上至御榻前，捧足大恸，擗踊呼号，仆地良久。视小敛毕，先趋乾清宫，于西丹墀下跪迎大行太上皇帝吉舆，敬奉乾清宫西次间。上剪发成服，皇贵妃及妃嫔以下俱剪发成服。申刻，大行太上皇帝大敛，上痛哭失声，擗踊无数。既敛，奉安梓宫于乾清宫正中，陈奠设幕。自亲王以下文武各官、公主福晋以下、侍卫妻以上及包衣佐领等男妇俱成服，在京之蒙古王公台吉暨外藩使臣亦俱成服，各按位次，齐集举哀。上哀恸深至，自旦至晡哭不停声，竟日水浆不入口。王大臣等伏地环跪，恳上节哀。上悲痛不能自已，左右皆弗忍仰视。①

记载中不可能提到和珅，以常理推测，必在"伏地环跪，恳上节哀"的一班近臣中，必也泪流满面、捶胸顿足。那向前搀扶劝慰皇帝的群臣，也应以他为首。可后来公布的罪状，又说他在上皇病重时"谈笑自若"②。和珅也许心内真有着几分轻松，毕竟不需要同时侍候两个皇帝了，而天真地认为已得到颙琰的倚信。

　　上皇的辞世，是典型的无疾而终。起居注中没有记载他的政治交代，应是弘历没有想到会就此长辞。他是一个有福之君，死时有嘉庆帝执手陪伴，但其仍有重大遗恨，那就是三省教乱尚未最后平定。颙琰在当日发布诏书，称颂皇父的一世英明，感念皇父亲授大宝的盛德，回顾和慨叹不克举办"皇父九旬万寿"的遗憾，发抒内心之痛殇。同时，嘉庆帝也对两件事作出部署，一是追剿教军，二是大丧的办理：

　　其军营总统诸将等，亦当仰体皇父简拔委任之恩，训诫督责

① 《清仁宗实录》卷三七，嘉庆四年正月壬戌。
② 李岳瑞：《春冰室野乘》卷上，和珅供词，"又太上皇帝病重时，奴才将宫中秘事向外廷人员叙说，谈笑自若，也是有的"。

之意，振作自新，迅扫余孽，上慰在天之灵。尚属天良不昧，勉之。至一切丧仪，着派睿亲王淳颖、成亲王永瑆、仪郡王永璇、大学士和珅、王杰，尚书福长安、德明、庆桂、署尚书董诰、尚书彭元瑞，总管内务府大臣缊布、盛住总理。①

大丧当日，孝子皇帝应有些精神恍惚，一夜无眠和巨大哀恸，以及尚未衔接好的角色转换。谕旨还沿着旧日轨迹，任命和珅为治丧班子的核心人物，而对前线领兵大员，已露出不满的口风。

三、遗诏的蹊跷

依照清朝礼制，皇帝或太上皇帝驾崩，一般在即日颁布遗诏，谕知各省臣民和藩属国。弘历的"太上皇帝遗诏"保存至今，却有一些蹊跷：《清高宗实录》《清仁宗实录》《东华录》等皆不收入，此其一也；初七日遣使往朝鲜等国颁发遗诏，初八日始在国内颁布，此其二也。

所谓遗诏，极少出自大行皇帝本人，多为其身后所拟。皇帝崩逝，通常会组成一个顶级的拟稿班底，主撰应是首辅大学士或首席军机大臣。和珅身兼二职，又是太上皇生前宠臣，自也当仁不让。推想初三日前夜，当太上皇弥留之际，和珅等已开始奉旨拟写遗诏了。太上皇逝世当日，嘉庆帝连发八道谕旨，第一道即关乎治丧，指派"总理一切丧仪"之人，除去几位亲王，排在最前面的即和珅。著名清史学家孟森先生也认为遗诏为和珅等所定。

这份遗诏的最早发现，在朝鲜《李朝实录·正宗大王实录》卷五一，居然是全文收录。国内则第一历史档案馆所藏《乾隆帝起居

---

① 《嘉庆道光两朝上谕档》四，嘉庆四年正月初三日。

注》，在末尾处也收入，称"遗诰"。以两文相比对，只有少数字词的差异，意思全同。此类诏书一般要誊录多份，分送属国和各地，字词之异，乃抄胥所致。客观论列，这篇遗诰写得很不错，既列举了乾隆帝一生的文治武功，又表达了"持盈保泰""慎终如始"的治国态度，复以"聪明仁孝""付托得人"，传达出对嘉庆帝的高度肯定，也述说了自己的未能举行的九旬大庆，以及最后的身体状况：

> 昨冬皇帝率同王公内外大臣等预请举行庆典，情词恳切，实出至诚，业降敕旨俞允。夫以朕年跻上耋，诸福备膺，皇帝合万国之欢，申亿龄之祝，固为人子为人臣者无穷之愿，然朕之本衷实不欲侈陈隆轨……朕体气素强，从无疾病，上年冬腊偶感风寒，调理就愈，精力稍不如前。新岁正旦犹御乾清宫受贺，日来饮食渐减，视听不能如常，老态顿增。皇帝孝养尽诚，百方调护，以冀瘥可，第朕年寿已高，恐非医药所能奏效。兹殆将大渐，特举朕在位数十年翼翼小心、承受天祖恩佑之由，永贻来叶。皇帝聪明仁孝，能深体朕心，必能如朕之福，付托得人，实所深慰。①

遗诏是乾隆朝文风的延续：文字庄重典雅，内容周详妥帖，情感挚切，格调贵重，与太上皇的地位和性情都相契合；毛病则在于虚荣夸饰，回避社会问题，不敢正视严重的现实矛盾。遗诏之后，开列当日起居注官，有英和、刘镮之、潘世恩等十六七人，应该是起草班子的成员，而主笔当是和珅。

嘉庆帝对这份遗诏的不满，主要在对攻剿白莲教的表述上。遗诏曰："近因剿捕川省教匪，筹笔勤劳，日殷盼捷，已将起事首逆、紧

---

① 《乾隆帝起居注》乾隆六十四年正月初三日。

要各犯，骈连就获。其奔窜伙党，亦可计日成擒，蒇功在即。"语意较为乐观。而在颙琰看来，战事的进展如此缓慢，所消耗经费如此之多，都由于朝廷内外各官的贪腐成性。初四日，嘉庆帝降谕，对前线将领激烈抨击：

> 带兵大臣及将领等全不以军务为事，惟思玩兵养寇，藉以冒功升赏，寡廉鲜耻，营私肥橐。即如在京谙达、侍卫、章京等，遇有军务，无不营求前往。其自军营回京者，即平日穷乏之员，家计顿臻饶裕……内而军机大臣，外而领兵诸臣，同为不忠之辈，何以仰对皇考在天之灵！伊等即不顾惜身家，宁忍陷朕于不孝，自列于不忠耶！况国家经费有常，岂可任伊等虚糜坐耗，日复一日，何以为继，又岂有加赋病民之理耶！①

言辞峻厉，激愤溢于言表，所说大多为实情，也不乏过甚过激之词。此谕的发布在大丧第二天，昨个还"捧足大恸，擗踊呼号""自旦至晡哭不停声，竟日水浆不入口"的嘉庆帝，刚过一天，就要亮剑了！

当日另有旨：免去和珅军机大臣、九门提督等要职，命与福长安在殡殿昼夜值守，不得离开。

第四节　诛杀和珅

今天重读这段历史，很多人都不会惊讶和珅的下场，认为是一个

---

① 《清仁宗实录》卷三七，嘉庆四年正月癸亥。

必然的结果。而在当时，在和珅本人，也包括朝中大多数官员，包括皇帝身边人，以及和大人的一些亲信，嘉庆帝的这份上谕，真可称晴天霹雳。

一、递过来一枚如意

嘉庆帝对和珅的深恶痛绝，三年禅让期间的隐忍克制，亲政后的雷霆一击，我们已然很清楚。然和珅对嘉庆帝如何？他真的要离间上皇与皇上，真的敢处处阻击、阻挠、排拒新帝吗？清代的不少记载，今日的不少研究者皆如此论列，似乎训政期间和珅对子皇帝处处为难，甚至欲行颠覆。他会吗？他敢吗？

和珅是怎样一个人？

首先是绝顶聪明的人。靠侍奉乾隆皇帝起家的他，最不缺乏的能力，就是机警乖巧、察言观色、趋利避害。禅让之后，上皇仍是他的第一靠山，而如何与子皇帝搭上关系，取得其信任依赖，则是他新的首要课题。其实，这份功课，和珅早在禅让之前已认真做起。六十年九月初三日，乾隆帝御勤政殿，册立十五皇子永琰为皇太子，宣布明年为嘉庆元年，将举行禅让大典。而就在前一日，这还是一个天大的机密，刚刚得悉皇上恩命的和珅，迅即把消息透漏给永琰。因为要拟写诏书，筹办册立仪注，先期知晓此事的必非和珅一人，可快速跑去传递信息的，只有和珅。

当日之具体情形，早已付诸历史烟尘。皇十五子居住在东华门内的东二所，那里还住着其他皇子皇孙，和珅怎样从军机处远远来到这里？怎样避开别的皇子？是在白天还是夜晚？是一人独往还是带了随员？现在均无从知晓了。所有这些都难不住和珅。我们知道的是：他到了皇十五子嘉亲王府上，一脸郑重，从袖中掣出一枚如意，双手奉上。那一刻的和珅与永琰都不需要多说话，四目一对视，彼此点点头，也就你知我知了。

和珅有别的目的么？没，就一个报喜讯，表忠心。永琰则必然心情复杂：欣喜是主要成分，毕竟多年期盼即成现实，能不心中狂喜！然授受大事由这位名声不佳的仁兄潜告，父皇的眷注似乎变成和珅的拥戴，本来的正大光明演为一路鬼祟，又让永琰心中愤懑。和珅之鄙陋浅薄，自以为得计，大多如此。

后来嘉庆帝公布和珅之罪，共列举二十项大罪，以此事为第一条：

> 朕于乾隆六十年九月初三日，蒙皇考册封皇太子，尚未宣布谕旨，而和珅于初二日即在朕前先递如意。漏泄机密，居然以拥戴为功，其大罪一。①

递过来一枚如意，不独传递了一个机密，同时也表达一份忠诚与投靠，居然成为一项大罪，真是始料不及。在诏狱中，和珅很快想通了，讯问时痛快招认："六十年九月初二日，太上皇帝册封皇太子的时节，奴才先递如意，泄漏旨意，亦是有的。"② 这是他受审时认罪供单中的一条，看不出有一丝委屈。

与和珅的机巧变诈不同，天潢贵胄、又读了大量圣贤书的颙琰，耻于这种行径。大约从那一次私递消息开始，颙琰就对盛行宫廷和官场的如意产生厌恶。但也不影响他每逢新年，都要撰作一首赞美玉如意的诗——上皇喜欢，只能跟着表示喜欢呗。彼一时此一时，在将和珅罪状昭示天下之先，嘉庆帝降谕禁止臣下"呈进贡物"，词气严厉，特别说到如意，曰：

---

① 《清仁宗实录》卷三七，嘉庆四年正月甲戌。
② 《艺风堂杂钞》卷三，157 页。

　　再年节王公大臣督抚等所进如意，取兆吉祥，殊觉无味。诸臣以为如意，而朕观之转不如意也，亦着一并禁止。①

这番话也会传到狱中的和珅耳朵里，称心如意了很多年的他，其时已经大不如意了。至于年节呈进如意的惯例，虽经严旨禁绝，实则变化不大。此后的连续四年，嘉庆帝没再写赞美如意的诗，可到了第五年便写起来，有御制《咏白玉如意》为证：

　　盈尺良材贡远方，坚贞温润发辉光。
　　万几图治皆如意，民协年丰大吉昌。②

亲政日久，和珅那点儿破事早已远去，嘉庆帝重新发现了如意的妙处：从材质、名称到寓意，真是般般可人，能不加以歌颂？

二、盛世的祭品

　　随着乾隆皇帝的驾崩，一个时代、大清王朝的盛世彻底成为过去。和珅是这个时代的骄子，也是这个时代的败类，最后以一己之躯，为之送行和献祭。
　　从整体而言，清朝的科道官是缺少节操风骨的，没有前明谏垣那些死谏之士，习惯于谨小慎微、见风使舵。上皇崩逝，和珅被限制行动自由，科道官嗅出风向，开始有人上章弹劾这位失势重臣。正月初

---

① 《嘉庆道光两朝上谕档》四，嘉庆四年正月十五日。
② 《清仁宗御制诗初集》卷四一，咏白玉如意。

八日，嘉庆帝命将和珅、福长安革职逮问，查抄家产。此事未见其与任何人商量（他的老师朱珪尚在路上），也未见有咨询王杰、刘墉等老臣的记载，圣意已决，闪电出手，不可一世的和珅转瞬间即成阶下囚，举朝错愕。更多的应不是欢呼，而是震惊错愕。

颙琰做皇子时曾写过一篇《唐代宗论》，评价代宗杀李辅国事，时人多以之与诛杀和珅相联系。原文中有这样一段：

> 代宗虽为太子，亦如燕巢于幕，其不为辅国所谮者几希。及帝即位，若苟正辅国之罪，肆诸市朝，一武夫力耳。①

太监出身的李辅国做了宰相后，心狠手辣，在宫中生杀予夺。唐代宗李豫做太子时极能忍耐和掩饰，即位后表面上仍加重用，私下里派刺客将其杀死。作为数月皇太子和三年子皇帝，颙琰对和珅的做法也有几分相同，将愤憎痛恨深深藏于心底，默默地等待时机。所不同的是，唐代宗阴遣刺客暗杀，为颙琰所不齿，以为应该堂堂正正宣布其罪名，诛戮于市朝。对于和珅，嘉庆帝就是这样做的，先将他和福长安禁闭于殡殿，再命两位皇兄领衔，负责抓捕、审讯和抄检。军机处和内阁部院迅速作出调整，皇亲国戚纷纷掌管核心部门，自是人人大快。几个月后，颙琰才发现着实是一步臭棋。

十一日，嘉庆帝下诏列举和珅罪状，命各地督抚将军表明态度，一场全国性的大声讨顿时展开。第一个表态的是直隶总督胡季堂，适在距京师不远的三河，接到兵部火票递到的谕旨，连夜草疏上奏，请求将和珅以大逆罪凌迟处死。胡季堂时年七十一岁，曾以兵部尚书兼管户部三库，与和珅打交道不会少，对其弄权贪婪早有认知，直斥其"蠹国病民，几同川楚贼匪；贪渎放荡，真一无耻小人"。胡季堂还开

---

① 李春光纂：《清代名人轶事辑览》，190—191 页。

启了一个检举与检讨杂糅的话语模式："臣世受国恩，未能及早参奏，已蒙皇上圣明烛照，抚衷循省，悚惕靡宁，惟祈敕部将臣严议治罪，以为大臣不能弹劾奸宄者戒。"① 他提到作为大臣的责任，深合嘉庆帝之意，立刻引用和批转，同时正式公布和珅二十条大罪，谕令在京三品以上文武官员以及翰詹科道官认真阅读胡折，议定和珅之罪。

和珅的罪名各书多加征引，兹不赘述，有些条款亦涉于东拼西凑，鸡零狗碎。如因腿疾坐椅轿入大内，在圆明园内骑马，皆经过上皇恩准；至于在上皇批朱时随意讲话、在上皇病重时不够沉痛，亦属过事吹求。其真正罪状在第十三条之后，即专擅、贪腐和聚敛。可我们也可以发现：经过一场挖地三尺的政治清算，对和珅多年负责军费开销，管理户部、兵部和崇文门税关，没提出任何贪污侵占之证。

和珅拥有的巨大私人财富，是在数十年大臣和宠臣生涯中逐渐积聚的，靠的主要不是贪污，而是受贿。和珅大肆收受礼物和礼金，他人的升职转任，自家的婚丧嫁娶，包括妻子生病，无不是接受贿赂的理由，当是主要来源。另外则是家族式商业经营，和家的田产庄园、商铺，甚至运输车队遍布京畿，成为京师的一道风景线。乾隆时期（当然也包括其前后各朝）朝廷和地方都盛行送礼之风，名目极多，节礼、年金、部费、赆仪……皇帝也会收礼，和珅也要孝敬，自非一人之罪，与那时普遍的官场积习和社会腐败相关。

上皇逝世后，仍有个别心眼太死（也可称心眼太活）的官员写信给和珅，表达哀思和忠诚。此人是山东巡抚伊江阿，堵御黄河决口，一味迷信方士胡说，一误再误，却因与和珅一向来往密切，受到庇护。岂知这封信被呈交嘉庆帝，阅知极为恼怒，降谕内阁：

> 本日伊江阿由驿递到奏折，有寄和珅书信，业经闻知大行太

---

① 朱批奏折：胡季堂奏，请将和珅凌迟处死折，嘉庆四年正月十五日。

上皇帝龙驭上宾，信内惟谆劝和珅节哀办事等语，而于朕遭罹大
故，并无一字提及。即以常情而论，寄书唁问，自当以慰唁人子
为重，今伊江阿于和珅则再三劝以节哀，而于朕躬仅照常具一请
安之折，转将寻常地方事件陈奏，不知其是何居心？昨吴熊光一
闻皇考升遐之信，即专折沥陈哀悯，敦劝朕躬，情词真切，似此
方合君臣之义。吴熊光系汉人，又只系布政使，尚有良心。伊江
阿身为满洲现任巡抚，又系大学士永贵之子，且曾在军机处行
走，非不晓事者可比，乃竟如此心存膜视，转于和珅慰问殷勤。
可见伊江阿平日不知有皇考，今日复不知有朕，惟知有和珅一
人，负恩昧良，莫此为甚！伊江阿着传旨严行申饬，并交部严加
议处，仍着明白回奏。①

伊江阿没想到首席军机大臣已然换人，"效忠信"落到皇上手里，立
刻倒了大霉，部议革职。伊江阿还不停地狡辩，诡称是希望和珅忠心
报国，更使嘉庆帝厌憎，看在乃父永贵面上，给了个蓝翎侍卫，遣发
伊犁效力赎罪，后改为塔尔巴哈台领队大臣。

　　谕旨中提到的吴熊光，便是两年前被上皇越次提升的那位章京。
和珅对吴熊光任军机大臣不满，在阿桂死后，即设法将之逐出军机
处，改任直隶布政使去也。嘉庆帝显然深知内情，故对吴熊光印象
甚好，遂密召他火速进宫，专门讨论对和珅的处置。请看这段君臣
对话：

　　谕及人言和珅有歹心，熊光奏："和珅贪纵，罪不容诛，若
谓有歹心，臣不敢附和。"上云："何以见得？"熊光奏："凡怀
不轨者，必先收拾人心，和珅则满汉无一归附者，倘使伊中怀

---

① 《嘉庆道光两朝上谕档》四，嘉庆四年正月十三日。

不轨，谁肯从之?"上云:"如此办之，得无太急?"熊光奏云:"和珅受纯皇帝逾格恩施，乃贪纵至此。若不速办，无识之徒观望贪缘，别滋事端。皇上办得速，是义之尽;收得速，是仁之至也。"①

颙琰所谓歹心，当是指颠覆皇位，不知哪个在皇帝跟前提出，必欲给和珅戴一顶"大逆"的帽子。其实，要不要处死和珅，让他怎么个死法，在嘉庆帝也颇费心思。胡季堂精晓刑律，任刑部尚书近二十年，建议以大逆律凌迟处死。但不独皇妹和孝公主苦苦求恳，内阁中董诰、刘墉，包括刚赶到的朱珪，亦觉太也过甚。吴熊光直言相谏，否定和珅的谋逆罪，请求恩赐和珅自缢，以迅速了结此案，打消群臣的观望和疑惧。他后来为嘉庆帝长期信重，历任湖广总督、两广总督，被誉为"有大臣之风"，信乎不虚。

三、衣带诗

正月初八日，和珅被拿入刑部大牢。对重要案犯，囚室内备有纸笔，和珅留下了不多的几首诗，赋写末路心境。有两首写于上元之夜，即元宵节，其一:

> 夜色明如许，嗟余困不伸。百年原是梦，廿载枉劳神。
> 室暗难挨晓，墙高不见春。星辰环冷月，缧绁泣孤臣。
> 对景伤前事，怀才误此身。余生料无几，空负九重仁。

---

① 《艺风堂杂钞》卷三，155 页。

原以为已然搞定套牢、一心要继续辅佐的子皇帝，居然翻脸无情，一出手便是晴天霹雳！这时的和珅在狱中已经待了七八天，该想的全想过很多遍，应是想明白了。诗中不见愤懑，甚至也不多写委屈，突出的是反省和悲伤，为自己二十余年的宦程跋涉，为自己的过人才华，也为自己对乾隆皇帝的忠贞。九重仁，当然是指皇帝的仁爱，却有意不说是已逝的上皇，还是当今圣上。

第二首仍是以月色入笔：

> 今夕是何夕，元宵又一春。可怜此夜月，分明照愁人。
> 思与更俱永，恩随节共新。圣明幽隐烛，缧绁有孤臣。①

两首诗都有一个词——孤臣，值得关注。孤臣，意谓孤立无助的忠臣，语出《孟子·尽心上》："独孤臣孽子，其操心也危，其虑患也深，故达。"重要狱囚的诗通常会被搜检呈交，皇帝常有阅读的好奇心，因之也是一个回转圣意的机会。孤臣二字亦有"远臣"之义，大牢之中，咫尺天涯，也觉贴切。曾几何时，朝中第一近臣和珅竟以"孤臣"自况了。而字里行间，则仍在向皇上表达忠诚，仍在委婉申诉，仍未放弃求生的努力或曰挣扎。

正月十八日，嘉庆帝颁布处死和珅的谕旨。据今日所能得见的文献史料，可知对和珅的"世纪大审判"并不顺利：与他同时拿下的军机大臣福长安，宁死也不检举揭发；负责主审的几位亲王，平日多与和珅交好，也难以审下去；所谓"二十大罪"，在今天看来多数是些鸡毛蒜皮，和珅招认得很痛快，却难以定为皇帝所说的大逆罪。其时抄检和审讯尚未结束，急急做一了断，应是采纳了直隶布政使吴熊光的建议。该谕旨很长，写得层次分明：先说众大臣与翰林科道官定拟

---

① 杨璐校点：《和珅诗集》，134、135 页，线装书局 2009 年版。

和珅、福长安罪名，"请将和珅照大逆律凌迟处死，福长安照朋党律拟斩，请即正法"，可证民愤极大，众皆曰杀，而且是"剐杀"；接下来参照康熙帝诛鳌拜、雍正帝诛年羹尧、乾隆帝诛讷亲，指出和珅"压搁军报、有心欺隐，各路军营听其意指虚报首级、坐冒军粮，以致军务日久未竣，贻误军国"，可证罪行严重，且前朝多有处死之例；再以和珅曾任首辅和首枢，又值父皇大丧，"于万无可贷之中，免其肆市，和珅着加恩赐令自尽"①，可证圣心宽仁，法外开恩。白莲教之变延续三年，清廷调兵遣将，数省之地田庐残破，生灵涂炭，已成为国家的巨大伤痛。应该反省追查的地方很多，但让老和一人来承担责任，也有些不公。

大清律法有"议亲议贵"之条，谕旨中也提及，说和珅丧心昧良、不齿于人类，不应援引"八议"减罪。和珅可谓既亲且贵，此时皇帝绝口不提其为皇亲贵戚，不提其对太上皇的多年效力，不说皇妹的一次次哭诉求恳，但还是以他曾任首辅从宽处置。世上万千事，本一死了之，可古代律法又将死罪分为数等，比起凌迟寸磔，赐令自缢，便是皇恩浩荡了。据记载：行刑之时，后来的内阁大学士耆英（就是那位奉旨签订《南京条约》的钦差大臣）时为刑部司员，随同监视，但见和珅于磕头谢恩后，接过钦赐的长长白练，仰首看天，又俯视地下，叹了口气说："我是个痴人。"②此语看似自责，实以责人，却没了旧日的逼人锋芒。

和珅死后，其绝命诗即被在衣带间发现，又称衣带诗，很早就在坊间流传，先录今之通行版本：

五十年来幻梦真，今朝撒手谢红尘。

---

① 《清仁宗实录》卷三八，嘉庆四年正月丁丑。
② 缪荃孙：《艺风堂杂钞》卷三，和致斋相国事辑。

他时水泛含龙日，认取香烟是后身。①

　　我们知道和珅是读过《红楼梦》的，该诗颇有点儿红楼意蕴，幻梦、撒手、红尘、香烟、后身，写来若真若幻。但得意之际的拣读与失意时的感悟差异很大。即使在困绝时刻，和珅的解读仍嫌浮浅，未能读懂书中的《好了歌》，未能有大感慨和彻悟，不解何为"白茫茫大地真干净"。古今中外多少政商界人士，都是好了还想更好，不知料理了局，不知道"好就是了"的哲理，又不独一个和珅。

　　该诗被后人称作难解之谜，指的是第三句的"水泛含龙"，四字真言，不识出于何典？于是索解歧出，大都论为和珅死前对朝廷充满怨恨，恶毒诅咒，且指向后来的慈禧太后和大清沦亡：

　　有的说用"夏桀龙漦"典，见于《国语·郑语》，写夏朝末期有二神龙止于王庭，夏后得龙漦（传说中龙的唾液）而秘藏之，越数百年周厉王开盒观看，龙漦流出，化为玄鼋，宫中女子遇而受孕，生褒姒，西周因她而亡。论者以这个女色亡国的典故，隐指后来的慈禧太后的横空出世，说她为和珅复仇，祸乱大清。

　　有的在字面上下功夫，以"水泛"为前一年河南的黄河大决口（已颇为接近事实，遗憾的是忽又一转）；而"含龙"二字，则是说女主藉水患降诞。还是落到三十余年后慈禧太后的出生，当年黄河河南段又是大决口，竟说这个女婴就是和珅的后身，代为复仇雪恨，葬送了清廷。

　　扯的有些远了。"水泛含龙"四字，究竟作何解？

　　核查了一些史学家的书，包括几部重要的乾隆传与和珅传，多有征引，多不作解释，仿佛毋须考证。实则此为传闻转抄之讹，是一个由两次抄录错讹造成的语词组合，根本没有这个典故，因此也无从索

_____

① 《清通鉴》卷一五六，清仁宗嘉庆四年正月十八日。

解。史学界和坊间长期以讹传讹，以讹解讹，演为一段学术谜团，不可不辨。

先说第二个错误，当在于孟森先生的《清高宗内禅证闻》，其在引录《朝鲜实录》中相关文字后，试图作出解析：

> 临绝作诗，似偈似谣，不甚可解。或谓"水泛含龙"似用夏后龙漦故事，为孝钦祸清之兆；"香烟后身"，孝钦或有烟瘾，而和珅于嘉庆初已染此癖，亦未可知。当时能吸洋烟者为绝少，至咸、同、光则不足奇。但以此为识，直谓再生作亡清之祸首，以身报仇耳。此无稽之谈，姑存轶闻，其解说则朋辈酒间，拈《朝鲜实录》此则而推测之词也。①

清晰说明原诗录自《朝鲜实录》，而对"水泛含龙"四字，表示"似偈似谣，不甚可解"。后面虽记夏后龙漦故事和慈禧祸清之兆，甚至扯出和珅与慈禧的嗜好洋烟，仍视为无稽之谈。

《清通鉴》照录此诗，见于该书卷一五六，编者在卷末注中，称采自《李朝实录·正宗大王实录》卷五一。查对吴晗先生所辑《朝鲜李朝实录中的中国史料》，作"水汛含龙"。再查《朝鲜王朝实录》本卷，也是"水汛含龙"。原文来自朝鲜书状官徐有闻呈进的"闻见别单"，其中记述和珅之逮治论死甚详，兹节选与该诗相关一节：

> 正月十八日，赐帛自尽。和珅临绝作诗曰："五十年来幻梦真，今朝撒手谢红尘。他时水汛含龙日，认取香烟是后身。"遂自缢死。②

---

① 孟森：《明清史论著丛刊》下，清高宗内禅证闻。中华书局 2006 年版。
② 《正宗大王实录》卷五一，二十三年己未四月。见于韩国国史编纂委员会编：《朝鲜王朝实录》第 47 册，探求堂 1986 年版。

此段文字，见于李朝正宗二十三年三月三十日，孟森文亦照录。李朝历日与宗主国清朝相同，亦即嘉庆四年三月三十日。该国制度，凡使臣出使上国，应将亲身经历和闻见之事及时列款上奏。此时和珅死后不久，衣带诗刚开始流传，徐有闻也算有心，记录下来，呈报给自家国王，也成为今知这首诗的最初记载。诗中的"汛"，与"汎"（今通作"泛"）形似，孟森先生转抄时出现了失误，为后来各书沿用。其所视为无稽之谈的附记文字，也被一些人当作真解，再加渲染延伸。

第一个错误，也是最主要的讹误，则出现在朝鲜人那里：或是徐有闻录写时偏差，或是《李朝实录》整理时误判，先将原诗中的"睢"，以音似误为"水"；复将"合"，因形似误书为"含"。水汛含龙，应是"睢汛合龙"。

这是朝廷面临的一件大事，即前面写到的黄河河南境内的大决口。因决口出现在睢州上汛河段，当地恰有古地名睢口，河员便以"睢汛"、"睢口"称之。兴工之后，原拟在年前堵闭，东河总督司马骢于腊月间上奏，称睢口（睢工大坝口门）虽仅留十八丈，可连日大雪严寒，引河头堆积大量冰凌，请求暂缓合龙。其时上皇因患病不再阅批奏折，嘉庆帝批谕准行。一个敞开口子恣肆流淌的黄河，总归是太上皇、皇帝与枢阁重臣的心腹大患。死到临头的和珅，在诗中表达的，仍是期盼睢口合龙与水患结束。而黄河决口的每一次成功合龙，在朝廷都是重大喜讯，照例要由京师特别驰送大藏香二十支，隆重祭祀河神。让我们再来读一遍此两句诗："他时睢汛合龙日，认取香烟是后身。"大意为：等待睢口合龙那一天，祭神的袅袅香烟中，你们会看到我的忠魂。

哪里有一丁点儿怨恨诅咒，分明是一腔的忠诚国事。题写之时，和珅大约不会再期望嘉庆帝的赦免恩旨，却想着要他有朝一日愧悔。

和珅绝顶聪明，绝不是痴人，但"机关算尽太聪明，反误了卿卿性命"，不少聪明人都是由于过分自信，才出现致命误判。而聪明人毕竟与愚痴者不同，虽然身陷死牢，和珅仍能择取最恰当的行为：不去跳脚嘶喊，不去诅咒嚷骂，甚至也不绝食流泪，而是将自己的死与解决黄河泛滥相连接，借诗句抒发最后的忠怀。

这才是和珅。

朝鲜使臣所记，包括孟森先生的转引评述，并无涉及该诗与衣带的关联。此一说法，见于该诗的另一个版本，多书皆见收录，时间上虽较前引略晚，可信性则还要高一些，惜乎未见学界关注。梁章钜《浪迹丛谈·睢工神》：

> 小住袁浦日，有一河员来谒，意气轩昂，语言无忌……且言亲在睢口工次，目击合龙时，实有神助显应，众目所睹，但不知此神何名耳。余记得嘉庆初在京，日阅邸抄，是时和珅初伏法，先是拿问入狱时，作诗六韵云……赐尽后，衣带间复得一诗云："五十年前幻梦真，今朝撒手撇红尘。他时睢口安澜日，记取香烟是后身。"事后刑部奏闻，奉御批云："小有才，未闻君子之大道也。"然则睢工之神，其即和珅乎？和珅音与河神同，或其名已为之兆矣。①

作者为嘉庆七年进士，曾任军机章京，所记和珅临终情形与绝命诗应较为可信。安澜，谓使河流安稳不泛滥，此处与合龙义近。第三句以"睢口安澜"代替"睢汛合龙"，所指则完全一致。其字面上的小差异，当也是传抄造成的。

稍后有缪荃孙也记载了和珅伏诛情形，照录全诗，与梁书一字不差，但加上了一段批判文字：

---

① 梁章钜：《浪迹丛谈》卷六，睢工神。

……又于衣带间得一绝云："五十年前幻梦真，今朝撒手撒红尘。他时睢口安澜日，记取香烟是后身。"后刑部奏闻，御批云："小有才，未闻君子之大道也。"二十四日睢口合龙，有云和相即睢口河神者。当涂黄勤敏钺有《感事诗》云："祸福由来召有门，雷霆击物敢言冤？老獾入室熙宁乱，轧荦生儿天宝昏。岂有神明犹诞降，大都妖孽偶游魂。稷狐社鼠纷逃匿，六幕清明奉泰元。"盖深斥之。①

两书都说到此诗系和珅死后，在其衣带间得之。和珅通常所用衣带，与一般民公爵位者不同，是乾隆帝特赐服用的宗室黄带，以金黄色丝线织成，缀以四块金属镂花板，板上镶嵌宝石珠玉。入狱后，这样的黄带子大约不会再用了。腰系一条布带，倒也便于题诗和藏诗，只不知是题于衣带之上，还是将写好的诗藏于衣带之间。

缪氏文中怒写"感事诗"的黄钺，素来清正耿介，以不亲附和珅辞归，复以和珅倒台回朝，被嘉庆帝称为特达之知，仕至尚书和军机大臣。其诗有感于众人附会衣带诗，编捏和珅死后变为河神的传说，措词犀利，直斥为老獾、妖孽、稷狐社鼠，可称痛快淋漓。后来叶廷琯《鸥陂渔话·和珅诗》、史梦兰《止园笔谈》卷五等书，皆与梁章钜所记相同。

和珅的有才也不可否认，不仅仅出于其自负自恋，而是早就由乾隆帝亲口言出。乾隆五十三年平定台湾，和珅作为二十功臣之一绘像紫光阁，弘历亲撰像赞，"承训书谕，兼通清汉，旁午军书，惟明且断"，欣赏他的才华，称誉为国家干城。五十七年击退廓尔喀入侵，和珅再次列名图像，"清文汉文，蒙古西番，颇通大义"，其语言才华

---

① 《艺风堂杂钞》卷三，和致斋相国事辑。

似乎又有长进。乾隆帝曾不止一次夸奖和珅明练勇为，夸奖他兼通四种文字，说满朝中只此一人。颙琰读衣带诗后的短短评语，也承认和珅"小有才"，别处还说过他"小忠小信"，至于说他"未闻君子之大道"，也是对的。

帝王之心也如秋天的云。和珅被赐死后，嘉庆帝开始想起他的一些好处，想起其对父皇的多年侍奉之劳，或也能想起其为自个效过的力，心情有些复杂。外地将军督抚的议罪奏折仍纷纷来到，自是一无例外地吁请严惩，御批则变了口风，开始找各种理由，诉说苦衷。如正月十八日山西巡抚伯麟奏折朱批：

> 已施恩赐令自尽矣。朕不得已之苦衷，天下臣民当共知耳。

又二十二日湖广总督景安奏折御批：

> 已赐令自尽矣，实出于不得已之苦衷也。

明明是去除一个大贪官，究竟有什么不得已？有什么难言的苦衷？二十三日，颙琰在江西巡抚张诚基奏折上略有流露：

> 朕若不除和珅，天下人只知有和珅，不知有朕，实出于万不得已。是非公论自有定评，无庸置辩也。

不知是说和珅功高盖主，还是说他狂悖恣纵。然若说亲政后其也会如此，大约没几人会相信。又同日批漕运总督梁肯堂折：

> 此人不除，天下人心不正，所以必行，后世自有公论。

说的是和珅败坏了朝政乃至社会风气，很有些道理，却又不能深追，一旦刨根便到了父皇身上。二十七日，御批广东巡抚陈大文折：

> 天下至大，兆民至众，近年皆为和珅所蒙蔽，诸务废弛，若不速办，几不可问矣！不得已之苦衷，惟上苍昭鉴耳。[①]

措辞也觉夸张。天下和兆民都不是和珅能蒙蔽的，其所蒙蔽的主要是太上皇，有此一人做靠山，也就足矣。所有这些相同和微有不同的批语，都能透露出颙琰的心绪难安。和珅的聪明，其借衣带诗传递的遗意，似乎也得到一些回应。

和珅长已矣，却长期作为人们茶余饭后的一个话题。梁章钜所记，起因于某河员的来访，讲起当年睢口合龙的一些怪异情景，引起他联想到和珅的绝命诗。至于睢口合龙时有如神助、和珅死后化为河神一说，应是该诗流行后的虚妄之辞，章钜在笔墨间已含游戏之意。

作为历史人物的和珅是复杂的，死后也与许多反面人物一样，经历了一个妖魔化的过程，众恶归之；而围绕衣带诗的记载证明，在早期的传播中，似乎对他还不无同情。这个版本的价值，在于为纠正"水泛含龙"的讹误提供了确证，也对和珅形象的再认识，提供了一个史证。

四、萨彬图

一转瞬间，枢阁重臣和珅已是千夫所指。就中得过和珅恩惠，受到过他的帮助，甚至千方百计想与他搭上关系的，自不在少数，而今

---

① 以上五条皆见于《和珅秘档》第9册。

众口一词，都是喊杀喊剐。多数人应是迫于形势，被动表态，然十分积极、主动请缨的也不乏其人。

和珅当然是一个大贪官。问题的典型性在于，没有任何证据说他向国库伸手，没有任何证据说他截取军费和税收，他也很少主动向人索取，仅仅靠职务，仅仅靠陋规，靠人情往来，就聚集了天文数字的家产。确定这一点，对今日认识贪腐和反贪腐，应有较大史鉴意义。和珅死后，自会有人向皇帝禀报自缢时的场景，已拥有绝对权威的颙琰，也读了和珅的"衣带诗"，发表了几句感慨，大意是此人还是有点才的，只是读书太少，不知道如何做一个道德君子。①

刚刚亲政的颙琰，对诛杀和珅略觉底气不足，向着一班封疆大吏不停地分辩解释，诉说苦衷。御批不再提及大逆之罪，反复强调的都是其贪纵。这是真实的，确为和珅种种劣迹之根源。皇上并无意穷索，此前在吴熊光关于查抄和珅田产的奏本上，嘉庆帝即御批"不必过于株连搜求"，认为即便是有些隐匿寄顿，也于世无害，若因追查弄得鸡飞狗跳，反而损失更多。

可树欲静而风不止，贪官资产的数额，从来都是社会舆论的关注热点。和珅聪明一世，得意半生，处心积虑搜刮聚敛，最后是一命呜呼，巨大资产抄没入官。"平生只恨聚无多，及到多时眼闭了"，真堪为之写照。和中堂死后，一句谣谚随即在京师传开，道是"和珅跌倒，嘉庆吃饱"，或"和珅倒，嘉庆饱"。似乎诛杀抄检意在资产，令嘉庆皇帝格外懊恼。这时候，偏偏又来了一个不识相的萨彬图，接连上疏，说和家财产绝非此数，肯定会有转移隐瞒，说和府四个管金银内账的使女必然知晓，并主动请缨单独审讯她们。

萨彬图之父达椿与和珅多年不睦，深受其压制，然老和对他本人不薄，连擢为内阁学士兼副都统，又担任乾隆帝起居注官，非得信任

---

① 《艺风堂杂钞》卷三，和致斋相国事辑。

者难有此美差。和珅倒台，达椿父子得到起用和重视，也使这个浅薄之辈出现政治误判：又是请派五千精兵，由他率领往四川剿贼；又是自请到慎刑司，单独审讯和府四个使女，查抄和珅家产。这些本来与其职务无关，可萨彬图的积极性比谁都高。嘉庆帝虽然厌烦，仍让他跟随怡亲王永琅、刑部尚书布彦达审案，经过严格和反复会审，仍一无所获。四月二十五日，嘉庆帝专发上谕，严词谴责，就中特别提及诛杀和珅的原因：

> 朕所以办理和珅者，原因其蠹国殃民、专擅狂悖，和珅一日不除，则纲纪一日不肃……军机王大臣及大臣中如朱珪等，从未于朕前奏及和珅财产一字。乃萨彬图屡以为言，竟似利其所有者然。岂萨彬图以朕为好货之主，敢以此尝试乎？或伊必欲陷朕等于唐之德宗？伊亦未必有此伎俩也！①

可耻复可怜的萨彬图，不知见到旨意后作何感想。这番话是说给他听的，也是说给一班文武大臣乃至编捏歌谣的市井闲杂听的。萨彬图以参劾不实罪革职，自此一蹶不振。

---

① 《嘉庆道光两朝上谕档》四，嘉庆四年四月二十五日。

第七章

仁宗亲政

密折与折匣

考試翰詹題

道光四年八月初三日奏事處交
欽命考試題一道

八月其穫賦 以歲豐扔儉節為韻

以義正萬民論

賦得昨夜庭前葉有聲 得心字七言八韻

翰詹大考試題

在当日的史料中，大都将弘历逝世视为嘉庆帝亲政之始，颙琰在谕旨也这么说。是啊，禅让期间日聆训诲，大事说了不算，的确也称不得真皇帝。终于轮到自己了，从大丧的第二天起，嘉庆皇帝（前面已没有了那个"子"字）便密集颁发旨意，逮治宠臣，剔除秕政，求言求贤，带来一股清新之风和希望，誉之者称为"嘉庆新政"。

第一节　胡齐仑冒滥军费案

嘉庆帝亲政后的第一刀砍向和珅，接下来便急不可待地要整治军费的冒滥。冒滥，本指对不合格者的滥用，此处特指军费支领中的假冒虚支，指当权者的贪污侵占。

为剿灭流动于鄂川陕等地的教军，清廷不断增调官兵，追剿防堵，军费开销巨大，带来了沉重的财政压力。这一方面是作战的需要，辎重粮饷，在在都要源源运往前线；另一方面则是侵占挥霍，一些将领和地方官员借机发财。军费的开支本有严格的核发核销制度，但对于一个贪腐盛行的官场，总有一些模糊地带，也有空子可钻。本节写到的胡齐仑，不应被称为贪污的典型，其案件却是典型的时代缩影。嘉庆帝亲政后，以此案为契机，掀起了一场军中反贪风暴。

一、能臣的落马

准确论列，当年四十三岁的胡齐仑是个干员，一个勇于任事的能臣。时任湖广总督毕沅、湖北巡抚福宁对他很欣赏，誉为"才具开展，办事明干，经理地方一切公务，均能妥协裕如"①。襄阳本为白莲教起事的大本营，秘密策划最久，在各级衙门潜伏教徒最多，由于知府胡齐仑临危镇定，办理果决，加上心狠手辣，致使该城始终不失。对比不少地方官，或因盲动丧身坏事，或一筹莫展，惊慌失措，更显出人才难得。嘉庆元年三月，官兵在南漳土地岭猝遇教军，但见白莲教众漫山遍野杀来，随营办事的道员王奉曾吓得当场昏厥，毕沅验明其真的精神失常，保举胡齐仑兼护道员②。应该说，道府中很缺像他这样精强勇为的官，几个月后，因红土山军功实授道员，并赏戴花翎。

三年四月，景安任湖广总督。这位和珅的族孙庸怯无能，却因朝中有人，不断受奖受赏，一路扶摇直上。庸才是人才的天敌，抵任仅数月，景安即参奏胡齐仑声名狼藉、任意侵欺，说他与候补经历朱谟狼狈为奸，"经手军需银两甚多，其中亦不无冒滥"③。以"迎送伯"著称的景安，最是声名狼藉，却以此语指责他人，并倚仗和珅权势，擅自将胡齐仑等革职，查封其任所资财，派令布政使祖之望严加提讯。推想是和珅在朝廷先吹了风，太上皇帝阅景安折深信不疑，命将胡齐仑革职拿问，彻底查究。

自白莲教起事，迅速蔓延数省，仅仅三年，地方协助的资金不算，光是户部银库的军费开销已达七千多万两银子，成为巨大的财政负担。上皇对前线军需一向出手大方，如苗疆之役，动辄拨发百万两巨额款项，加上大量银牌元宝，供领兵大员随时奖赏，从而助长了军中挥霍侵占之风。地方官供应军需，既要讨好各路将帅，也会借机搭车沾光，黑幕重重，现在被揭开一角，怎不令朝野瞩目！可景安与祖

---

① 朱批奏折：毕沅、福宁奏，请以胡齐仑升署荆门直隶州知州史纯义署理蕲州知州事，乾隆五十六年六月初八日。

② 录副奏折：毕沅等奏，为道员王奉曾随营剿贼惊吓成癫请勒令休致并以襄阳府知府胡齐仑兼护道员事，嘉庆元年三月二十五日。

③ 朱批奏折：景安奏，为特参安襄郧荆道道员胡齐仑声名狼藉……请旨分别革休事，嘉庆三年十月十二日。

之望反复研审，也找不到胡齐仑的贪污实据，数月后和珅被诛，景安心神大乱，更是审不下去了。

嘉庆帝未忘此事，亲政后的第二个月即降旨追问，表达对景安的严重不满："迄今已阅四月之久，尚未据景安将审办情形定案具奏，其中显有故意延挨，为弥缝贿嘱、化大为小之事。"① 三月间，景安被免职召还，嘉庆帝甚至想将之诛杀，以警示那些惴怯的大员（当然不是因为劾奏胡齐仑）。一把火延烧到自己身上，这位伯爵大人也是始料不及。

新任总督倭什布接奉谕旨，迅即奏报，详细叙说湖北布政使祖之望操守廉洁、对胡齐仑案办理认真等情形。的确也是如此，祖之望先是在襄阳道署严密查抄，将所有"钤印领纸"开单飞行各营查对，出告示令下属州县上缴寄顿，"又亲提胡齐仑家丁人等再四研鞫，加以刑夹"，不可谓不用心。倭什布说自己因带兵堵剿，逐日移营奔波，实在没有时间悉心查核。嘉庆帝对他的奏报较为认可，朱批："汝自应专心办贼，胡齐仑一案责成祖之望可也"。② 对祖之望，皇上还是充满信任的。

景安参奏时称胡齐仑声名狼藉，嘉庆帝也说他声名狼藉，原因颇为复杂。表面说是由于隐瞒造假和杀俘杀降，具体指一次残忍的杀降事件。白莲教所过之处，均有当地教徒积极加入，一旦战败则大多逃回故乡，南漳一战亦如此。胡齐仑招募乡勇，配合官兵将教军击溃，然后大开杀戒，将藏匿在夹河洲的两百多名本地教众尽行屠戮。至于他隐瞒两百九十七名乡勇的死伤情况不报，更属军中惯例，报喜不报忧嘛。野心勃勃的胡齐仑胆子也大，仅招募了一千多名乡勇，谎报为三千，希图多领经费；遇上司核查，又说捐出养廉银支给费用，实际上压根也没有捐。到受审时，无可掩饰，只好一一承认。谕旨命将胡

---

① 《嘉庆道光两朝上谕档》四，嘉庆四年二月十八日。

② 朱批奏折：倭什布奏，为查办原任安襄郧道胡齐仑办理军需侵冒一案并将册卷供情送部查审事，嘉庆四年四月二十六日。

齐仑及朱谟解京，交刑部审讯，有这样一段审讯问答：

> **问**：你在夹河洲，如何将就抚之民诱出，诛戮数百充数？
>
> **据供**：我带乡勇一千三百名，总兵马瑀带兵五百名，在夹河洲驻扎，时贼匪业已散去，我见有余剩的贼匪二三百名藏匿洲内，我就禀知汪巡抚带兵来将他们杀的。实是贼匪内冲散余贼，并非就抚良民。
>
> **问**：……你既见有余贼，即应设法招抚，况你带有一千三百多名乡勇，又有兵五百名，他们只有二三百，正是势穷力尽之时，岂有不俯首就降的理。即使他们抗拒，你带的兵勇数倍于贼，无难立刻歼除，何又张大其事，禀请巡抚前来杀剿？明是你妄报于前，将就抚良民杀害塞责，还有何说呢？
>
> **据供**：我当时原要安抚，因他们不肯就降，所以禀请巡抚的。至他们原系贼匪中审出的，实不是良民，有汪巡抚原奏可查。我们办理此案，有候补知县萧应登、守备衔武举汪德洋、委员陶琛并招抚出来之管学渊、燕廷栋等，可以查问的。①

杀俘当然是一种严重的战争罪行，可在清军中极为普遍。乾隆帝就曾下令在苗疆大肆杀俘，并对奏报派人看押俘虏的大员严厉训斥；剿灭王聪儿一役，清军杀俘杀降逾万人，上皇见奏喜形于色，毫无谴责。比较起来，胡齐仑就算小巫见大巫了。后来的审讯不再说起，将重点放在军费冒滥上，大约也是想到这些吧。

刑部大堂之上，原本巴高望上的胡齐仑自是万念俱灰，有的一概招认，却找不到贪污侵占的证据，对其京宅的查抄也没有大收获。办案人员难以向皇上交差，只得列举一些疑点，如胡齐仑独自管理庞大

---

① 《嘉庆道光两朝上谕档》四，嘉庆四年五月十二日。

的军费开支，将五万多两银子存于署中；如祖之望核查时让胡齐仑参与，押解进京途中没将胡与朱分开等等。嘉庆帝甚怒，对祖之望开始产生严重不满，降旨切责，将他与景安归为一路："景安、祖之望查办胡齐仑经手未完各件，并未将支发底账预行封提，转藉行查领项各员为名，耽延数月，且令胡齐仑自行核对卷宗，为弥缝抽改地步。是景安、祖之望有心徇隐，并未彻底查究，必有同胡齐仑通同取巧之处，显而易见。"[①] 最后一句，系朱笔所加。此时景安已被解职，命往四川办理军需，胡齐仑等主犯虽已移交刑部，可审不出重大案情，仍要怪罪到祖之望头上。

初审此案的祖之望曾任刑部司员，自是审案好手。接案后祖之望急急赶赴襄阳，道署已被严密看守，抵达后逐一查抄，并将账簿单据全部封存。胡齐仑正在竹溪边卡，迅即被押解回来听审，又交出随身携带的军费开销底册。祖之望率员核查比对，见账目大致相符，便把重点放在复核支领单据的真伪上。而涉及的军中大员甚多，因流动作战，大多已在数百里之外，核对颇费时日，便拖了下来，最后的核对结果，也是基本相符。应该相信祖之望以及刑部官员的办案能力，更要相信其奉旨办案的认真态度，审不出头绪的关键，在于胡齐仑不算是一个贪官，至少没有把银子弄到自己兜里。湖北巡抚高杞遵旨密奏此事，逐条解释胡齐仑之罪难以落实，说了一番大实话：

> 查景安原参"胡齐仑声名狼藉、民间颇有怨言，军兴以来办事不实，任意侵欺"等语，并未指实款迹，殊难折服其心。及委藩司祖之望究讯，止有嘉庆二年七月内贼近南漳，胡齐仑雇募乡勇打仗，伤亡二百九十七名，延不详请恤赏，复乘贼匪西窜捏报添雇乡勇堵御……等情。查乡勇打仗伤亡未经造报请恤者非止一

---

① 《嘉庆道光两朝上谕档》四，嘉庆四年五月十二日，军机大臣字寄。

处，而添雇乡勇他处亦难保无捏报之事……若其军需银两存留内署酌发，此经手之责，亦难指为营私确据。

所有这些能戴到胡齐仑头上的罪名，在高杞看来都是官场通病，或属于战时经费管理的潜规则，算不得大罪。那么胡齐仑为何会声名狼藉呢？高杞接下来却要从他的"小有才干"和保城大功说起：

> 嘉庆元年襄属教匪起事，勾结城内书役暗中接应，经胡齐仑察审确实，数日之内擒斩多名，郡城赖以安贴。此胡齐仑之微劳，而前任督抚所以保奏也。及升补道员后，又以其承办军需料理无误，相待较优。胡齐仑因而俯视一切，凡遇在襄办差官员，逢迎可爱者，赞不容口；稍不投机者，动加呼叱。其骄矜狂妄之态，遂为众怨所归。

看似指责胡齐仑骄矜狂妄，实则也暗示了官场的嫉贤妒能；而所谓的声名狼藉，怕是由于其精明强干，对待一些官员不稍假借，当然也只是对官职低于他的人。

关于夹河洲的妄杀，高杞指出胡齐仑有铺张粉饰、小题大做之处，也说不应把账全记到一个人身上：

> 接阅前抚臣汪新抄发具奏"剿尽窜伏夹河洲反侧逆匪"一折，内叙接据胡齐仑禀报该处伏匿匪徒，潜图蠢动，汪新会同总兵马瑀各带兵勇驰往，并派员弁分投扑捕，歼毙数百名，生擒一百余名，金供"闻知城内兵少，商量充作乡勇难民，混入抢占"等语。旋奉恩旨，汪新、马瑀、胡齐仑各加升衔，其在事文武各员亦蒙分别加恩。维时奴才因襄阳本多习教匪犯，窜伏蠢动事之所有，今经歼剿净尽，实为地方之幸。后始风闻原奏系据胡

齐仑之禀，多有铺张粉饰之处，其保举各员亦有不实，且有枉杀
投诚之说。奴才相隔路远，疑信参半。八月间汪新札调奴才办理
吉林索伦兵差，赴襄察访，夹河洲地方原有教匪，却无如许多
人，未免小题大做，其有无枉杀悔教之人原系得自传闻，并无亲
属首告。惟在襄人员不少曾各办差出力，咸思侥幸保举，或有求
之不得者，则因此事起于胡齐仑之禀报不实，互相传说，众怨沸
腾，此胡齐仑声名狼藉之由来也。①

说了半天，兜了一个大圈子，高杞还是把找不到枉杀的实证，只是襄
阳城一些人因未得奖赏，嫉妒愤恨，传播流言的内幕说了出来。嘉庆
帝似有些省悟，批了个"览奏俱悉"。

　　在高杞此奏之前，嘉庆帝已命将祖之望解职，来京听候问询，并
在倭什布奏折后作了一段朱批，说的正是景安参奏的政治背景：

　　　　胡齐仑一案，始于和珅闻其声名狼藉，兼少私馈，授意景安
勒令参办。而楚省军需原系伊一手经理，久已通同使用，景安、
祖之望恐查办过急，胡齐仑和盘托出，是以令彼自对底册，早已
天衣无缝，从何审究？②

原来竟是出于和珅之授意！颙琰曾说早知胡齐仑声名狼藉，大约也出
于和珅之口。他还说到和珅没得到胡的贿赂，有意报复，则胡齐仑岂
非成了被迫害者？然而且慢，皇上坚定地认为军需开销混乱，认定胡
齐仑确有冒滥军费，要在他这儿打开一个缺口。

---

① 朱批奏折：高杞奏，为遵旨据实密奏已革安襄郧道胡齐仑在任劣迹事，嘉庆四年
　六月初一日。
② 朱批奏折：倭什布奏，为遵旨密查胡齐仑擅杀难民侵欺公款一案事，嘉庆四年
　五月二十二日。

二、支领清单上的统兵大员

祖之望被解职的原因，是办案中故意拖延，"迟延多日，意存掩饰，非寻常怠玩可比"①，并且不将核心证据及时上报，的确如此。精于审案的他很快就搞清胡齐仑并非贪官，此案自有复杂背景，更为复杂的是胡齐仑交上一本账目底册，前线领兵将帅的名字绝多在上面，支领数目不一。祖之望顾虑的是，一旦清查追缴，将帅人人自危，军心大乱，必然影响到进剿白莲教之役。思虑再三，祖之望在胡齐仑解京时未将此底册移交，希望能亲自交给皇上，陈明利害。后来刑部审出还有底册未父，嘉庆帝赫然震怒，传旨将他撤职查办，祖之望这才上缴倭什布转呈。一番苦心，翻成大罪。

八月十七日，祖之望到京，嘉庆帝命迅即讯问，听其细述苦衷，有所谅解，而对所说军需开销实情，由震惊转为震怒，谕曰：

> 本日祖之望到京，据称湖北办理军需，查出胡齐仑经手账簿，多系开载领兵大臣犒赏提用，及督抚与该道馈送领兵官员款项。如明亮、庆成、永保、恒瑞、德楞泰、舒亮等皆曾得过，惟额勒登保一人未经得受。是军兴以来所发饷银七千余万，竟为伊等馈送侵肥花消之用……②

而就在前一天，倭什布已将胡齐仑的秘密底账进呈御前，这份清单至今仍在，可证当日军费使用之种种名目和乱象，兹仅举总统湖北

---

① 《清仁宗实录》卷四五，嘉庆四年五月乙酉。
② 《清仁宗实录》卷五〇，嘉庆四年八月癸卯。

军务的永保一例：

> 永保
>
> 　　嘉庆元年五月初三日收元宝二十个（毕沅送）
>
> 　　七月初十日收纹银八千两（注明系沈姓带京）
>
> 　　十二月二十六日收银二千两（毕沅送盘费）
>
> 　　四月二十四日收银二百两（未注明何人馈送）
>
> 　　五月初二日收银三千两（未注明何人馈送）
>
> 　　七月十九日收纹银三千五百两（未注明何人馈送）
>
> 　　　以上共银二万三千七百两
>
> 　　三月十九日打银牌纹银十两
>
> 　　三月二十九日收五钱重银牌一百面
>
> 　　四月十七日收五钱重银牌一百面
>
> 　　五月初二日收一两重银锞一千个
>
> 　　五月初三日，打银锞纹银一千两
>
> 　　五月初八、十日收五钱重银牌一百面
>
> 　　五月二十四日收五钱重银牌五百面
>
> 　　六月初一日收五钱重银牌四百面
>
> 　　　以上共银二千六百一十两
>
> 　　又收大银牌八十面小银牌二百面（未注明分量月日）

永保奉诏入京，至西安接军机大臣字寄，奉旨往湖北平叛，不久即总领湖北诸军，故支取军饷最多。而仅过了半年，上皇就以统率无方将他革职逮京，几乎掉了脑袋。这里倒也能见出官场情义的一面，永保押解去后，毕沅对属下说"永大人在刑部监内最苦，令将前存二千两银子一并交沈姓带京，送交永大人"①。胡齐仑出手更阔绰，又另外馈

---

① 《嘉庆道光两朝上谕档》四，嘉庆四年九月二十五日。

送白银六千两，当然用的是军费。

永保后面，清单上依次是古北口提督庆成、三等男湖南提督鄂辉、湖广总督毕沅、理藩院尚书惠龄、二等伯署广州将军明亮、西安将军恒瑞，或多或少，都有支领。嘉庆帝降谕切责："各路军营任意提用，及督抚支取馈送者，款项累累，实堪骇异……今自剿办贼匪以来，部发帑银多至七千余万，而各省协济银两尚不在此数。如果实用实销，则兵精饷足，士气奋扬，早应扑灭贼匪。何至兵丁衣服蓝缕，几同乞丐，经年累月，迄未成功。是节年所发帑金，竟徒为伊等黩法营私之用，而于兵丁全不体恤，又何怪师老兵疲，士不用命耶？"① 所说皆属实情。谕令将永保、庆成家产查抄，并将清单发交钦差大臣那彦成、陕甘总督松筠逐条严讯，计赃定罪。

清单上的支项不能笼统称为贪污侵占，但提用任意，赏赐滥行，私人馈送挥霍，在所难免；前线士卒缺饷少粮，士气低落，也是事实。具体到每个将领，情况也有很大差异。如惠龄接任总统湖北军务，枣阳告捷，提银一万两发军营犒赏士兵，又领取袍褂料四十付奖励巴图鲁，皆有经办人，皇上也未再追究。庆成更属冤枉，不光没有侵吞军饷，还从家里取了二千多两银子用于激励士气。此时庆成先因失误军机革职，在汉中军营戴罪立功。松筠奉旨审讯，并调查军需粮台，将其家人也拘来细细审问，对他颇为同情，奏报时引录庆成原话："缘我带兵打仗，毕沅、胡齐仑供给赏需银牌银锞银两，意系例有之事，所以伊等送来我就收了……俱系交与跟随备弁收存，以备犒赏。每逢打仗有杀贼出力的官兵，均令分别等次，即以前项银牌银锞银两随时分赏"。庆成还说打仗时"总在前敌亲身督率，察其实在奋勇杀贼者无不立时奖赏"；说自己曾向众官兵发誓，绝不带军需银两回家；也说身任提督、护军统领、户部侍郎，管崇文门税务等，

---

① 《清仁宗实录》卷五二，嘉庆四年九月庚辰。

俸廉丰厚,"出兵时曾由家中带银二千数百两,俱在军营犒赏官兵用尽"①。松筠是一个诚实正直之人,将这些详悉转奏,并说此系军中惯例,河南、四川等地方也会送赏兵银两。

永保本来沾了哥哥勒保擒获王三槐的便宜,由刑部大牢放出,赫然又是陕西巡抚,此时再次被抄家审讯。永保和庆成在京家产都被抄检,数额不多,嘉庆帝命将大部分赏还,作为恩典。抄家时还查出庆成在军营家书一封,内称今年不比从前,不能寄银子回家。呈至御前,皇上看了有些感动,本来已令逮京治罪,已押解至山西,命往伊犁效力赎罪。明亮和永保,既在清单之上,进剿时又互不服气,内讧不止,谕令押解进京。还有恒瑞,有旨令查其在汉中军营的支领用途,松筠奏报"并无冒支入己情形"。至于毕沅虽已病故,仍革去应袭世职和子孙官职。鄂辉卒于云南总督任所,也未逃过查抄家产、撤出贤良祠的处置。

三、福宁的厄运

降旨严查胡齐仑冒滥案之初,嘉庆帝就联想到曾保举他的上司,原总督毕沅已逝,巡抚福宁继任总督,转川督,革职后留下来办理粮饷,此时被嘉庆帝盯上。出身满洲的福宁仕途顺畅,由兵部笔帖式升工部郎中,外放为甘肃道员、陕西布政使,乾隆五十五年擢湖北巡抚,胡齐仑在湖北的两次升职,都是他与毕沅联署。五十九年九月,福宁在山东、河南巡抚上转了一圈后,回任湖广总督,即行保奏胡齐仑署理武昌知府,无疑很欣赏这位老部下。福宁对和珅曾极尽巴结,先是

① 朱批奏折:松筠奏,为遵旨查讯已革提督庆成前在湖北军营收用银两恭折复奏事,嘉庆四年十月初十日。

调两江总督，因苗疆之变未赴，又调四川总督，其中当有和大人推助之力。但剿敌无功，屡被上皇责斥，三年正月被革职，赏副都统衔办理粮饷。湖北军费出了事，颙琰立刻联想到四川军需的使用，谕曰：

> 福宁奏筹办粮饷一折，殊多浮泛之词。此次办理军务为期已久，而军需经费数逾七千余万之多，尤属向来罕有。总缘伊等倚恃和珅为之护庇，遂致恣意妄为，毫无顾忌，带兵各大员皆踵福康安、和琳习气，在军营中酒肉声歌，相为娱乐，以国家经费之需，供伊等嬉戏之用。此等积弊，朕闻之熟矣……至军营支费，原应实用实销，即或例外供支通融办理，亦必有实在情形，可以复核。若如现在军营各路兵勇日费虽多，而迟延不发，多令枵腹将事；至领兵大员，则任意支用，承办者不敢过问，无怪其浮滥更甚也。①

看来当一段时间的子皇帝也有好处，能够暗中观察，了解到较多实情。所说福康安军中挥霍，领兵大员开销任意，以及兵勇饷银往往延误发放，都有一些根据。皇上语气虽严厉，目的仍在于减省军费开支，对福宁也是训诫叮嘱，要他撙节使用，不得再有欺隐。福宁赶紧表态，并及时奏报各路大军的粮饷支领情况：额勒登保所领一路，包括远道赶来的吉林、黑龙江官兵在内，只解过军费二万两；而德楞泰所带军队人数差不多，供支银数远远超过。颙琰由此断定"德楞泰之浮冒，更无从置辩矣"②。通常说来应接着追查德楞泰，却未见相关史料，想是发现了事情不是这样简单吧。

福宁本来有几分蠢笨，加上受责恐惧，更显得方寸大乱：一会儿

---

① 《清仁宗实录》卷三九，嘉庆四年二月甲辰。
② 《清仁宗实录》卷四六，嘉庆四年六月丙申。

奏称教军有增无减，一会儿奏细查无新起教众；先称军费充裕，又与勒保会衔奏请拨饷五百万两。此举引起皇帝不满，命吏部尚书魁伦接任川督，抵任后将福宁经手军需款项逐一清查，据实严参。时祖之望已到京，胡齐仑案基本审清，清单上几个支领数额较大的将帅分别撤职和查抄，嘉庆帝又说到福宁，认定他必有严重问题：

> 胡齐仑仅系道员，辄以公帑作为馈送见情，何况福宁职分较大，总办粮务，如勒保、明亮及在营带兵官员，岂有不任意提用，作为馈送藉资结纳之理？即如福宁从前曾经致送和珅银两，朕所深知。此时朝中虽无权要有须馈赂之人，而督抚等或藉犒赏为名，私行提用，自肥己橐，皆所不免……伊等之意总不过欲藉办理军务，屡请多发饷银，可以浮冒开销，为补从前亏缺地步，是以有意迁延，总不欲剿办完竣。诚恐军营藏事，则平时亏空悉行破露，无可弥缝。此实外省积弊，最为可恨！今特交魁伦将福宁经手军需严行查核，其平日如何侵用饷银、致送何人、并各路带兵大员如何藉词犒赏、提用若干之处，一一详细查究。若得实据，即行锁拿，速即具奏。①

诛杀和珅之后，颙琰表示不再追究那些与之过从亲密的官员，实际上心中从未释然，一遇到具体人和事，立刻就会有极大反感。其实和珅恃宠弄权之时，连福康安都要讨好送礼，各地督抚大多难以避免，但真正与和珅亲近的人并不多。嘉庆帝指责福宁曾经送过银子，没有拿出任何确证，当也是一种臆度猜测。他密谕魁伦，抵川后急办两件要务：一是严讯经略大臣、前川督勒保，务得军中贪腐实据；二是悉心查核福宁经手款项，一旦发现侵用和馈送，即行革职锁拿。

---

① 《清仁宗实录》卷五十，嘉庆四年八月癸卯。

魁伦在福建举报伍拉纳、浦霖一案有功，有伉直之名，给子皇帝留下很好印象。颙琰亲政后，魁伦显然抱负不浅，已署任吏部尚书，还要不断请缨往四川治军，皇上也寄以厚望。到达四川后，魁伦先至达州大营逮讯勒保，将士不服，费好大劲才算按住，并不将实情奏知皇上。十月份赶到成都，魁伦开始审办福宁，传谕将之解任，并亲自审讯，严厉诘问，没想到处处碰钉子。请看这份"讯问福宁供词"：

一、**诘问**：我节次钦奉谕旨，因湖北现在查出胡齐仑动用军需底账，各路领兵大员均有得受馈送及滥提银两之事。湖北所用军需为数尚少，川省所用不止数倍。胡齐仑不过道员，辄敢以公帑作为馈送见情，何况你职分较大，经手日久，岂有不任性滥为提用、作为馈送、藉资结纳之理？又况川省领兵各大员在湖北既经得受馈送，岂来到川省即肯清廉自守，不向你藉端需索？现在皇上令我向你明白开导，趁此时若即将你任内曾经馈送何人，及带兵官员何人藉词犒赏，提用若干之处，据实自行供明，呈出底账，无稍隐饰，我尚可代你奏明乞恩。若再饰词含混，你试想此事岂能始终隐瞒？倘别经发觉，岂不是罪上加罪吗？

福宁回供：达局支发银两，皆由道员详准库官给发，丝毫皆有案据，又按旬月折报经略、总督，层层牵制，我断难凭空提取饷项，藉资结纳。至领兵各大员如德楞泰、明亮多用饷项，我皆专折具奏，他们即有不肖之心，岂不虑我据实具奏，焉敢向我需索！现有局详库簿可以确查，倘有丝毫隐饰，我愿领侵蚀之罪。

又诘问：据你所供，是你经手饷项竟无弊窦了？现奉谕旨，皇上因你办理军需较之从前宜绵等尚为严紧，所以仰邀圣明洞察，如将宜绵、英善、明兴等三人任内如何浮冒侵肥，及馈送之处呈出底账，或指出实据，不但可以免罪，且尚有恩典擢用。你试想圣恩如此宽大，如此剀切训导，你不知感激，尚敢饰词隐混，这就是辜恩昧良了。况宜绵、英善、明兴俱系前任，与你无干，你若供吐实情，便可表白自己；倘代为徇隐，岂不是从井救人么？至如勒保、明亮俱已革职拿问，伊二人有无得受馈送、提用饷银之处，你供出时于伊二人本罪原无可加减，但你须为自己计，不值代人受过。可据实供来。

福宁回供：参奏侵蚀饷项，必须确切款据。宜绵支用糜费，我得自传闻，并无账据；英善前次办理军务，又在宜绵之前；明兴随同各营带兵，并无定向。他们有无弊窦，我当时尚在湖北，难以预知。我一无指实，又无账据，岂能混供？至勒保、明亮军营各有总理粮员，若得受馈送，必由总理经手；若提取银两，必由粮员经手。必须总督提齐各总理及各粮员，严切讯问，并令各开用账，方能水落石出。且各路军营浮支滥用均所不免，我叠次奏明，总于事竣后分别追赔，岂肯独为勒保、明亮隐瞒，自干重咎？

又诘问：你到达州后，既访知宜绵诸事不能撙节，其支发各账李宪宜延不开报，即应据实参奏。你系奉旨专办粮饷，岂得以革职总督、呼应不灵为词，这不是有心徇隐、事后推诿吗？

福宁回供：宜绵在川年余，惟川东道李宪宜经手支用饷项多而且久，必须开出清账，按款确核，方可得其浮滥实据。上年我到达州，李宪宜先经勒保派赴云开一路总理粮务，后复调派随营总理，彼时军务紧急，屡次催饬开造前账，总以无眼兼及为词。若专调来达造报，又无大员更换。且该道正值承办军务吃紧之际，旋即在营病故，我焉能即行参奏？至委派大小各员，皆由现任总督主政，我专办粮饷，从未派调一官，实由呼应不灵，并非事后推诿。

又诘问：你称明兴帮办粮饷，并不经手银两，无从作弊等语，支发饷银虽由局员之手，但批准核发总由你与明兴定夺，有无通同弊混之处，据实供来。

福宁回供： 二月间明兴与我同办粮饷，至四月卸事，一切支发饷项由我同明兴批准核发。但有支银局详，即有收银印领。若有发无领，即系通同弊混，今有发有领，针孔相对，弊从何作？我经办粮饷，止能杜绝局员支发侵冒，至各营总理及随营粮员如何零星散放，各有承办之员专司其事，凡系何员经手之项，即责成自行造报。总须事竣按款质算，察其浮用，分别追赔，屡经奏明在案。我招取众怨，皆由于此。①

历史著作的一大功能，是要努力再现当日真实场景和细节。此处一问一答，情景逼真，审讯与被审者的唇吻口角极为生动，故全文照录。魁伦志大才疏，奉钦命兴冲冲而来，急欲像福建那样审出一串贪腐大案，威逼利诱，却显出心中没底，也毫无办案经验；福宁针锋相对，随时反诘，同时诉说心中委屈和不平。新总督审讯前总督，在魁伦已不是第一次了，也拉得下脸，竟被搞得张口结舌。魁伦当然不会善罢甘休，另一位急切热衷的大员、副都御史广兴也从京师赶来，接手总办粮务，自会做各种查核比对，也没查出贪冒实证。福宁的语气看似平和，实则激烈愤懑，底气应来自没有侵冒之实，包括皇上所说的送给和珅银两，也不再提起。延至岁末，魁伦连上两折，重提福宁在旗鼓寨杀降一案（审不出贪腐就抓别的），嘉庆帝先命福宁于军营效力，再降谕遣发新疆。

四、"严参重处"的苦心

对于白莲教的大起事，弘历归为邪教的传播，是以追缉教首，不遗

---

① 录副奏折：魁伦奏，为遵旨诘问福宁照录其口供单，嘉庆四年十月二十七日。

余力。颙琰的见解当比乃父深刻，认定主要原因在于地方官失职，官逼民反。他亲抓胡齐仑等案件，虽有整顿军务、节省军费的目的，更多的则是要纾解百姓怨气，安抚地方，使小民休养生息。于是，曾被视为寻常的杀俘杀降被提出，实施酷刑和屠杀的官员被处置，如果说颙琰推行了若干"新政"，则力图挽回民心、整顿地方吏治算是一项。

倭什布赴任时，嘉庆帝密谕"察访贪官污吏，如胡齐仑、常丹葵等，严参重处几人，则小民怨气自纾，地方必能平静"；还要他善待从川陕返回家乡的教民，"辨明良莠，细心妥办"①。后对赶赴四川的魁伦也是行前谆谆告诫，离京后再发密旨，说的还是在饱受动乱杀戮之地，认真收拾和凝聚民心，并开列了一个"好官""劣员"名单：

> 自卿起程后，朕日夜焦思，访得川省清官、贪官数名，今特列名于后，卿应留心访求实迹，清官即行越格保荐，贪官立予降革。若得贪婪实迹，奏请拿问，破其积奸，伸民之怨，大功可计日而定，卿其勉诸。好官：刘清、王赞武、严士铉、沈念兹、方积、赵华；劣员：戴如煌、姚令仪、石作瑞、黄铣、吉兴、俞廷举。再谕卿知朕思治贼之道，先示之以威，后抚之以德，虽不可姑息，亦不可酷暴，害民之官必宜去，爱民之官必宜用。②

这番话说与魁伦，也是对牛弹琴。颙琰缺乏父皇的识人之才和用人之量，对品行欠缺的魁伦和广兴竟倚为栋梁，便是例证。但其一心想要惩治贪官酷吏、稳定地方，养活细民，将国家治理好，也是实情。

由于皇上有这个想法，胡齐仑和常丹葵等人被先后押至京师，对四川的戴如煌也降谕逮治，查找"激变"百姓的罪证。但得自传闻之

---

① 《清仁宗实录》卷四一，嘉庆四年三月。
② 《清仁宗实录》卷五〇，嘉庆四年八月癸卯。

词，往往夸大，审讯时难以确认。

武昌同知常丹葵，被传用大钉子钉教民手掌，以大铁锤击碎犯人腿骨，极为残酷，逮京后经刑部审讯，皆为子虚乌有，本人拒不承认，也找不到任何人证。

达州知州戴如煌，被指"居官贪劣，激成事端"，经审讯，也只是年老力衰，听信差役苛索百姓。广兴衔命来川，惟恐事情闹不大，初审即奏戴如煌"私设衙役至五千名之多"，一个小小知州，怎么可能？可身为都察院副都御史的广兴如此奏报，皇上居然一听就信，要求严密追查。经勒保、德楞泰再审，实际为在任四年内公差花名单上有四千余名，哪儿跟哪儿啊？派广兴这样的人办案，就会出现这种笑话。毕竟老戴在职名声较差，当地参与教变者甚多，嘉庆帝命在达州枷号三个月，发往伊犁充当苦差。

对胡齐仑的审讯仍是重中之重。此案由军机大臣会同刑部严讯，各项人证物证都已调齐，很快就水落石出。最后的罪名是私扣平余二万九千余两，任意馈送。平余，又作"余平"，指征收赋银增加损耗，在支出时反加倒扣，愈演愈烈，成为官员贪污中饱的一项财源。以湖北军费为例，户部银库拨发时每一百两扣留四至六两，督抚再下文扣八两，胡齐仑又加扣二两。这样下来，一百两银子实际能发下去的只有八十余两，士卒的饷银一般不敢减少，最后只能在军需上克扣，枪械弹药、军装军粮都被核减，士兵饥寒交迫，不免抢劫敲诈，造成恶性循环。平余款项也是有账的，但已换了一个名目，不再是军费正项，主事者用起来便无太多顾忌。胡齐仑供称："部发银两每百两短平四、五、六、七、八两不等，我奉文于原短平外又扣八两，因襄阳一局差费浩繁，扣项不敷，我又于八两之外复扣二两，实是有的，不敢谎供。"[1] 至于所扣银两的去向，他坦白有督抚和各营将军提

① 《嘉庆道光两朝上谕档》四，嘉庆四年九月二十五日。

用，有自己送礼，有打造银牌银锞，有的奖赏乡勇……名目繁多，真真假假，却也救不得其性命了。

十月十二日，颙琰发布长篇谕旨，抨击军营恣意侵扣和馈送之风，切责已死的毕沅，以及明亮、永保等领兵大员。谕中特别提到毕沅和胡齐仑馈送永保一事，"即如毕沅馈送永保银二千两，胡齐仑馈送永保银六千两一节，伊等即因永保在京监禁，欲行资助，亦当各出己资，何得用国帑为朋情耶？试思此项银两，皆兵丁等衣粮屝屦之资，今忽短饷八千，则从征之士因兹而罹冻馁之患者，不知其几千人矣。而欲令其踊跃戎行，克敌致果，其可得乎？从征之士不能饱暖，焉能破贼。以致贼害良民，不可屈指，其罪皆由于此等劣员所积也"[1]。谕旨论及领兵大员"以养寇为肥身之计，以糜帑为饱橐之资，纵贼蔓延，日久未灭"，隐隐已见动了杀机。刑部依照《大清律》拟胡齐仑之罪，止够一个斩监候，皇上不许，谕以业已监禁一年之久，曾经动大刑，如果病死狱中，反而逃脱显戮，命即行处绞。

至于祖之望，既经查明延误的原因，嘉庆帝予以谅解，念他平日声名尚好，加恩以按察使降补。

第二节　整顿军务

查办胡齐仑案的同时，嘉庆帝即着手整顿军务，凡支领清单上有名字的大员，都被问询追查，如明亮、永保等证据明确的，立即撤职拿问，押解进京严审。但谁来替代他们？撤几个领兵大员不难，换谁

① 《清仁宗实录》卷五三，嘉庆四年十月丁酉。

呢？扒拉着脑袋寻找，满朝文武大臣中廉洁奉公，且能带兵打硬仗的，敢于厮杀拼命的，已然不多了。

昔努尔哈齐以十三副铠甲起事，不数年即崛起于辽东，靠的是敢于拼命杀敌。大清立国，前四朝也是猛将如云，从不惧马上杀伐。降至乾隆末年，先有苗疆之乱，接着教变继起，又销损了一大批军政良材，已存在严重的人才危机。办理胡齐仑一案，嘉庆帝决心藉以整顿军务，却也将本身性情褊急、求全责备的特点暴露无遗，对军中不多的将才，也是砍斫任意，不甚爱惜。

一、"时深焦急"

上皇驾崩的第二天，尚在热孝之中的颙琰，对川陕战事专发长篇谕旨，先拿着父皇说事，详述其临终之际对战事的焦灼悬望，表达了强烈的不满，直指前线各军营领兵大员：

> 自用兵以来，皇考焦劳军务，寝膳靡宁，即大渐之前，犹频问捷报。迨至弥留，并未别奉遗训。仰窥圣意，自以国家付托有人，他无可谕，惟军务未竣，不免深留遗憾。朕躬膺宗社之重，若军务一日不竣，朕即一日负不孝之疚。内而军机大臣，外而领兵诸臣，同为不忠之辈。何以仰对皇考在天之灵？①

不说自己，先说已逝的父皇，说父皇生前之焦劳，自己的焦急万状亦携带而出。这是长期积聚的愤憎不满的大爆发。嘉庆帝严厉谴责领兵大员"全不以军务为事，惟思玩兵养寇，藉以冒功升赏，寡廉鲜耻，

---

① 《清仁宗实录》卷三七，嘉庆四年正月癸亥。

营私肥橐"，并叙及父皇暮年之宽仁：

> 近年皇考圣寿日高，诸事多从宽厚。凡军营奏报，小有胜
> 仗，即优加赏赐。其或贻误军务，亦不过革翎申饬，一有微劳，
> 旋经赏复。虽屡次饬催，奉有革职治罪严旨，亦未惩办一人。即
> 如数年中惟永保曾经交部治罪，逾年仍行释放。其实各路纵贼窜
> 逸者，何止永保一人，亦何止一次乎？且伊等每次奏报打仗情
> 形，小有斩获，即铺叙战功。纵有挫衄，亦皆粉饰其辞，并不据
> 实陈奏、伊等之意自以皇考高年，惟将吉祥之语入告。但军务关
> 系紧要，不容稍有隐饰。伊等节次奏报杀贼数千名至数百名不
> 等，有何证验？亦不过任意虚捏。若稍有失利，尤当据实奏明，
> 以便指示机宜。似此掩败为胜，岂不贻误重事！军营积弊，已非
> 一日。上皇遐龄既高，仁慈益甚，如文臣将士稍著劳绩，立与封
> 赏。即偶或战败失机，亦不重惩，惟去职留任而已。设能戴罪立
> 功，则前咎且不问，仍与复职，并加优奖……

写的父皇之仁慈宽大，潜台词则是自个绝不会这样做。果然，亲政伊始，颙琰就开始对领兵大员一个个进行修理——

正月初五日，降谕责斥明亮"惟事往来尾追，实属无能"，两日后再谕："明亮等实属丧尽天良。"[1] 明亮是一位卓有战功的勋将，又是满族贵戚，乃孝贤高皇后之侄、多罗额驸，时年六十五岁，仍日日奔趋于山高林密的疆场。颙琰在谕旨中如斥孩童，全不顾事功和不留情面。

初八日，谕令仍以勒保总统军务。勒保奏请皇上节哀，得到的朱批却是一通臭骂："尔等皆满洲世家……使朕有不孝之名，汝等能当

---

[1] 《清仁宗实录》卷三七，嘉庆四年正月丙寅。

罪乎？"①二十日，嘉庆帝对川陕军务作出重大调整，以勒保为经略大臣，各路带兵大臣和相关督抚皆受节制；以明亮、额勒登保为参赞大臣，又将永保再次派往前线，担任领队侍卫。申明军纪，严旨督战。他期望的是立竿见影，不到半个月便传谕催促："倘再涉迁延，则军纪具在，朕必执法从事，勒保宁不为身家性命计乎！"②乾隆帝对臣下素来严厉，待统军大帅则以信任鼓励为主，虽有遥制，也较为耐心；颙琰的本事比老爹天差地别，却热衷于对千里之外的作战具体指挥，一事不合意，便要斥骂，甚至翻脸。

前线不时传来捷报，勒保和松筠都不断奏报所属部队的战绩，颙琰在诗中表达欣慰，也知"邪非一日成，师难一朝克"，可总是免不了焦灼烦乱。看看到了秋天，期望的大胜未能到来，不由得百感交集，赋诗遣怀：

> 皇考弃儿去，夏徂秋又来。仰天真可痛，临御愧无才。
> 蚁集荒山众，鸿栖中泽哀。良民染锋镝，沃壤尽蒿莱。
> 虽幸燕齐稔，难堪川陕灾。王师渐疲敝，羽檄漫交催。
> 予罪将谁诿？昊衷愿速回。敬祈销劫数，即日净邪埃。教匪蔓延四年，川陕楚豫百姓被劫者无算，敬祈昊眷圣慈并加默佑，速为荡平，不胜额企之至。③

此诗写得非常感人，对父皇的深挚怀念，对缺少才华的自省，更多地则是对数省动荡难平、生民涂炭的痛惜，岂如诗题中一个"闷"字所能涵括。颙琰意识到将士的疲敝，意识到谕旨交催的无力，自担罪责，祈祷上苍和慈父在天之灵保佑。

① 《清史编年》卷七，134页。
② 《清仁宗实录》卷三九，嘉庆四年二月甲午。
③ 颙琰：《清仁宗御制诗初集》卷二六，立秋日遣闷八韵。

二、该换的与不该换的

与教军作战的前三年，军政大事多是上皇与和珅说了算，久战不决，已开始频频更换总统军务大臣。如永保、宜绵，任用轻率，撤掉也属应该；如勒保，则不应责之过急。亲政之后，嘉庆帝乾纲独断，予与予取，撤换与逮治相继，也有该与不该之别。

正月二十七日，以剿办不力，回避怯懦，"贼至则不敢向前，贼去则移营前往"，将陕甘总督宜绵解职，令回京候旨。宜绵久历边陲，迭经战阵，受命后不顾年迈，亲率部伍夜焚敌寨，规复东乡，建功亦多。嘉庆帝还算念其功绩，给了一个散秩大臣。待回京后陛见，宜绵略作辩解，龙颜大怒，降为三等侍卫，命赴乌里雅苏台。次年追查军需，又牵扯到当过几个月总统的宜绵，撤职遣戍，配发伊犁。可怜白发老臣，就这样跋涉于极边之地。待颙琰读到他关于建立乡勇的奏章，忆起他的功劳，已经是两年之后了。

陕西巡抚秦承恩与宜绵同日被免，勒令回籍守制。承恩与王杰同年进士，长期供职翰林，教乱事起，提兵随宜绵攻防，亦属尽心尽职，不避艰险。母亲去世时，承恩正在军中，谕令"夺情视事"，不能回家治丧。此际先以"师久无功"被撤，及得知东路失利，褫职逮治，论大辟，后遣戍伊犁。流放路上，又多了一位鬓发萧骚的老臣。

振奋士气原在将帅用命，而嘉庆帝忧急焦灼之下，常会听信被俘教首的只言片语，用刻薄过甚之词指责领军大员。如罗其清解京后供称"惠龄一军较弱"，颙琰即解除惠龄兵权，命回京守制，降为兵部侍郎。

三月十二日，惴惴不安的湖广总督景安被免，后改往江西接办军需事务。此公实在庸懦不堪，教军送了个"迎送伯"雅号，也传到皇

303

上那儿。加上他又是和珅同族孙辈，快速晋升沾了本家爷爷的光，想不被收拾也难。及至夏天，再以"恇怯畏贼，捏报邀功"罪名，将景安革去伯爵，发往伊犁。经历千辛万苦刚到达戍地，又降旨将他锁拿进京。这一次，皇上是要拿景安的脑袋立威了，所幸朱珪说他"做官不要钱"，才算保住了性命。

五月庚申，河南巡抚吴熊光奏报军情，建议将赶往前线的山东官兵截赴明亮大营，先廓清江北教军，并说已飞咨恒瑞和永保等斟酌。吴熊光曾深得颙琰信任，此时却被严旨谴责，论为"殊属越分陈奏"。嘉庆帝飞谕各领兵大员："所有接到吴熊光一切咨会，不合机宜，竟置之不理可也。"① 本来应加强地方大员与各营将帅的沟通协调，应鼓励吴熊光这种积极姿态，却因疑虑过多走向反面。

七月十六日，以"玩误固执"命将勒保解职拿问，派署吏部尚书魁伦前往审讯。勒保在军中威信很高，被逮之后，所部将士愤愤不平，吁求魁伦为之鸣冤。魁伦不仅不敢据实上奏，反而列出一大串勒保的罪名，论为大辟。嘉庆帝倒还念其前功，改为斩监候，解京监禁。接任经略大臣的为额勒登保，并擢明亮为正红旗汉军都统，主持陕西军务，以魁伦为四川总督。魁伦做官尚廉洁，也勇于任事，但能力较差，为人更差，加上操切热衷，想建立不世之功，下场则更悲惨。

明亮堪称知兵，作战勇敢，居官亦廉，却也沾染了军营油滑习气，又不善于协调关系，很快与继任陕西巡抚的永保发生冲突，互相攻讦。明亮劾永保与提督庆成避战，永保和荆州将军兴肇揭发明亮谎报军功，撕扯得一地鸡毛。广兴路过陕西，将道听途说的情况密奏，说明亮不愿受勒保节制，故意拖延，不将张汉潮部剿灭，也不支援孤军作战的永保。嘉庆帝很生气，命新任陕甘总督松筠密奏带兵诸将之

---

① 《清仁宗实录》卷四四，嘉庆四年五月庚申。

优劣，松筠倒也据实题奏：

> 副都统明亮久历戎行，素称知兵，所言似合机宜，其实罔有成效；西安将军恒瑞前在湖北战功为最，后剿蓝白两号贼匪亦著劳绩，惟年近六旬，精力大减；固原提督庆成身先士卒，然中无主见，领队则可，出谋发虑非其所长；署陕西巡抚永保无谋无勇，惟知利己，过则归人；惟额勒登保英勇出群，其次则德楞泰，亦称奋勇。①

一一评点，嘉庆帝深以为然，即令松筠按治诸将，又特派军机大臣那彦成赴陕会审。通过松筠一番点评，也可得知清廷将帅无多、人才寥落的实情。

这一次的处理更是利落：率兵苦战得胜的明亮刚还师，便被夺职逮治，定为斩监候；已被抄没过一次的永保，再次被逮问，又查出湖北接受馈送，论大辟，诏免死罪，"自备资斧赴乌里雅苏台办事"；兴肇发往乌鲁木齐效力赎罪；庆成则发配伊犁。在当时之武大臣中，这几位应算是能打仗的，后来也多被重新起用，但如此不留颜面，如此反反复复，怎指望他们能带好队伍？

接下来轮到的竟是松筠。军机章京出身的松筠，久任边事，刚毅有大臣风范。他由驻藏大臣召为户部尚书，因战场需要改授陕甘总督，遵旨按治明亮等人，办得还算得体，然一旦接手进剿，便知战事之艰难凶险。松筠也是急于建功，曾想前往敌营招降，被副将劝阻，替其前往，结果是副将被残忍杀害。松筠以失误军机被褫夺宫衔，不久改授伊犁将军，又令署湖广总督，大约也是一肚子话要说，奏请入觐面陈军事。可皇上已然不想见他了，再三固执呈请，颙琰勃然小

---

① 《国朝耆献类征初编》卷三六，宰辅三十六·松筠。

怒，将他贬为副都统，命往伊犁任领队大臣。

十二月十一日，魁伦劾奏福宁在旗鼓寨滥杀降卒，严旨切责，命将福宁逮讯，依杀降律治罪，本拟留军中效力，后来也是遣戍伊犁。

转过年来不久，新任川督魁伦就犯事了，下场更惨：先是教军渡过嘉陵江，魁伦以迎截迟缓，革职留用；总兵朱射斗战死的消息传来，嘉庆帝深为震惊，命将魁伦革职拿问。四月底，传旨历数魁伦之罪，"若再不将魁伦按律治罪，则是朕回护自己用人错误之咎，废我大清国之法。朕非庸碌无能之主也，即将伊革职拿问"①。皇上是永远不会有错的，将所用之人严加治罪，更能昭示公正英明。谕旨说到这分上，魁伦的命算是完了，解京之后，即由刑部堂官传旨令自尽，其子发配伊犁。

惩办魁伦的同时，成都将军阿迪斯也以玩误军机、捏病避战被革职拿问。阿迪斯为阿桂长子、那彦成的伯父，或是看了阿桂的面子，饶其一命，发往伊犁充当苦差。颙琰对装病不出力的将领极为痛恨，头等侍卫乌尔呼纳在战场称病，准令回京疗养，颙琰传他问话，见其红光满面，顿时大怒，即令自备斧资，往伊犁效力。

此时的伊犁，真可谓冠盖云集、大将云集。

三、钦差军机大臣督军

在弘历晚年所信重的满大臣中，最突出者有二人：阿桂与和珅。然又有很大区别，其对和珅是宠信，对阿桂则是倚信。曾将和珅派往甘肃督战，不利，归罪于诸将不听指挥；而阿桂赶到前线，营伍严整，三军用命，很快扭转了局面。自此之后，乾隆帝对二人的品德和

---

① 《清仁宗实录》卷六四，嘉庆五年四月己酉。

分量，有了清晰了解，也再未委任和珅去过战场。阿桂以内阁首辅主持枢垣几二十年，朝野称誉，于嘉庆二年八月辞世，和珅全面接掌内阁和军机处。就在次年二月，阿桂之孙那彦成升为军机大臣，肯定不是和珅的意思。

那彦成，阿桂次子的次子，虽出身世代簪缨之府，乃父阿必达去世甚早，由母亲辛苦抚育成人，也是一种特殊历练。他自幼有大志向，既继承家族血液里流淌的尚武精神，亦知刻苦读书，二十五岁考中进士，改庶吉士，任翰林编修，直南书房，不数年即为礼部侍郎、内阁学士。选那彦成入军机处学习行走，自然是上皇做主，颙琰赞同，和珅不敢阻拦。

此年那彦成三十四岁。

对年轻有为的那彦成，嘉庆帝甚为赏识，亲政之当月，即数加委任和擢升，"调户部右侍郎，兼镶白旗满洲副都统，授翰林院掌院学士，管理武英殿御书处事务，寻转右侍郎，擢工部尚书，兼崇文门正监督"①。这是怎样的一种信任！接下来又命担任实录馆总裁，兼都统、总理工程处、教习庶吉士、管户部三库，授总管内务府大臣。还以那彦成三岁而孤，御书"励节教忠"旌表其母亲。圣恩之隆，与刚被赐死的和珅当年相仿佛，一时无人可比。

四年八月，"命那彦成为钦差大臣，督明亮军"。君臣相别，就军务政情曾多次长谈，嘉庆帝嘱以严厉督战，尽快扫清教众；那彦成除表达决心，也恳请皇上给予一些时间，不要催逼太急。彦成精强奋勉，勇于任事，但还是太年轻了，对战场素无经历。在赶往陕西途中，他即以听闻上奏，说军队已有四五个月没有行动，表示抵达后要进行整顿，对失误军机者军法从事。颙琰连忙传谕制止，告以连经略大臣也无权先斩后奏，何况钦差，叮嘱他人命至重，不可太任性苟

---

① 《清史列传》卷三三，那彦成。本节引文未出注者，均见该传。

求。那彦成本来想杀几位大将（包括明亮）立威的，既然皇上不许，抵任即劾明亮"奏报诬罔"，降旨逮治。此际明亮正在子午谷追击敌人，尽歼张汉潮一股，得胜回来，即被逮系押送京师。

总领陕西军务的变成了那彦成，原以为稍加整顿进击，便会摧枯拉朽，及至自个领兵进山，才知晓战场之复杂、战事之艰险。此后的整个冬天，他亲自率兵在深山老林里追击教众，川陕交界处的山林实在太大了，虽有数万官兵乡勇，一旦进入密林，也只能如大海捞针，顾此失彼。彦成毕竟出身翰林，在奏章中大作文学描述："贼倚老林为巢窟，丛刺阻隘，枪箭难施，臣五内焦灼，愤不欲生。"表示自己要亲身入林督剿。颙琰朱批称"实为辛苦万状，不忍披览"，不许他冒险深入。然对其久不建功，已是啧有烦言："那彦成必当亟思改图，上紧相机剿办，务于明年二三月内奏绩蒇功。"[①] 也就是说，皇上给他的限期只有三个月了。

隆冬来了。

当年十二月和次年正月，那彦成仍督率部下在老林中兜圈子，不断有些小小斩获，也不断被教军偷袭滋扰。他渐渐积累了作战经验，加以廉洁奉公、治军严格，将士亦知奋勇，曾夜袭敌营，亦曾连续数百里追击、从栈道入川击敌，斩获渐多。可就在这期间，关于他的负面消息不断传播，京师议论纷纷，有的说他狂妄纵恣，有的说他外示精明、实则无能，还有说他纵令家人和随员惹事。接皇上密旨询问，一意攻剿的那彦成始知人言可畏、大帅难为，急忙上疏辩解。嘉庆帝谕曰：

> 卿虽自矢忠贞，属下尚须严察，外省官吏闻军机大臣之名，有不趋奉乎？一切慎勉，毋负汝祖家声，全朕用人颜面，尽心竭

---

① 《清仁宗实录》卷五六，嘉庆四年十二月壬寅。

力速成大功，五等崇封，朕不惜也，勉之！①

皇上把话说到这个分上，直同恳求，那彦成读后感动，却也未意识到其间的弦外之意。

几天前，颙琰已经将明亮释放，"赏给金顶领催"，命赴湖北军前效力。在皇帝看来，"办理迟延之罪"并非一人，而比较起来，那彦成的实战指挥能力远不如明亮。但还是希望那彦成能速建大功，谕旨言出肺腑，句句动情：

> 京中人言纷纷，朕自有定见，不为摇惑，若久不葳事，实不能姑容矣。卿趁此兵威，莫遗余力，速剿逆贼，朕仁听喜音连至，以慰皇考在天之灵，全朕孝字。卿奉命至陕，实寻拙路：入林追捕，未见寸功，徒劳跋涉，落河湿衣。朕日夜悬心，心在卿左右，刻不能舍。因此议论纷纷，有言卿放恣者，有言无能者，朕皆付之一笑，专待卿之捷报，以压簧口。卿受朕如此深恩，若不知报，竟非广廷相国之孙矣！

这是一封密旨，颙琰最后写的是"灯下密书，傍无一人，卿亦密存此折，回京面缴"，必令那彦成感激唏嘘。然整个战场上的胜负手，所关多多，绝非一个那彦成所能扭转。

皇帝的耐心是有限的，恩宠易变，历朝皆然。又过了四个月，早过了预设的期限，战事仍没有大的起色，传谕召那彦成还京，面询军中情形。自奉钦差往陕西，至今不过十个月，君臣二人恍若隔世。嘉庆帝提出了一连串的疑问，也包括自诩高明的方略庙算，在经历过炼狱般山林追剿的那彦成看来，都有些幼稚可笑。他当然不敢嘲笑顶撞

---

① 《清仁宗实录》卷五八，嘉庆五年正月。

圣上，可回答时实话实说，直来直去，便有几分像是顶嘴。岂知永保、明亮均曾多建大功，仍不免逮治抄家，似他并无像样功劳，起初又轻敌误判，未加惩处，反倒喋喋不休，怎不令皇上大怒。谕令将其官职荣衔一股脑儿捋去，仅给了个翰林院侍讲。

每逢一个帝王死去，拟议谥号庙号，便成为一班出身翰林的臣子之急务。谥号在明清间越来越长，无非一些常用套语的编排组合；庙号则只有两字，关键是前面的一字。以简简一字将大行皇帝平生品行功业概括，甚属不易，却也难不倒这些臣子。试思有清诸帝之庙号，真还皆见几分贴切。嘉庆帝庙号仁宗，突出一个"仁"字，甚是。颙琰不是一个雄才大略的君主，但南面称尊二十五年，尚称宽仁善良：他待臣下较严，严厉而不冷酷，处置时常存宽厚之心；而对普通人，包括普通百姓和普通士卒，也包括跟从反叛的普通教众，内心有一种怜惜悲悯，谕旨频颁，要求各级官员抚育关爱。对于那彦成，也包括明亮、永保等人，颙琰始终留有余地。

第三节　求言与拒谏

皇帝的登基和亲政，照例都要下诏求言。嘉庆帝也如此，在上皇驾崩两日后即颁布求言诏，要九卿科道上疏论国政。一时奏事踊跃，虽大多谈论追剿教军事宜，似也预示着一个清明局面的到来。但是且慢，科道官在大多数情况下的集体失声，首要原因便是皇帝的刚愎拒谏。乾隆帝就极度反感谏言，如曹锡宝、尹壮图等慷慨陈词，无不受到责处。轮到颙琰，仅就采纳臣下建议一项，既可见出其格局和胸襟，还不如他的父皇。

一、求言的门槛

四年正月初五日，正值太上皇大丧之初，嘉庆帝即降谕求言，一番话正大堂皇：

> 盖以九州之大，臣民之众，几务至繁，兼听则明，偏听则蔽。若仅一二人之言，即使出于至公，亦不能周知天下之务，况未必尽公也……是以圣德如皇祖皇考，践阼之初，即以求言为急务。矧朕德薄，何敢不虚怀延访，听受谠言。特此通行晓谕：凡九卿科道有奏事之责者，于用人行政一切事宜，皆得封章密奏，俾民隐得以上闻，庶事不致失理。诸臣务必宅心虚公，将用人行政、兴利除弊有裨实政者，各抒诚悃，据实敷陈，佐朕不逮，用副集思广益至意。①

这不是一份面向天下贤达的求言诏，而是先行设立一个门槛，划定一个圈子：有权上书言事的，只有"九卿科道有奏事之责者"；所言之事，须关乎"用人行政、兴利除弊"之大端。此诏一以求贤求言，一以发布讨伐和珅的动员令。果然有人闻风而动，矛头直指首枢和珅。禅让以来，和珅倚仗上皇宠信，在朝中上下其手，明里暗里整了不少人，搞了不少名堂，深为世人痛恨，一旦扫除，自是人心大快，吏治为之一新。

对弹劾贪赃虐民之官的奏本，嘉庆帝批转很快，对建言的奏章也是如此。有人列举外省积弊，指斥官员迎送的铺张恶习，督抚司道随

---

① 《清仁宗实录》卷三七，嘉庆四年正月甲子。

员众多，所过地方吃住索拿，钦差或出差大员的迎送陪伴，官员到任时衙门内宅之陈设布置，官府接待时的演戏和宴饮，所有这些额外开销，又无不最后落在小民身上。三月初六日，颙琰晓谕内阁，认为"所言切中时弊"，敕令各省督抚深刻反省，力加整顿，并说：

> 大吏不能体恤属员，以致亏缺公帑，是无异自取家资以供浪费也；州县无以供应大吏，以致剥削民膏，是无异自腴子孙以肥祖父也。试问小民不安室家，属员致有亏短，甚或酿出事端，致成大费，地方长吏独能逃罪乎？①

除了爷爷、孙子的譬喻有些不类，总的意思是好的，说理亦透彻。

"守成"的执政理念，使嘉庆帝很难接受有开创精神的建议。国子监祭酒法式善提请将在京闲散旗人迁回祖居地屯田，本来极有价值，反被视为"大咎"，同类情况亦复不少：

四月十九日，嘉庆帝降旨切责给事中明绳，严禁畿辅开采银矿，曰："朕广开言路，非开言利之路也，聚敛之臣，朕断不用。"②似乎理直气壮，实则陈腐偏执。一个国家怎么能不创收、不言利呢？开矿之说，多数为富国利民之策，嘉庆帝常是一听就恼，大力打压。后来清朝国力下滑、国库匮乏，均与之大有关联。

就在这个月，一向以敢言著称的尹壮图奉旨抵京，疏请慎选廉正大臣往各地清查陋规，朱批不许，曰："陋规一项，原不应公然以此名目达于朕前。"③也有些莫名其妙。和珅之贪，其所聚敛的巨大财富，正是钻了陋规的空子，此时却不许核查。

六月十一日，副都统富森布奏称京城官兵生计拮据，惹恼了皇

---

① 《嘉庆道光两朝上谕档》四，嘉庆四年三月初六日。
② 《嘉庆道光两朝上谕档》四，嘉庆四年四月十九日。
③ 《清仁宗实录》卷四二，嘉庆四年四月乙未。

上，斥为"捏造惑人之言，冒渎陈奏，实属肆口妄谈"①，下旨即行革职。第二天又传谕内阁，洋洋千余言，核心是申斥妄言之罪，又不光为一个富森布，谕曰："近来言事诸臣，往往不为国计民生起见，揆厥本衷，大约不出乎名利之两途。"②皇上作出如此分析，臣子又岂敢再奏？

可朝廷之大，也是什么样的官员都有，偏就有敢逆龙鳞者。几乎与此同时，翰林院赫赫有名的洪亮吉将奏本写好了。

二、拒绝"维新"

在悼念父皇的诏书中，嘉庆帝赞美父亲"继统绪则为守成，论功业则兼开创"，说的是乾隆皇帝一生伟业，而以开创为重。没有对国家格局的开创，没有在新疆和西藏等地的毅然用兵，便不会有边疆的稳定安宁，也无法守成。而亲政之初，法式善提出"亲政维新"之说，皇上读后很不满意，只是忍着没有发作。

看看到了岁末，众大臣举荐的贤才中，法式善之名赫然在前列。嘉庆帝传谕内阁，一上来先说到法式善的建言：

> 本年春间，国子监祭酒法式善条奏事件，折首即有"亲政维新"之语。试思朕以皇考之心为心，以皇考之政为政，率循旧章，恒恐不及，有何维新之处？③

后面还有许多严词峻语，火气很大，却有些让人费解。维新，乃始更

① 《清仁宗实录》卷四六，嘉庆四年六月戊戌。
② 《嘉庆道光两朝上谕档》四，嘉庆四年六月十一日。
③ 《嘉庆道光两朝上谕档》四，嘉庆四年十二月初一日。

新，出于《诗经·文王》："周虽旧邦，其命维新。"虽属套话，但词义甚美，后世多用于新帝登基，引申为改变旧法推行新政。打着守成大旗的颙琰，竟这般借题发挥，大讲"以皇考之心为心，以皇考之政为政"，浮华不实。大约又听到一些议论，说他诛杀父皇近臣和珅、偏离父皇之道。

法式善的奏章，是在下求言诏时所上，为何在十个月后又翻出来？细读下去，始知别有原因：先是有旨令各大臣秘密保奏人才，丰绅济伦密荐法式善"明白结实，办事妥协"。丰绅济伦为福隆安之子，其母为高宗第四女和嘉公主。这位乾隆帝很喜欢的亲外孙，可谓混得顺风顺水，位列公爵，官至兵部尚书，领銮仪卫。颙琰亲政之后，很快将他边缘化。嘉庆帝多疑擅猜，推断法式善必然走了丰绅济伦的门子。因刚刚发布求贤诏，不便直接驳回，让录入备选名单（类似于今天的"任前公示"），可十天过去，要进入任命程序了，仍未见有人论奏。颙琰不由得怒火喷发，责斥丰绅济伦所举非人，说法式善在国子监"声名狼藉""赃私累累"，又举出"开馆取供事"之事，自称早闻其劣迹。供事，又称书办，翰詹等衙门中吏胥也。此事未见别处记载，大约颙琰做皇子或嗣皇帝时听人讲过，留下一个恶劣印象。

实则法式善是一个认真读书，认真做学问，有几分呆板执拗的学者化官员。他出身于蒙古察哈尔部，少年丧父，由继母抚育成人，乾隆四十五年中进士，与萨彬图同在三甲，那时的名字叫运昌。数年后，乾隆帝临雍讲学，他作为国子监司业率诸生听讲，礼成受皇上接见，询问姓氏，赐名"法式善"，满语"竭力有为"之意也。法式善的确如此，除勤恳职事外，诗文书法均有可称，又性喜著述，所作《清秘述闻》《槐厅载笔》，得到朱珪、翁方纲等人盛赞，至今仍为研究清代文教之必读书。法式善当日被称为蒙古族第一大学问家，终日沉浸于典籍之中，既不擅长考试，又不会走门子、搞关系，是以翰詹大考，逢考必砸。还有人说他追随和珅等权贵，应不会，老和印象好的常居大考前列，而法式善总是列于末等。所幸有阿桂在，深知此人长处，推荐他担任国子监祭酒。

再回到法式善的奏折，仅就嘉庆帝所斥责的几项，虽不无可取，也显得有几分书呆子气——

如建议选一位威望素著的亲王任大将军，节制川陕诸军，要说大清的江山就是这样打下来的，可此时并无能担当此大任者，几位参政的亲王都不像个样子，嘉庆帝斥其"揣摩迎合，全不顾国家政体"；

如提议大开选才之途，举行孝廉方正、博学宏词各科，前朝虽多有此例，而近年来正科恩科相连，馆阁拥塞，被斥为"其事俱近沽名"；

有价值的是"开发口外"一条，极具政策上的开创性，若能及早设计和施行，对增加国家财赋、安定边疆地区有利多多，皇上也听不进去，直斥为荒谬：

> 又据称"口外西北一带地广田肥，八旗闲散户丁情愿耕种者，许报官自往耕种"等语，若如所奏，岂非令京城一空？尤为荒谬之极！①

如此牵强的推论，真是匪夷所思。当是时也，京城的八旗子弟多无所事事，闲游滋扰，成为一大社会问题。法式善提出的解决方案可谓上佳，反遭公开责斥，夫复谁言！颙琰即令将法式善解任，派大学士、军机大臣会同审讯，并追问丰绅济伦为何保奏。丰绅济伦再不敢多说，只好举其曾在府中教子弟读书，从未开口借钱和请托，称他"为人体面"。

入关进京后，大量族人活得乱七八糟，是以满洲勋贵很看重的一

---

① 《清仁宗实录》卷五六，嘉庆四年十二月己未。

点，就是"体面"，包括自尊自强，也包括知识和能力。这场讯问没有什么收获，朱珪等也出来说了几句公道话，嘉庆帝次日再降谕，赏给法式善一个编修，再一次强调："法式善所论旗人出外屯田一节，是其大咎。"此时的颙琰已是飞龙在天，不再需要内敛隐忍，喜欢敲山震虎，借海扬波，由一事而算总账，以细故武断臣下之才具人品，是以在位期间得人较少，与乾隆帝形成对比。

三、洪亮吉事件

下诏求言，是历史上许多帝王的程序性举措。而综论言事之人，实心为国者有之，嫉恶如仇者有之，借以取媚希宠者有之，摭拾浮词、故作惊人之语者亦有之。读这些奏章，嘉庆帝常会心烦意乱。直到有一天，成亲王永瑆转呈翰林编修洪亮吉的疏章，颙琰阅后怒极，即命逮治穷究，所谓求言也跟着告一段落。

后来颙琰还有过多次求言之举，期待殷切，但再没有臣子像老洪这般"憨直"了。以明清两朝相比较，明朝多有以死抗谏之诤臣，铁骨铮铮，九死不悔；而清朝极少，就连司职谏垣的科道官也大都说些不痛不痒的话，其原因是复杂的，主要在于异族统治的钳制政策。然就在嘉庆帝亲政之初，洪亮吉以谔谔一疏，震惊朝野。

洪亮吉是在上皇逝世后还京的，一般记载为朱珪邀其纂修《清高宗实录》。他则说是专门赶来祭悼太上皇的，说先帝有两件大恩刻骨难忘：一是庶吉士未散馆，即令分校顺天乡试，接着授贵州学政，当时视为异数；二是任满还京，即令入直上书房，也是一项特殊荣宠。有了先前这份恩遇，洪亮吉对屈居编修、住在寺院里默默修史，自然很不满意。文人伎俩，时或以退为进，亮吉提出辞职还乡的要求，以期引起关注和挽留。岂知主事者早怕他别生事端，立马予以照准。洪亮吉又要回乡了，满腹经纶，一腔治世救世之热血，毕竟心有不甘，发诸文字，很快写成数千言一疏。可如何能递至皇上案头，却成了一个问题。

作为一般翰詹官员，洪亮吉级别不够，又没有言事之职，只能通过机构或高官转呈。他深知没有一番出奇料理，所写谏章根本到不了皇上案头，经过反复思考斟量，遂将谏草誊写三份，分别派人送交三位大臣府中，请求代呈：

第一位是朱珪，素以爱惜人才见称，时任上书房总师傅、户部尚书，与皇上关系亲近，对洪亮吉也很欣赏，当为首选。岂知朱珪收下他的奏本，阅读一过，即置之箧中，并没有为之代转。

第二位为左都御史刘权之，为洪亮吉翰林旧交，一向珍惜同寅情谊。嘉庆帝对权之印象甚佳，亲政后即加擢拔，命与朱珪同典当年会试。亮吉分别投送，信中特加注明另外给了朱珪一份。刘权之与朱珪未互通消息，但也是将此疏扣留下来，不予转呈。

第三位才是掌领军机、总理户部三库的成亲王永瑆。这位十一阿哥自幼工书，热衷于探讨书旨，领悟古人用笔之意。亮吉为当世大学问家，精擅书法，永瑆当有结好之念，见其有奏本求送，大约也未细读，即为转达皇上。洪亮吉之疏终于上达天听，引发皇上震怒，政坛掀起轩然大波。颙琰不便批评皇兄，心底的不满则可想见，过了一个多月，便找了个由头，将不太靠谱的哥哥请出军机处，总理户部等兼职一并撤销。

转和不转都成了罪过。朱珪和刘权之将此疏压下来，不为代呈，应有对洪亮吉的保护之意，不约而同，亦见品行端正，心地善良。这时则遇到了不小的麻烦，有旨令追缴追问，责其袒护，要求解释明白。朱珪奏称：

本年八月二十四日酉刻，有洪亮吉差人投书一封，拆阅之

下，见其语言错乱，全无伦次，且中有荒诞悖谬、毫无影响之狂
谈，未敢形诸章奏，拟于日内召见时面行奏闻。适奉旨询查，当
将原书并诗二件封缴，听候查办。臣未及即时参奏，咎实难辞，
相应请旨，将臣交部严加议处。①

对整个过程交代得清清楚楚，述说读后的心理活动亦真切可信。朱珪
对洪亮吉表明了批判态度，斥其"语言错乱""荒诞悖谬"，却也不无
回护之意。由是可知洪亮吉上言时还附了诗作，或以颂圣为主，加上
本来就是书法名家，笔走龙蛇，也是用心良苦。岂知一语不合，不光
自家倒霉，顺带还连累了别人。

刘权之与皇上无师生之谊，回奏时不免语意惶恐：

> 本月二十四日，有编修洪亮吉到臣寓处投书一封。臣于灯下
> 拆看，见其中妄肆空谈，直同狂瞽，且并不知皇上亲政以来宵旰
> 勤劳、整饬庶务之圣心。臣因系私书，字画潦草，原思约会朱珪
> 各另缮一分，合词具奏。次日奉旨查询原书，命臣封缴。臣未及
> 即时严参，实属糊涂疏忽，求皇上天恩，将臣交部严加议处，以
> 为办事迟延者戒。②

读来也觉得合情合理。其中对原奏的讥评，以及对其书法的轻视，亮
吉可能不会想到。刘权之说曾想与朱珪商量一节，也属实情。这次两
人应是做了沟通，都是自请"交部严加议处"。皇上心知肚明，念二
人都是亲近大臣，加恩"降三级留任"。

---

① 录副奏折：朱珪奏，为洪亮吉投书事未及时参奏自请交部议处事，嘉庆四年八
月二十六日。
② 录副奏折：刘权之奏，为办事迟延自请交部议处事，嘉庆四年八月二十六日。

四、被刺痛的皇上

洪亮吉奏本中，有哪些话激怒了皇上？

嘉庆帝谕旨中，对洪亮吉之谬指出两条，各加批驳：

其一，"先法宪皇帝之严明，后法仁皇帝之宽仁"，斥为"以小臣妄测高深，意存轩轾，狂谬已极"；

其二，说嘉庆帝"三四月以来视朝稍晏，恐有俳优近习，荧惑圣听"，更使之火冒三丈。

谕旨说了一大堆自己如何勤政，如何宫规整肃，又说如直接陈奏，也不会加罪，质问他到处投递是何用心？两条之中，嘉庆帝最为生气的当是第二条，即命军机大臣会同刑部审讯逼问。洪亮吉供称"一时糊涂，信笔混写"，也让皇上不满。

洪亮吉供说的是真心话，老实话。在他的奏本中，兹两段根本不是写作重点，一则以引首，一则为收束，信笔写来，只顾文章的起承转合，早忘了忌讳。这也是古今文人之通病，笔意所至，唯极而言之，语不惊人死不休，此时悔之晚矣。至于其奏章的主体部分，则是有胆识，有文采，警策锋锐，刀刀见血，实在是上佳笔墨。入题即曰：

> 今天子求治之心急矣，天下望治之心亦孔迫矣，而机局尚未转者，推原其故，盖有数端。亮吉以为：励精图治，当一法祖宗初政之勤，而尚未尽法也；用人行政，当一改权臣当国之时，而尚未尽改也。风俗则日趋卑下，赏罚则仍不严明，言路则似通而未通，吏治则欲肃而未肃。①

---

① 洪亮吉：《卷施阁集》甲集卷一〇，乞假将归留别成亲王极言时政启。

此为一篇谏章之纲领，针砭时弊，掷地有声，对颙琰亲政以来的朝政大端，给以最恺直全面的批评。史传称其"言事憨直""讥切朝政"，正可见一腔忠忱。

此后，亮吉分节举例言之。首先是励精图治，说了几句不知哪里听来的"视朝稍晏"，接着大谈先帝初政如何勤慎，又说当今既不能集思广益，对和珅私党亦失之宽纵。有些文字，极是深刻和精彩：

> 盖人材至今日，消磨殆尽矣。数十年来，以模棱为晓事，以软弱为良图，以钻营为进取之阶，以苟且为服官之计。由此道者，无不各得其所欲而去，以是衣钵相承，牢结而不可解。夫此模棱、软弱、钻营、苟且之人，国家无事，以之备班列可也；适有缓急，而以牢结不可解之大习，欲望其奋身为国，不顾利害，不计夷险，不瞻徇情面，不顾惜身家，不可得也。

言辞愤激，所说则为当日官场的基本面，分析亦能预见长远。此种风气的形成与和珅有关，却不宜全推到伊一人身上，自也不会随着和珅的败亡而消失。

其次论"用人行政"，奏章举吴省兰、吴省钦兄弟为例，认为应加以追究甄别，而皇上所谕不问胁从，看似宽仁，实际上掩盖了大量问题。对世风日下，亮吉措辞极见犀利：

> 十余年以来，有尚书、侍郎甘为宰相屈膝者矣；有大学士、七卿之长，且年长以倍，而求拜门生，求为私人者矣；有交及宰相之僮隶，并乐与僮隶抗礼者矣。太学三馆，风气所由出也，今则有昏夜乞怜，以求署祭酒者矣；有人前长跪，以求讲官者矣。翰林大考，国家所据以升黜词臣也，今则有先走军机章京之门，

求认师生，以探取御制诗韵者矣；行贿于门阃侍卫，以求传递倩
代，藏卷而出，制就而入者矣……夫大考如此，何以责乡会试之
怀挟替代？士大夫之行如此，何以责小民之夸诈夤缘？辇毂之下
如此，何以责四海九州之营私舞弊？

前面是说和珅弄权之弊，后面则直击当今政坛，包括文坛，所举例多
为翰詹圈子的一些糗事。

　　洪亮吉在疏章中涉及面很大，举凡用人行政、开通言路、整顿吏
治皆有论辩；涉及当朝人物亦多，既抨击已死之和珅、福康安、孙士
毅等，抨击其私党或亲信，又指斥当下一批领军大员。而其所依据，
除已经公诸于世者，多出诸传闻，讯问之时，难免无以确指，张口结
舌。谕旨指出：不光"俳优近习"毫无根据，"此外所供各款，亦多
出自臆度"，应是审问之实情。翰詹大考后，洪亮吉似乎有了一个心
结，总要说他人钻营和作弊，对考列第一的吴省兰攻击不休，也是文
人陋习。

　　洪亮吉被锁拿收押，关押在西华门外的都虞司。都虞司为内务府
七司之一，顺治间曾作为"采捕衙门"。将他监禁在此，距大内甚近，
易于向皇上奏报审讯结果，显现了诏狱的性质。当时舆论汹汹，群议
皆曰该杀，好友们前来探视，对之痛哭拜别，传递出各种不祥信号。
亮吉骨节铮铮，谈笑从容，口占一绝相赠："丈夫自信头颅好，须为朝
廷吃一刀。"[1] 这种情景，应会被狱卒详悉禀报，快速传到皇上那里。

　　所有的皇帝都是刺激不得的，有时却会出现一种逆反：小刺激则
大怒，大刺激自然更怒，随之却可能会有些清醒。明嘉靖皇帝接海瑞
奏章，喝令即行锁拿拷讯，却迟迟不加诛杀，是不愿意担昏君之名
也。眼下的嘉庆帝阅后，也是龙颜大怒，也是命将逆鳞者立刻拿入

---

[1]　洪亮吉：《遣戍伊犁日记》。

法司，追问主使之人，而会审拟大辟，却降谕免死，只给了个遣发伊犁。我们知道，嘉靖帝和嘉庆帝都曾反复阅读谏草，怒极掷地，捡起来再读，对上谏者的忠爱挚切内心赞赏，为之深深感动，为之自我省察，也是大受刺激后的理性回归。

钦命审案的是军机大臣和刑部大员，主审官当非亲王莫属。王爷首先传达旨意："亮吉读书人，体弱，毋许用刑。"① 洪亮吉闻之大为意外，感动痛哭，伏地请罪。自后有问必答，承认很多地方都出于传闻臆测。会审合议，拟照大不敬律，斩立决。嘉庆帝御批论罪适当，但加恩免死，说了一段很绕口的话：

> 朕方冀闻谠论，岂转以言语罪人！亦断不肯为诛戮言臣、自蔽耳目之庸主。今因伊言，惟自省于心，有则改之，无则加勉而已。洪亮吉平日耽酒狂纵、放荡礼法之外，儒风士品，扫地无余。其讪上无礼，虽非谏诤之臣可比，亦岂肯科以死罪，俾伊窃取直名，致无识者流妄谓朕诛戮言事之人乎！惟近日风气，往往好为议论，造作无根之谈，或见诸诗文，自负通品，此则人心士习所关，不可不示以惩戒。岂可以本朝极盛之时，而辄蹈明末声气陋习哉！②

颙琰读书甚多，沾染不少文人习气，一番话绕来绕去，要充当心胸开阔、从善如流的圣主，又要惩治士习世风，仍将洪亮吉以"平日耽酒狂纵、放荡礼法之外"，发配伊犁。时任伊犁将军为大学士保宁，闻知急上密折，表示待亮吉抵达新疆，即"毙之以法"。这位阁老读书不多，岂能察知颙琰的复杂心曲，本来想要讨个彩头，孰料被严旨斥

---

① 《清史编年》卷七，第176页。
② 《清仁宗实录》卷五〇，嘉庆四年八月癸丑。

为糊涂蛋，要他对洪亮吉的人身安全负责。

新疆是个好地方。除却路途遥远，生活略觉寂寥，那里的流放官员，有不少过得还挺美，当然也只是看上去很美。后来的林则徐如此，现今的洪亮吉亦如此，都是诗酒流连，呼朋引类。魏阙悠远，然这些流人不可能忘却朝廷。

京师的嘉庆帝日理万机，却也没有忘记远在天边的洪亮吉，暇时还要取出其奏章反复阅读，仅仅过了十个月，就传旨要亮吉回来：

> 朕详加披阅，实无违碍之句，仍有爱君之诚……洪亮吉所论，实足启沃朕心，故置诸座右，时常观览……而勤政远佞，更足警省朕衷。今特明白宣谕王大臣，并洪亮吉原书，使内外诸臣知朕非拒谏饰非之主，为可与言之君。①

既然话说到这样一步，那就擢升或起用老洪吧，不！谕旨令释回原籍，还要人严加管束，不许出境。据说在第二天，颙琰特地将洪亮吉原疏递给朱珪，御笔题有"座右良箴"四字。朱珪顿首泣下，说是早就想劝皇上这么做，憋在心里，不敢说，真是辜负皇上啊。

第四节　南疆的隐患

乾隆帝晚年，清朝的边疆已不太安宁。颙琰亲政后，注意力多放在三省教变上，放在与臣下争文字之是非上，对边疆的管理缺少规

---

① 《清仁宗实录》卷六五，嘉庆五年闰四月乙卯。

划，缺少敏感度，尤其是南疆。

南疆，新疆南部地区，又称回疆，以喀什噶尔为首府。自乾隆二十四年平定大小和卓叛乱，即行选派满蒙大员为参赞大臣，驻扎喀什，节制八城；建置军台粮站，直通内地和伊犁；并派遣侍卫到边境各卡伦轮替带兵，盘查过往商民，了解域外信息。数十年来，该地区一直较为稳定，而一些人（尤其是教职的一些头面人物）与境外和卓遗胤的联系从没有断绝，就在禅让时期，已开始显现出动乱的苗头。

一、和卓家族的孤子

还记得伍拉纳案中被调去审案，后被贬谪新疆的两广总督长麟吗？那件事隐约可见和珅的手脚，借事生风，打压潜在的政治对手。而上皇毕竟对长麟有几分喜爱，不久即命他担任喀什参赞大臣，作为重新重用的台阶。

嘉庆二年八月，长麟飞奏接到境外密报，大和卓的幼子萨木萨克将要纠集布鲁特部落入侵，并说已札调伊犁等各路官兵和回兵紧急赶来，同时增派部队前往卡伦，安放地雷，打探敌人将由何路进犯，严阵以待。上皇虽责备长麟"未免失之张皇"，认为萨木萨克"逋窜多年，穷蹙无依"，但仍是高度重视，以六百里加急授予上中下三策：

就现有兵力，联合边境外布鲁特部落，将萨木萨克等"悉行拿获，净绝根株"，为上策；

督兵严密守边，使其不敢来犯，为次策；

设法招降，属下策。

谕旨还特别要求长麟与喀什阿奇木伯克伊斯堪精诚团结，指出军旅之事非其所长，又是刚到回疆未久，要他遇事多与伊斯堪商量，并尽量发挥布鲁特各部的作用。这无疑是正确的，只是上皇远在京师，对当地潜伏的严重危机估计不足。

长麟为何对萨木萨克的出现如临大敌？这话还要从头说起。

南疆地区素来崇信佛教。公元十世纪中叶，以喀什为中心形成喀喇汗王朝，首领萨吐克·布格拉汗皈依伊斯兰教，揭开该地区伊斯兰化的序幕。再经过持续五百余年的宗教战争，经过无数次血腥厮杀，伊斯兰教在南疆扩大传播，信众甚多。十四世纪有一位额西丁和卓（又作热西丁和卓），属于苦行僧派的苏菲教团，机缘凑巧，说服东察合台汗王吐黑鲁帖木儿改宗伊斯兰教，通过行政威权，扩展到整个南疆地区。和卓，又译作"火者""虎者""霍加""和加"等，原为波斯语，初用以尊称一些显贵，在中亚地区则有学者、圣裔之义。萨木萨克先祖玛哈图木为纳克什班迪教团第五代教主，曾入我国西域传教，极受信众尊崇，在这里娶妻生子。玛哈图木后来回到中亚，其长子依善卡兰一系仍在新疆发展。康熙十七年，噶尔丹攻灭叶尔羌汗国，扶持依善卡兰之孙阿帕克和卓上台，成为南疆的统治者。阿帕克声称自己是圣裔，既是穆罕默德女儿的后裔，又有成吉思汗的血统。此人颇通医道和法术，得到当地百姓的狂热迷信，传教时，"有人兴奋得流下眼泪，有人高兴得引吭歌唱，有人狂蹦乱跳，有人昏厥晕倒，大家都禁不住出自一种狂热的虔诚信仰被他吸引住"[1]。

那时此地的大小汗国，充斥着宫廷阴谋乃至政变，亲族间的残杀，无比血腥。阿帕克和卓也不脱此一套路，曾诱杀同祖同宗的黑山派和卓一系，而他死之后，子嗣妻妾也是同室操戈，杀得昏天黑地。只剩下一息弱孙阿哈玛特，被人藏在山洞里，总算躲过一劫。阿哈玛特后来被几个布鲁特首领扶持上台，在喀什噶尔建立和卓政权。然而好景不长，准噶尔部军队在策妄率领下再次占领南疆，阿哈玛特和卓成了俘虏，押往伊犁拘禁。在那里他有了两个儿子，即大和卓布拉尼

---

[1]　恩·伊莱阿斯：《和卓传·导言评介》，见《民族史译文集》第八辑。

敦、小和卓霍集占。

乾隆二十年，准噶尔部发生内乱，乾隆帝果断用兵，启动第一次平准之役。其时阿哈玛特已死，大小和卓则在俘虏营里长大成人，每日里面向黄土背朝天，被监视着种地。清军克复伊犁，两兄弟来大营请求投效。定边将军班弟派兵护送布拉尼敦至南疆招抚，得到其家族和旧部的积极响应，顺利占领喀什噶尔，并扩展至南疆八城。这一切皆拜大清皇帝所赐，布拉尼敦心中很清楚。两年后弟弟霍集占由伊犁潜至，鼓动他造反。布拉尼敦起初颇多犹豫，然一则禁不住弟弟怂恿煽惑，二是对听命于清驻扎大臣心有不甘，三则见北疆战火正炽，清军无暇兼顾，便率众揭起反旗。天山南路的又一场大动荡开始了。再次平定准噶尔后，清廷经过艰难进剿，才算使南疆重归安定。失败的大小和卓带着妻孥亲信逃亡域外，霍集占与巴达克山汗廷发生激烈冲突，兵败身死。为了取得清廷的谅解，巴达克山汗素勒坦沙斟酌再三，终于交出霍集占的首级，并说布拉尼敦已被杀死，但尸首被人潜移，不详所在。由此也可想象和卓家族在回众中的威望，不管生死都有人舍命护持。

霍集占没有子嗣，布拉尼敦则子女颇多，三个大一些的儿子随同逃出，剩得幼子萨木萨克，为已经离异的妾室所生，闻说被一个当地人收养。接到查获此子的奏报，乾隆帝即命妥送京师，貌似宽大优容，实则对大和卓遗胤高度重视，虽幼小者亦不放过。所谓"加恩养育""照例安插"，都是严密监视居住的婉语。

平定反叛，最是要斩草除根，驻扎大臣并没有放松对大和卓子嗣的追缉。据报，布拉尼敦在境外的三个儿子，"一名和卓阿什木，一名阿布都哈里克，一名和卓巴哈敦，现在巴达克山居住，所有照管养育之人，俱甚穷苦"①。收到乾隆帝善待养育萨木萨克的恩旨，喀什噶

---

① 《清高宗实录》卷六三七，乾隆二十六年五月丁卯。

尔参赞大臣舒赫德立刻派人往巴达克，宣扬大皇帝仁德，劝告其家人带领回国，没见丝毫成效。又过了约四年，素勒坦沙才移交布拉尼敦的尸骸，以及他的三个儿子。能做到这一步，应是一种持续政治角力的结果。

多年之后，乾隆帝方得知送来的萨木萨克是假的，那小孩只是碰巧与布拉尼敦的小儿子同名，且年龄相仿，真正要找的萨木萨克，已由保姆和家人一路护送，事变后不久便到了域外。

二、穷蹙无依的"贵种"

经过六七代约两百年的经营，和卓家族在南疆多数回众心目中，已获得神一样的地位。这个高度政治化的家族几经败落，但只要说是和卓后代出现，就能得到狂热尊崇，"回部视为贵种，所至则拥戴之"①，使其在残损后往往重振。布拉尼敦三个儿子被软禁于京师，最小的萨木萨克则为旧仆保护着，东藏西躲，备受颠沛流离之苦。他们不太敢让地方当局知道，怕被捉送清廷；又缺少生活经费的来源，只好千方百计联络境内旧部，索要钱物。南疆在平叛后重获安定，而思念和卓家族统治、私通境外的，从底层民众到上层人物中，仍大有人在。萨木萨克是这些人的希望，他们也是萨木萨克的希望。

忽忽十六年过去，乾隆四十九年春，南疆又传来有关萨木萨克的消息：喀什阿奇木伯克鄂斯璊报告，萨木萨克派人潜回送信，收信人有默罗色帕尔等五人，内称从前曾收到他们给的钱物。办事大臣保成随即派兵将默罗色帕尔等拘捕，交鄂斯璊看守。接下来两个送信人被拿获，供称"萨木萨克现住色默尔罕地方，同行只十余人，求乞度

---

① 佚名：《喀什噶尔论》，见《小方壶斋舆地丛钞》第二帙。

日"。保成飞奏皇上，并说鄂斯璊打算派遣可靠的人，借做生意为名，"相机将萨木萨克诱来，或用计剿除"。乾隆帝闻奏有些兴奋，发布了长长的谕旨，先说几句秘密行刺之不妥，接着便说到诱捕之道，甚至直接出招。后来也抓捕诛杀了一些内应，至于萨木萨克，依旧是闻声远飏。次年夏天，风传布鲁特部落首领阿其睦的儿子燕起，图谋邀约萨木萨克等攻掠喀什噶尔，乾隆帝一面谕令驻扎大臣"镇静侦探，相机办理，勿涉张皇"，一面命福康安带兵前往，抓获燕起，而萨木萨克擅于藏匿，再次跑得不见踪影。

很难设想萨木萨克过的是什么日子，很难想象其生活之艰窘危怖，而一旦踏上与祖国为敌的不归路，也难以回头。从国内寻求接济的通道多次被切断，愚忠的信徒有很多被抓获，驻扎大臣不再将这些人押解京师（太麻烦，途中不安全，且所费昂贵），绝多都是"即行正法"。萨木萨克想得到国内银物，是越来越难了。之后一连数年，已很少听到他的消息，但此人不获，终是大清皇帝一块心病，是以一接长麟奏报，迅速作出批谕。

在新疆境外绵延数百上千里的广大地域，有数十个布鲁特部落，统属于清朝外藩，与朝廷远近亲疏有别，相互间亦攻伐不定。与萨木萨克密约入侵的鄂布拉散，系被诛灭的燕起之弟，首先向当日帮助官军的喀尔提锦、冲巴噶什部落寻仇，大肆抢劫。浩罕伯克纳尔巴图闻知后阻拦，转告："我早已听见你们要跟着萨木萨克去抢喀什噶尔，你们部落都在我左近，如敢生事，我必抄灭你们巢穴。"[1]此话也是真假参半，上皇自有判断："纳尔巴图虽情愿派兵截拿，亦因长麟等所办涉于张大，藉此见好。果系真心出力，则纳尔巴图有兵三万，何难将萨木萨克等即行拿获？"[2]这番话是讲给驻边大臣听的，至于对纳尔巴图，

---

[1] 《嘉庆道光两朝上谕档》二，嘉庆二年八月十七日。
[2] 《清仁宗实录》卷二一，嘉庆二年八月癸亥。

还是大加奖誉，赏给贝勒衔，并赏宝石顶、三眼花翎、珊瑚朝珠、蟒锦闪缎等一大堆宝物。羁縻外藩，清廷从来都是这般出手大方。

对于有没有一个萨木萨克，朝廷常会听到不同说法。就在几日后，叶尔羌办事大臣奇丰额来奏："连日探听，并无萨木萨克实信，即鄂布拉散思欲滋扰之处，亦无确据。"[1] 上皇最爱听这类讯息，也最易相信，对长麟又是好一通责斥，说他这个总理回疆事务的参赞大臣，还不如下属官员明白，应该反省和羞愧，命他迅速撤回征调的各城之兵。

浩罕伯克对清廷的态度是复杂的，明面上不敢得罪，要说一些讨好的话，做一些讨好的事；内心则并不买账，做事以敷衍为主，决不肯认真去捉拿萨木萨克及其子嗣。纳尔巴图不断报告拦截之功，又称派儿子围捕鄂布拉散，将他与亲信一百余人杀死。至于清廷要授予贝勒荣衔，纳尔巴图婉拒不受，自称身为教职，按古兰经"不得承受官职"。上皇仍命将朝珠、蟒缎等物赏给，并再次指出："前次纳尔巴图派兵截拿萨木萨克，未必出于诚心。"[2] 极具洞察力。

三年夏，长麟奏报萨木萨克恳请内投，这位"贵种"重新浮出水面，至于他何时起了归顺之念，不得而知。上皇很高兴，谕曰：

> 萨木萨克系回部嫡裔，该处布鲁特向俱借其名目，摇惑众听。今因遁窜日久，穷蹙无依，而各布鲁特又闻喀什噶尔有调兵之信，不敢与之勾结。经长麟等晓谕令其内投，可期永除余孽，回疆益臻宁谧，实属极好机会……

这边已做好了迎接和起送京师安插的准备，孰料萨木萨克又有变化，

---

[1] 《嘉庆道光两朝上谕档》二，嘉庆二年八月二十五日。
[2] 《清仁宗实录》卷二四，嘉庆二年十一月庚辰。

先推称大雪阻隔，后又说大舅子阻挠，总之是疑惧交并，不敢前来。这让长麟大为狼狈，朝廷也很恼火，对长麟与相关官员严加申饬，仍令传明旨意，"如悔悟来投，仍当照前赏给职衔翎顶，以示绥怀"①。

这之后，萨木萨克再次销声匿迹。

三、"殊属多事无谓"？

长麟是一个有责任感的大臣，尽管不断受到责斥，尽管知道军机处有和珅作梗，对于萨木萨克的活动还是格外警觉，坚持跟踪调查，一旦发现情况，即积极应对。当年冬月，探明萨木萨克长子玉素普在靠近卡伦的布鲁特地方居住，有纠约内犯之嫌，长麟即发数百精骑驰往捉拿。玉素普仓皇远窜，仅拿获五名从犯，但有两名是布鲁特头人。上皇命解往京师审讯，要他安静守边，不必费力追索，更不要挑起边衅。

颙琰亲政后，和珅被诛，按说长麟的日子应该好过了，可也是赶巧，有两件事引得嘉庆帝大为不满。其一是他所处遥远，不知京师风云变幻，仍将奏折底稿抄报和珅。此折送达已是正月三十日，和大人早已至九泉之下，嘉庆帝得悉不免气愤，即加责斥：

> 今日长麟所奏之折，另行抄录折底，寄和珅阅看，固系和珅印文行取，而长麟亦不应如此迎合。今和珅一切滥行之罪已经讯明，令其自尽，军机大臣另行更换，此事亦不深究矣。着传谕长麟等，嗣后此等流弊，永远严禁。②

---

① 《清仁宗实录》卷三三，嘉庆三年八月己酉。
② 《清仁宗实录》卷三八，嘉庆四年正月丁丑。

将密折同时抄送军机处，乃和珅主事时的潜规则，各省督抚将军等不敢不从，颙琰亲政伊始即传谕停止。可新疆路远，长麟不知和珅被诛，上奏时依然抄报，虽与伊江阿的私函不同，仍让皇帝恼火。第二件事也与和珅相关，即禁止所有蒙古王公来京吊唁，长麟参照执行，不许维族郡王、喀什阿奇木伯克伊斯堪达尔父子前来。嘉庆帝倒也没有深责，表彰伊斯堪达尔对父皇的忠诚，命长麟即刻放行，并切实保障边境地区的安宁。

四年春夏间，长麟经过周密调查，确定萨木萨克逃至布噶尔，该地距喀什约四千里，可能是怕说不明晰，他还附录一份详细地图，并在图上贴黄说明。情报做到这个份上，长麟也算尽心和谋之长远；而域外夷情复杂，与回疆安定大有干系，将详图舆情提供给朝廷，更属必要。未想到嘉庆帝见奏大怒，即发严谕：

> 长麟奏萨木萨克逃赴布噶尔地方，并绘图贴说进呈，殊属多事无谓，已详悉批饬矣。萨木萨克久在边外逃窜之犯，本可置之不问。乃长麟到喀什噶尔后，意图见好邀功，遣人招致，谓萨木萨克情愿内投；及至该犯远扬，长麟意不自安，遂思回护前非，屡以萨木萨克窜匿情形奏报，为掩饰匡救之计。此时萨木萨克既经远匿，在天朝体制当置之不管。况边疆重务，该处大臣惟应持以镇静，岂可轻举妄动，自生事端？长麟此时惟在严守卡伦，倘该犯有犯边情事，即缉拿惩治，方为正办。若仍不知自悔，希图见长，或致妄挑边衅，长麟自问能当此重罪乎！①

颙琰的激烈反应，推测其原因有两点：一是曾报告萨木萨克要内投，

---

① 《清仁宗实录》卷四四，嘉庆四年五月戊辰。

结果又跑了，害得太上皇空欢喜一场，皇上也为之不爽，暗暗记下一笔账；二是担心长麟派员捉拿，长途奔袭，不仅难保必有胜算，且会引发争端甚至战火。颙琰的不快和担心都不无道理，缺少的则是对边情的了解，缺少对边臣的宽容和理解，更缺少积极的治疆治边之道。对付一个看似穷蹙无依的萨木萨克，远非他想的那么容易。

说到长麟，的确也缺少治边经验，急欲建功，对萨木萨克的狡狯反复估计不足，搞得自己和朝廷都被动。还有一条，萨木萨克形如飘蓬，迁徙无定，专为其在布噶尔绘图贴说，也有些不当。长麟奏称萨木萨克实际上是一个私生子，"为伊母未嫁时私孕所生之子"；又说差人假扮为客商，"前赴呼鲁木探听消息"，也有邀功见好之意。但意识到萨木萨克的危害性，跟踪追缉，以期制敌机先，是正确和必要的。

萨木萨克及子嗣是穷蹙无依么？看起来是，实际很大程度上也是，但从另一方面而言，则可见在许多地方都有其同情和支持者，不断绝路逢生。远处布噶尔的沙木拉特收留，近边一些布鲁特部落也收留，有的是冒险收留，也有的愿意追随内犯。如果说这些部落对大清还有所敬畏，对萨木萨克则多是宗教上的认同和尊敬。这还是在境外，至于在和卓的故地回疆，萨木萨克（包括其子嗣）仍有很大号召力。嘉庆帝看不到这种潜在的威胁，甚至不愿意承认他的存在，对长麟奏折批曰：

> 萨木萨克内投与否，于边务何关？朕意中并无此事，亦无萨木萨克其人也。①

不知长麟接奉此谕有何感想？清朝体制，臣子即使有天大委屈，也只能口称佩服，绝对不敢反驳，连辩解都是大忌。

---

① 《嘉庆道光两朝上谕档》四，嘉庆四年五月十一日。

对长麟的能力和进取心，颙琰并非不知，三个月后，下旨将他调任云贵总督，接着改为闽浙总督，再改任陕甘总督。本年陕甘总督已经数次更替：先是宜绵被撤，由恒瑞署理；接着是松筠，复以"种种调度失宜"被谴责，革退太子少保、御前侍卫等；现在又将松筠改任伊犁将军，命长麟接任。在陕督一职是一年数变，在长麟的赴任则是改而再改，都反映出嘉庆帝的轻率和燥急，算不算"种种调度失宜"呢？

喀什参赞由乌鲁木齐都统富俊接任，仅两年就因"好更张故事"被贬调。接替的托津报喜不报忧，连长麟请求增调的三百索伦锡伯驻防兵，也以边外安静，奏请调回伊犁。嘉庆帝闻知喜悦，即予照准。不再有人奏报萨木萨克的讯息，或曰他已病死于漂泊之中，而他的三个儿子渐渐长大成人，通过各种渠道与境内信徒联系，一场巨大的变乱，正在酝酿之中。

禅让梦残

嘉庆四年很快成为过去，颙琰的亲政之路还很长，但曾经满怀期待的朝野人士应已有深刻印象——在很多地方，当今圣上远不如他的父皇。

该是为本书做小结的时候了。笔者由乾隆六十年开始，在约五年的时间跨度中描摹官情，军国大事、两朝帝王及一些枢阁大员涵括其中，着力点仍在于禅让的三年。这是大清王朝唯一一次禅让，也是一个政治结构特殊复杂的时期，是一个重要的历史节点。上皇崩逝，禅让梦残，留下的"训政"模式后来被慈禧太后效法，留下的历史话题（包括谜团）也值得今人关注，不应该故作轻忽与随意点评。

三年禅让，所有重大事件都离不开三个人：弘历，和珅，颙琰。弘历是真的要举行禅让么？是，却在完成祈愿、兑现诺言之后紧抓住最高领导权；他倾心于一场辉煌的政治告别秀，又尽可能做到有名有实，给子皇帝以见习机会和发挥空间；他深爱自己的国家和子民，爱颙琰更爱和珅，爱得真切而又迷茫，自以为知之至深，实际上多有目力难及之处；他天赋异禀，一生精勤好学，至死也保留着较多的清醒，但耄耋之年的固执与自恋，也使他饱受欺蔽……弘历堪称雄才大略的英主，曾以超人的果决勇毅将国家带向富强；亦在统治的中后期自我陶醉，不思进取，致使整个官场贪腐盛行，致使禅让间出现社会大动荡。伟大君主也难免有性格弱点，弘历自不能外，我们也能看到，其在最后三年常有反省，常致力于做一些弥缝修补。

仿佛权倾天下的和珅，也显示出人格的复杂性。他是个宠臣，命运亦如历史上的绝多宠臣一样。如果将皇帝比作参天大树，则宠臣便是树干上的藤蔓，攀附缠绕时也见梗叶葳蕤，也见繁花绚烂，一旦失却依托，立马就萎顿不堪。三年之间，和大人渐渐执掌权要，小忠小信为主，小阴小坏迭出，自以为得计，自以为既倚靠上皇，又攀牢了皇上，哪知早埋下杀身的祸根。乾隆帝曾申明不允许有权臣，包括名臣存在，然在禅让间有所改变。和珅由受倚信而兼领枢阁，狐假虎威，借机进谗和打压善类，竟被称为二皇帝。但，"眼看他起高楼，眼看他宴宾客，眼看他楼塌了"。禅让的三年，是和珅由宠臣走向权臣的得意旅程，也是他的人生绝唱。

子皇帝颙琰的表现，与乃父堪称绝配。这不独指弘历决策军国大事，颙琰负责日常运行，也由二帝在性格上的互补见出：上皇胸襟雄豪，皇上精细务实；上皇坦诚真率，皇上心机深沉；上皇用人不疑，皇上注重考查观察；上皇喜欢隆重奢华，皇上则有一种与生俱来的简朴……父慈子孝，应以"子孝"为主，颙琰对父皇的纯孝和敬畏，发自深心。而他又是和珅的天敌和克星。打从那个暗递如意的夜晚起，推想颙琰就有了诛灭和珅之心，老和不知觉间触犯了皇帝的尊威，大约还在沾沾自喜。本书写了和珅对帝师朱珪的阻击，写了他带给嗣皇帝的难堪，而三年间和珅必也做了更多讨好讨巧之事，史料中已留存无多。与许多试图弄权的宠臣一样，和珅对子皇帝出现严重误判，也因此万劫不复。

本书为什么题名"天有二日"？那是因为禅让时期同时有着两个皇帝，是因为太上皇帝比子皇帝更具权威，而大清政治就这样运行了整整三年，烙下了特殊印痕。其与"天无二日"的格言相抵牾么？诚然。而颙琰极好地解决了政体隐患，真诚尊奉太上皇帝的绝对权威。弘历始终是帝国的主导者，是天上那惟一的太阳。可除了和珅，或者说包括和珅，谁都知道这是一轮奄忽即下的落日，新的太阳已然升起。

"金河一去路千千，欲到天边更有天。"与儒家的"天无二日"相并存，道家还提出"天外有天"的哲理。在弘历真禅假让、禅而不让、二帝同朝之际，西方世界发生沧桑巨变，欧美列强先后崛起。他们正热衷于合纵连横，相互攻伐，而对向东方的拓展也从未停息。工业革命和民主浪潮带来的变革是深刻的，军队和兵器的革新首当其冲，蒸汽机发明的军事用途正被加紧研制，而清朝君臣和军队完全置身于大变革之外。三年之中，清军始终在打仗，仍是远程征调，仍是围追堵截，领兵大员仍基本出身满洲，可作战主力已由满营改为绿营，还要加上各地的乡勇，很多时候打头阵的全是乡勇，手持大刀长矛。"官逼民反"是发生苗变和教变的主因，持续多年，平而复起，清廷对"平叛"充满焦虑，几乎倾全国之力；却不知天外有天，不知列强已成，外敌已然迫近，不知道很快将会为虎狼环伺。

一位美国史学家说："直到十八世纪末，中国政府仍然是非常成功的、传统的。"① 那是因为欧洲列强还未来得及飞扑撕咬，使得太上皇帝幸运地平静离去。弘历一直以康熙帝为榜样，却缺乏祖父的开阔视野和危机意识，自以为傲然挺立于世界之中，而实际是自处于历史进程之外。在其生命的最后几年，我们看到他对国家安定的忧虑操劳，看到一个迟暮老人的自恋和苦撑，也看到他对世界大势的懵然不知。

---

① 威廉·麦克尼尔《世界史》第二十五章"亚洲对欧洲旧制度的反应"，361 页，中信出版社 2013 年版。

　　禅让，是弘历暮年浓墨重彩的一笔，亲情络绎，评价虽远非他期盼的那样美好，却也是乾隆帝遵循儒家理念，希望将治统与道统整合为一的尝试。上皇逝后，嘉庆帝高扬起"守成"的旗帜，对求新求变公开斥责，对外部世界更为骄矜排拒，浑然不识间把国家带入深渊。历来守成很难，不事开拓，何以守成？

参考文献

宫中朱批奏折（乾隆朝、嘉庆朝），第一历史档案馆藏。

军机处录副奏折（嘉庆朝、道光朝），第一历史档案馆藏。

刑科题本，第一历史档案馆藏。

户科题本，第一历史档案馆藏。

《明清档案》，"中央研究院"史语所存清代内阁大库原藏，台北联经出版公司1985年版。

《明清史料》甲编，"中央研究院"史语所史料丛书，1930年始刊行。

《明清内阁大库史料合编》，国家图书馆出版社2009年版。

《清嘉庆朝刑科题本社会史料辑刊》，天津古籍出版社2008年版。

爱新觉罗·弘历：《御制诗》初集、二集、三集、四集、余集，见《清代诗文集汇编》第319—329册；《御制文》初集、二集、三集、余集，见《清代诗文集汇编》第330册；《乐善堂全集》，见《清代诗文集汇编》第331册。上海古籍出版社2011年版。

爱新觉罗·颙琰：《味余书室全集》《味余书室随笔》，见《清代诗文集汇编》第458册；《御制诗初集》《御制诗二集》《御制诗三集》，见《清代诗文集汇编》第459—462册；《御制文初集》《御制文二集》《御制文余集》，见《清代诗文集汇编》第463册。

《清实录》，中华书局1986年影印本。

《清通典》，上海商务印书馆1935年影印本。

《清会典事例》，中华书局 1991 年影印本。

《清文献通考》，上海商务印书馆 1936 年影印本。

《清朝续文献通考》，上海商务印书馆 1955 年影印本。

《清东华录全编》，学苑出版社 2000 年版。

《清代方略全书》，北京图书馆出版社 2006 年版。

《乾隆帝起居注》，广西师范大学出版社 2002 年影印本。

《清代各部院则例》，香港蝠池书院出版有限公司 2004 年版。

《清史稿》，中华书局 1977 年版。

《清史稿校注》，台湾商务印书馆 1999 年版。

《清史列传》，中华书局 1987 年校点本。

《国朝耆献类征》，广陵书社 2007 年版。

《国史列传》（《满汉大臣列传》），台湾明文书局 1975 年版。

《清代传记丛刊》，台湾明文书局 1985 年版。

《清代七百名人传》，台北文海出版社 1971 年版。

《清代人物传稿》，中华书局 1984 年版。

《碑传集》，中华书局 1993 校点本。

《续碑传集》，上海书店 1988 年影印本。

《和珅秘档》，国家图书馆出版社 2009 年版。

《再续行水金鉴》，见《中国水利要集丛编》第三辑，文海出版社 1942 年版。

《平苗纪略》，嘉庆内府刻本。

《清代前期苗民起义档案史料》，光明日报出版社 1987 年版。

《剿平三省邪匪方略》，台北成文出版社 1970 年影印本。

《官箴书集成》，黄山书社 1998 年版。

《大清律例根源》，上海辞书出版社 2012 年版。

《清代地方志人物传记丛刊》，广陵书社 2007 年版。

《新疆史志》，全国图书馆文献缩微复制中心 2003 年版。

《清代边疆史料抄稿本汇编》，线装书局 2003 年版。

《新疆乡土志稿》，新疆人民出版社 2010 年版。

《清代新疆稀见奏牍汇编》，新疆人民出版社 2013 年版。

《顾炎武全集》，上海古籍出版社 2011 年版。

刘墉：《刘文清公遗集》，见《清代诗文集汇编》第 348 册，上海古籍出版社 2011 年版。

王杰：《葆淳阁集》，见《清代诗文集汇编》第 357 册。

赵翼：《陔余丛考》，曹光甫校点本，上海古籍出版社 2011 年版。

昭梿：《啸亭杂录》，中华书局 1980 年版。

朱珪：《知足斋诗集》《知足斋诗续集》《知足斋文集》《知足斋进呈文稿》，见《清代诗文集汇编》第 376 册。

松筠：《绥服纪略图诗》，见《清代诗文集汇编》第 433 册。

潘世恩：《思补斋诗集》《有真意斋文集》，见《清代诗文集汇编》第 495 册。

英和：《恩福堂诗钞》，见《清代诗文集汇编》第 502 册。

洪亮吉：《卷施阁集》《更生斋集》，见《清代诗文集汇编》第 413—414 册。

王之春：《国朝柔远记》，中华书局 1989 年版。

吴振棫：《养吉斋丛录》，中华书局 2005 年版。

小横香室主人：《清朝野史大观》，中央编译出版社 2009 年版。

徐珂：《清稗类钞》，中华书局 2010 年版。

戴逸、李文海：《清通鉴》，山西人民出版社 1999 年版。

李文海：《清史编年》，中国人民大学出版社 2000 年版。

南炳文、白新良：《清史纪事本末》，上海大学出版社 2006 年版。

（美）费正清：《剑桥中国晚清史》，中国社会科学出版社 2007 年版。

朱诚如：《清朝通史》，紫禁城出版社 2003 年版。

杜家骥：《嘉庆事典》，紫禁城出版社 2010 年版。

于敏中等：《日下旧闻考》，北京古籍出版社 1981 年版。

鄂尔泰、张廷玉：《国朝宫史》，北京古籍出版社 1987 年版。

庆桂等：《国朝宫史续编》，北京古籍出版社 1994 年版。

吴长元：《宸垣识略》，北京古籍出版社 1983 年版。

《清会典图》，中华书局 1991 年版。

《清乾隆内府绘制京城全图》，紫禁城出版社 2009 年版。

《新疆地舆总图》，无作者，无序跋，约成于乾嘉间。

《失落的疆域——清季西北边界变迁条约舆图特展》，台湾"国立故宫博物院" 2013 年初版二刷。

（英）斯坦因：《亚洲腹地考古图记》，广西师范大学出版社 2004 年版。

冯明珠：《清宫档案丛谈》，台湾"国立故宫博物院" 2010 年版。

郭黛姮：《远逝的辉煌——圆明园建筑园林研究与保护》，上海科学技术出版社 2009 年版。

（英）马戛尔尼：《1793 乾隆英使觐见记》，天津人民出版社 2006 年版。

（美）何伟亚：《怀柔远人：马嘎尔尼使华的中英礼仪冲突》，社会科学文献出版社 2002 年版。

（美）何伟亚：《英国的课业：19 世纪中国的帝国主义教程》，社会科学文献出版社 2007 年版。

孟森：《清史讲义》，中华书局 2010 年版。

《明清史论著集刊》下，清高宗内禅事证闻，中华书局 2006 年版。

戴逸：《清代人物研究》，故宫出版社 2013 年版。

戴逸：《乾隆帝及其时代》，中国人民大学出版社 2008 年版。

王锺翰：《清史馀考》，辽宁大学出版社 2001 年版。

郭成康：《乾隆正传》，中央编译出版社 2006 年版。

（美）欧立德：《乾隆帝》，社会科学文献出版社 2014 年版。

黄进兴：《优入圣域：权力、信仰与正当性》，中华书局 2010 年版。

陈旭麓：《近代中国社会的新陈代谢》，上海社会科学院出版社 2006 年版。

梁启超：《中国近三百年学术史》，人民出版社 2008 年版。

庄吉发：《清史拾遗》，台湾学生书局 1992 年版。

黄爱平：《朴学与清代社会》，河北人民出版社 2003 年版。

黄惠贤、陈锋：《中国俸禄制度史》，武汉大学出版社 1996 年版。

陈锋：《清代盐政与盐税》，武汉大学出版社 2013 年第二版。

陈锋：《清代军费研究》，武汉大学出版社 2013 年第二版。

商衍鎏：《清代科举考试述录及有关著作》，百花文艺出版社 2004 年版。

李世愉：《中国科举生活漫话》，万卷出版公司 2012 年版。

李世愉：《清代科举制度考辩》，万卷出版公司 2012 年版。

马镛：《清代乡会试同年齿录研究》，上海科学技术文献出版社 2013 年版。

潘向明：《清代新疆和卓叛乱研究》，中国人民大学出版社 2011

年版。

　　潘志平：《浩罕国与西域政治》，新疆人民出版社 2006 年版。

　　华林甫主编：《清代地理志书研究》，中国人民大学出版社 2014 年版。

　　定宜庄：《清代八旗驻防研究》，辽宁民族出版社 2003 年版。

　　祁美琴：《清代内务府》，辽宁民族出版社 2009 年版。

　　唐瑞裕：《清代吏治探微》，台湾文史哲出版社 1991 年版。

　　艾永明：《清朝文官制度》，商务印书馆 2003 年版。

　　周轩：《清代新疆流放研究》，新疆大学出版社 2004 年版。

　　王云红：《清代流放制度研究》，人民出版社 2013 年版。

　　刘文鹏：《清代驿传及其与疆域形成关系之研究》，中国人民大学出版社 2004 年版。

　　何新华：《威仪天下——清代外交礼仪及其变革》，上海社会科学院出版社 2011 年版。

　　倪玉平：《清朝嘉道财政与社会》，商务印书馆 2013 年版。

　　张艳丽：《嘉道时期的灾荒与社会》，人民出版社 2008 年版。

是一是二

　　乾隆帝喜欢收藏和品题名家绘画，也喜欢自己入画，朝服、戎装、便装、道冠、袈裟像在在有之，被称为中国历史上画像最多的皇帝。封面上的那幅《乾隆鉴古图》，今可见五种传本，从青春直到老年，画中主人公都是弘历自个。这是一幅摹仿宋人的画中画：弘历坐于凉榻，左手持书卷，意态闲适，一童子正在倒茶，侧后屏风上挂着与之完全相同的画像，呈相向呼应之势。

　　该画的每种传本都有御笔题记，是知皆属遵命之作，御用画家先期要呈上勾线图样，请皇上示下。五幅同题画中，案几陈设，屏上景物，甚至身侧的如意都有变化，题款亦不同，不变的则是那十六个字："是一是二，不即不离。儒可墨可，何虑何思？"单嘉玖先生解说颇精详，论为涉及儒释道等不同的思想体系，涵盖参禅、悟道、为政、做人等方面，"陪伴他本人度过了几十春秋"①。这也是弘历不断谈到禅让的几十年。是一是二，仿佛一个哲学命题，禅宗的豁达与机锋均隐含其中。弘历以此自问问人，数十年未改，牵结着对人生与权位的思考。而禅让之后，是一是二的设问依然存在：

　　归政与训政是一是二？

　　让位与恋位是一是二？

---

① 单嘉玖：《弘历鉴古图承沿与内涵探讨》，载《中国画学》第二辑。

敕旨与谕旨是一是二？

养心殿与倦勤斋是一是二？

画中的"二我"当然是一，所题"是一是二"着重于一，弘历禅让后的所作所为，亦皆定于一尊。他曾有诗曰"是一是二犹疑焉""是一是二烦参论"，而实际上，天无二日，尊无二上，仍是这位大皇帝的惯性思维，直至离世。如果说本书的写作以弘历、和珅与颙琰三人为主，则弘历理所当然是第一人，其他两位都是陪衬。禅让的三年，太上皇帝心气未衰，责任感亦强，没少忧虑操劳，试图将国家挽回正轨，然颓势已成，每况愈下。老年政治的种种弊端，在"守线"的旗帜下一直延续到嘉道两朝，潜伏下衰落败亡之机。

本书的写作开始于两年前，成稿较快，修改过程则持续甚久。老领导孙家正先生、邬书林先生，学术先进郭成康先生、潘振平兄都曾多次指教，提出了很好的修订意见；我的年轻同事穆蕾、赫晓琳、赵晨岭、王江、王立新、张建斌曾分章审读和核校引文，尤其是张建斌与张鸿广在查阅资料上帮助多多；第一历史档案馆前馆长邹爱莲、现任副馆长胡忠良，在阅读档案时多有提示和支持；书中插图，采用朱诚如主编的《清史图典》多帧，复得邹爱莲先生慷慨提供帮助，结稿之际恰老部长、故宫博物院前院长郑欣淼先生以新出摄影集相赠，俯允选用；而本书出版蒙黄育海老弟台真诚邀约，李梦生兄、陈如江编审及诸位编辑为订正了不少错讹，在此一并致以谢忱。

谨为跋。

卜　键

丙申年秋杪

于京师北山在望阁